Rainer Groh
Weltall · Erde · Ich
von der Erträglichkeit der Zwischenräume

Thelem Universitätsverlag

Rainer Groh

*

Weltall · Erde · Ich

*

von der Erträglichkeit der Zwischenräume

THELEM

Impressum / Bibliografische Informationen

Bibliografische Information der Deutschen Nationalbibliothek:
Die Deutsche Nationalbibliothek verzeichnet diese Publikation
in der Deutschen Nationalbibliografie; detaillierte bibliografische
Daten sind im Internet über http://dnb.d-nb.de abrufbar.

ISBN   978-3-95908-495-6

© 2019 THELEM
Universitätsverlag und Buchhandlung GmbH und Co. KG
Strehlener Str. 22/24 | D-01069 Dresden
Tel.: 0351/4721 463 | Fax: 0351/4721 466
Internet: www.thelem.de

Satz: Rainer Groh
Lektorat: Rainer Lambrecht

zum Geleit

Das vorliegende Buch ist keine Autobiografie, auch keine Erzählung, vielleicht so etwas wie eine Essaysammlung mit autobiografisch gefärbtem Hintergrund. Hinzu kommt ein dokumentarischer Aspekt, wiederum nicht ganz frei von persönlichen Erfahrungen.

Die Sprache in den »Zwischenräumen« hat sich in den letzten sechzig Jahren teilweise sehr gewandelt. Eine vollständige Erläuterung der nicht mehr gebräuchlichen Begriffe und Wendungen wäre sehr aufwändig. Als Hilfestellung für junge Leser oder fern der DDR Aufgewachsene habe ich in angemessenem Umfang Anmerkungen hinzugefügt. Diese werden im Text kursiv angekündigt. Jedes Kapitel endet mit einem Anmerkungsteil. Wenn Sie, liebe Leserin und lieber Leser, stocken oder noch mehr Information benötigen, dann sollten Sie »Googeln«, denn das Netz weiß alles und vergisst nichts.

Beim Benennen und beim Schildern politischer oder alltäglicher Zustände griff ich zumeist auf die Sprache der jeweiligen Zeit zurück. Ich habe eine zeitgemäße Sprache verwendet, wenn die alten Redewendungen zu umständlich sind. Generell wird man moderne Formen der geschlechtergerechten Schreibweise vermissen. Die Aufgabe, den Text in diesem Sinne durchgängig korrekt zu verfassen, ist kaum lösbar. »O-Ton« und sprachliche Praxis der alten Zeiten waren noch nicht auf diese Form der Gleichstellung orientiert. Rechnen Sie also mit dem generischen Maskulinum.

Des Öfteren nutze ich das »Wir«, um meine Meinung im Einklang mit einer sozialen Gruppe darzulegen. Die Größe dieser

Gruppen kann stark wechseln: einmal ist meine Familie, ein anderes Mal sind vereinnahmend alle Menschen gemeint, die die Welt so sehen wie ich. Das »Wir« wird also sehr flexibel und sprachlich nicht immer sauber eingesetzt. Bitte seien Sie in den genannten Fragen nachsichtig und entspannt beim Lesen.

Rainer Groh
Dresden, 2019

Inhalt

zum Geleit

Vorspiel

Nicht die Welt, wohl aber der Mensch ist allerorten mit Konflikten konfrontiert, deren Ausmaße und Konsequenzen die »Wende« quasi in den Schatten stellen und kleiner erscheinen lassen. Es ist vor dem Hintergrund dieser Entwicklungen wohl überflüssig, ja geradezu anmaßend, den Fokus zum gefühlt tausendsten Mal auf diesen Punkt zu richten. Aber das im Titel genannte »Ich« bin ich und dieses Ich war dabei. Das ist nun mal so. Stürmischere Zeiten habe ich weder im *Weltall* noch auf Erden erleben müssen.

Die Wende ereignete sich in meinem 33. Lebensjahr, also nahe den Jahren, die man gemeinhin als die besten bezeichnet. In diesem Alter müsste man sein Dasein begriffen haben, spätestens nun beginnt die Zeit der Reife und Vertiefung. Keine Fragen mehr, nur noch Antworten. Man soll nun – so man es noch nicht getan hat – ein Kind in die Welt laufen lassen. Weiterhin soll man einen Baum pflanzen. Letzteres klingt einfach. Doch *für einen grundbesitzfreien Stadtbewohner* des Jahres 1989 war dies eine schwierige Aufgabe. Sie wurde bis heute nicht gelöst. Ich kann aber sagen, dass es eine Pappel sein wird, falls mir jemals der Pflanzplatz geboten wird. Die dritte Aufgabe, das *Buch*, konnte ich in Form einer wissenschaftlichen Abhandlung relativ elegant lösen.

Seit der Wende sind von meinem Leben die weiteren 33 Jahre noch nicht ganz ins Land gegangen, aber das wird nicht mehr lange dauern. Also ist die Wende für mich und viele meiner Generation ein Scharnier. Immerfort wendet man die Dinge hin und her und bewertet sie doppelt. »Zu DDR-Zeiten« versus »nach der Wende«. Das lässt kaum nach. Diese Doppeldeutigkeit, die den Dingen anhaftet, erscheint mir als großer Wert.

Ich kann es nicht anders sagen: Ich bin geradezu froh über diese Möglichkeit des Vergleichs.

Damit will ich auch mit Nachdruck sagen, dass es 1989 an der Zeit war, die zweite Perspektive nicht nur fiktiv, sondern praktisch einzunehmen. Sonst wäre das schöne Bild vom Scharnier in der Lebensmitte in meinem Fall hinfällig. Der Leser wird bemerken, dass ich die Zeiten vor und nach der Wende entspannt und heiter in der Waage halte. Das hängt damit zusammen, dass mich einiges Glück sowohl davor als auch danach auf meinem Wege begleitete.

Heute lehre ich an der Technischen Universität Dresden und bin mir dieser Ausnahmesituation immer bewusst. Diese berufliche Chance hatten nicht allzu viele meiner DDR-Generation. Entsprechend hadert so mancher mit der neuen Zeit. Man legt zwar eine gut gefüllte Tüte »Haribo« auf das Kassenförderband im »Netto« und kann diese Süßigkeit auch auf Mallorca zu sich nehmen, aber es bleibt ein Gefühl der Deklassierung. Besonders im östlichen Sachsen hadert man trotz reichlich »Haribo« mit der neuen Zeit auf eine sehr eigene Weise. Über die Ursachen zerbreche ich mir den Kopf. Meine Perspektive als jemand, der hier schon länger lebt, ist also eine besondere. Aber ich halte mir auch Sichten zugute, die sich verallgemeinern lassen.

Also kommt etwas ins Spiel, das die folgenden Schilderungen und Deutungen hoffentlich aufwertet und die geneigten Leser am Text hält. Ich bin ja nun einer, den man bis zu seinem letzten Seufzer einen Ostdeutschen nennen wird und der auch so genannt werden will. Bis zu dem denkwürdigen Jahr liest sich die kurze Kette meiner Bildungs- und Arbeitsorte wie folgt: Nordhausen – Ilmenau – Halle. Während dieser Zeit war ich weder in Bautzen II, dem Ort des düsteren Stasigefängnisses, noch in

12

Schwedt, dem Ort des gefürchteten Soldatenknasts; zudem spielte ich keine glanzvollen Rollen in Politik und Geheimdienst. Ich war einfach nur mehr oder weniger brav dazwischen. Doch bei der Erinnerung an dieses Weder-Noch sind interessante Einsichten möglich. Es sind Erkenntnisse, die ich auf der anderen Seite der Mauer nicht gewonnen hätte.

In der Gesamtbetrachtung sehe ich die DDR weder als Kerker noch als Paradies. Meine Wahrheit liegt zwischen Verdammen und Verklären. Ich verstehe zwar, dass es für Journalisten und Historiker verlockend ist, besonders die Fülle der Schattenseiten dieses abgeschlossenen Forschungsgebietes aufzuarbeiten und auf Begriffflichkeiten zu bringen. Doch wehrt sich vor allem die nichtakademische Gegenseite im östlichen Siedlungsgebiet gegen diese einseitige Sicht – sehr oft mit strengen Kommentaren im Netz und am Stammtisch. Hier werden die »alten Zeiten« idealisiert und gefeiert. Erneut entsteht ein Zerrbild. Auch beim besten Willen: Es war nicht alles gut. Dieses Unbehagen, meine Perspektive in den Debatten nicht wiederzufinden, motivierte mich ganz besonders zu diesem Buch. Es musste zwangsläufig biografisch angelegt werden.

Dieser Bericht handelt also von mir; jedoch ist er keine eigentliche Biografie. Ein detaillierter Lebensbericht im einfachen Sinne wäre wohl überflüssig, da mich nur wenige Leute kennen. Die Situationen und Stationen meines kleinen Lebens dienen vielmehr als Kristallisationspunkte weitergreifender Betrachtungen. Ich will bei dieser Gelegenheit ein Gleichnis bemühen: Die Reihe meiner biografischen Daten hängt an dem kurzen Faden, den ich als Knabe in ein altes Marmeladenglas voller Alaunsalzlösung hing, um an ihm Kristalle wachsen zu sehen. Betrachten Sie also mit mir diese Kristalle. Vielleicht wird in den optischen Brechungen sogar etwas über unsere Sachsen sichtbar. Aber erwarten Sie bitte keine strenge Chronologie und auch keine jeder Prüfung standhaltende Wahrheit.

Viele Leute kreuzten meinen Weg. Mit manchen stieß ich zusammen, manche begleiteten mich ein Stück weit und manchen bin ich irgendwie gefolgt. Wenn die Klarnamen dieser Lehrer, Kollegen, Freunde oder Lebensabschnittsgefährten auftauchen, dann kann getrost davon ausgegangen werden, dass das so sein soll. Die Personen der Zeitgeschichte müssen zwangsläufig mit ihrem guten Namen leben. Auf Schilderungen meiner Familiensituationen habe ich zugunsten der Begebenheiten, die von allgemeinem Interesse sind, verzichtet. Ganz sicher gibt es einige Personen, die ich in mein Herz geschlossen habe.

Als ich mitten in der Schreibarbeit war, wanderte mein Blick dann und wann zum Bücherregal, hin zu *Jaroslav Hašeks Hauptwerk*, »Die Abenteuer des braven Soldaten Schwejk«. (Hašek 1981) An dieses Stück Weltliteratur ist mit meinen Mitteln literarisch nicht heranzukommen. Dennoch bin ich dem braven Soldaten auf mehrfache Weise verbunden. Erstens zierte das antimilitaristische Buch meine kleine Spind-Bibliothek während der Soldatenzeit. Zweitens mag ich die Tschechen. Drittens war ich schon im Restaurant »*Zum Kelch*« in der Prager Neustadt. Viertens fühlte und fühle ich mich in einer schwejkartigen Rolle sehr wohl. Entsprechend werden im Text an den passenden Stellen Verweise auf Hašek zu finden sein.

Falls junge Leute oder Altersgenossen aus den alten Ländern diese Zeilen lesen, dann werden sie vielleicht sagen, dass die Schilderungen zu heiter und zu wenig dramatisch sind. Manches, was seinerzeit unerhört und sehr merkwürdig war und ich im Folgenden beschreibe, erscheint heute als kaum erwähnenswert. Was ich also von den Lesern erwarte, ist eine gewisse Einfühlung in *die bleierne Zeit* des Ostens. Ferner will ich auf Folgendes vorbereiten: Wenn es einmal nicht um mich geht, dann geht es um Eisenbahnen, Dampfer, Kunst und Design. Ich hoffe, das ist für die Leser erträglich.

An diesem Punkt will ich innehalten, denn nun beginnt der Bericht eines »braven«, einstigen DDR-Bürgers über die Welt seiner erträglichen Zwischenräume.

Anmerkungen

Weltall: Das Kompendium mit dem Titel »Weltall, Erde, Mensch« erhielt ein jeder Jugendweihling. Hier konnte man nachschlagen, wenn Fragen zur Schöpferinstanz oder zur Atomkraft vorlagen. Meine bibliophilen Eltern machten eine einzige Ausnahme und ließen das Werk ohne Gewissensbisse rasch nach meiner Jugendweihe – dem atheistischen Pendant zu Firmung, Kommunion oder Konfirmation – im Müll verschwinden. Nehme ich heute ein antiquarisches Exemplar in die Hand, dann bieten sich wider Erwarten interessante Einsichten in einen thematisch sehr weitgespannten Bereich.

für einen grundbesitzfreien Stadtbewohner: Wenn ich so nachdenke, dann stimmt das nicht ganz. Schließlich war der Besitz in der DDR in Volkes Hand. Wenn man die Fläche des Landes durch die Anzahl ihrer Bewohner teilt, dann kommt eine Parzelle von rund 80 x 80 Metern heraus. Ich sollte mich endlich um meine 6487 Quadratmeter kümmern, denn Eigentum verpflichtet! In diesem Sinne wurde am Runden Tisch in der Wendezeit die Idee von »Anteilsscheinen« am Volksvermögen diskutiert. Dazu kam es nicht. (Schröder 2014, 160)

Buch: Es gibt wohl auch eine Variante des Spruches, derzufolge man ein Kind zeugen, einen Baum pflanzen und ein Haus bauen soll. Ich bevorzuge die Akademikervariante mit dem Buch.

Jaroslav Hašeks Hauptwerk: »Die Abenteuer des braven Soldaten Schwejk« handelt von einem Prager, der als Soldat im ersten Weltkrieg mit Witz, stoischer Ruhe und Raffinesse die Gefahren an der Front und im Hinterland meistert. Im Westen mehr durch die Verfilmung mit Heinz Rühmann bekannt, ist das Buch im Osten Deutschlands vor allem wegen der versteckten Wahrheiten gelesen worden. Wenn man wenig vom Militärwesen hält, dann machen die Schilderungen nicht nur großes Vergnügen, sie geben auch Kraft. Im Kern verhält sich dieser Böhme wie früher die Hofnarren. Unter Verweis auf seine amtlich beglaubigte Unzurechnungsfähigkeit entfahren ihm – überdies naiv vorgetragen – eine ganze Reihe von bitteren Wahrheiten. Die wunderbare Übersetzung ins Deutsche besorgte Grete Reiner. Sie wurde 1944 in Auschwitz ermordet.

Zum Kelch: Der brave Soldat Schwejk verabredet sich mit seinem Zechgesellen Woditschka präzise »nach dem Krieg um sechs« in seiner Stammgaststätte »Zum Kelch« um gemeinsam zu trinken. (Hašek 1981, 435)

die bleierne Zeit: 1981 drehte Margarethe von Trotta den gleichnamigen Film über die RAF. Der Film lief auch in der DDR. Diesen Film habe ich nicht angeschaut: Ich konnte mir gut vorstellen, was eine bleierne Zeit ist.

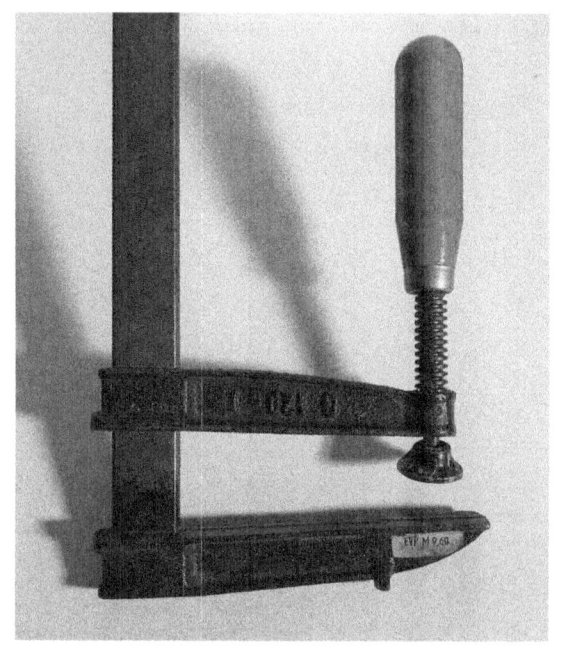

»Alte Not gilt es zu zwingen und wir zwingen sie vereint ...«
Ein Werkzeug mit Hymne.

Kapitel 1
Hans-Dietrich Genscher oder 1000 Dinge

Die Qual der Wahl ist des Menschen Grundproblem. Materielle Werte müssen gegen ideelle abgewogen werden. Die praktische Vernunft siegt. Eine HO-Verkäuferin hilft. Genscher verliert.

Die gesamte Geschichte wird, wie im Vorspiel angekündigt, von der Wende her erzählt. Diese Zeit selbst ist kaum zu beschreiben, denn sie umfasste keine zwei Monate. So rasch wie sie begann, war sie auch schon vorbei. Als der Wendeherbst seinen Lauf nahm, lebte ich bereits zehn Jahre in Halle an der Saale. Ein zweites Studium der Produktgestaltung beziehungsweise des Industriedesigns hatte mich nach einem Ingenieurstudium in Ilmenau an die Burg Giebichenstein geführt. Danach blieb ich an der Burg als Assistent oder wie man heute sagt, als wissenschaftlich-künstlerischer Mitarbeiter. In der »Gesamtbetrachtung« war ich ganz zufrieden mit meiner Situation. Als die Montagsdemonstrationen begannen, war ich nicht von Anfang an dabei. Die unmittelbare Konfrontation mit der Macht hatte ich gescheut. Außerdem hatte ich im Sommer 1989 in Moskau die erstaunlichen Auswirkungen der *Perestroika* auf dem *Arbat* erlebt. Ich war seitdem ziemlich sicher, dass es in der schönsten DDR der Welt nicht mehr lange dauern wird, bis *Glasnost* die Mauer durchsichtig, vielleicht sogar rissig werden lässt.

Irgendwann habe ich mich den Montagsdemonstrationen angeschlossen, doch nicht um im Sinne eines »Sturms auf die Bastille« die Weltgeschichte zu stimulieren. Es ging mir darum, einmal im Leben Teil einer guten kollektiven Euphorie zu sein. Von Natur aus meide ich große Gruppen. Denn wenn diese Massen sich hinter Parolen oder Akronymen scharen und zur Bewegung werden, wird es in der Regel heikel. Vielleicht war das der unwiederholbare Zauber dieser Demonstrationen, dass sie leise, ernsthaft und richtungsoffen abliefen. Man trug Kerzen – keine Fackeln. Aber schon im Januar 1990 verflog der Zauber. Ich erinnere mich noch deutlich, wie ich in jenen Tagen aus der Leipziger Straße kommend am Hansering in den Demonstrationszug einschwenken wollte. Hier hielt ich kurz inne. Zufällig stand neben mir ein Burg-Kollege, der offensichtlich den gleichen Plan hatte. Wir schauten auf die Plakattexte, die nun eindeutige Begriffe wie »D-Mark« oder »Deutschland« enthielten. Zwar habe ich rein gar nichts gegen gutes Geld und Deutschland halte ich für ein ziemlich schönes Land. Aber in diesem Moment war klar, dass der weitere Weg des in Gang gesetzten Zuges durch ganz praktische und politische Interessen gelenkt wird. Wir wendeten uns ab.

Im Februar hatte ich vor, doch noch einmal Teil der Masse zu werden, schließlich war Hans-Dietrich Genscher als Redner angekündigt. Wenn man ältere Hallenser nach den großen Söhnen der Stadt fragt, dann wird als erster Felix Graf von Luckner genannt. Dieser hatte zu Kriegsende die Stadt vor der Zerstörung durch anrückende alliierte Truppen bewahrt, indem er den deutschen Stadtkommandanten zur Aufgabe bewegte. Dann folgt bald der Name Hans-Dietrich Genschers. Eigentlich sollte vorher oder vielleicht sogar an erster Stelle Georg Friedrich Händel genannt werden, aber dieser hat zu wenig Unterstützer. Hans-Dietrich Genscher war allen aus dem Westfernsehen bekannt. Zudem bekannte er sich immer zu seiner Geburtsstadt. Seinen hallischen Dialekt hatte er nie so ganz unterdrückt. Auch ich empfand Sympathie für ihn und war neugierig.

Ich hatte mich in einen dicken Förstermantel (vgl. Zwischenspiel 3) gehüllt, eine Pudelmütze aufgesetzt und marschierte zum Markt. Die Demonstrationen waren immobil geworden, man wollte Reden halten und hören; es war bereits Wahlkampf. Tausende Hallenser warteten in der Dämmerung. Der Gast wollte gerade anheben zu sprechen, da fiel mein Auge auf das hell erleuchtete *HO*-Kaufhaus »1000 Dinge«. In diesem Kaufhaus gab es eine große Heimwerkerabteilung. Dort war es gewöhnlich immer rappelvoll, denn von den angeblich 1000 Dingen gab es in der Regel nicht einmal die Hälfte und vor allem wusste man nie, welche der Hälften gerade das Angebot prägte. In diesem Moment erwachte eine zweite Neugier, gestützt durch die scharfe Logik des Jägers und Sammlers – der man ja noch immer war: Wenn jetzt alle Hallenser hier draußen bei Hans-Dietrich Genscher sind, dann sind sie nicht im HO-Kaufhaus. Gut, dachte ich mir, eine Lücke im Vortrag des westdeutschen Politikers kann ich mir leisten. Gedacht, getan. Im Tempel – ich verwende ganz bewusst diesen Begriff, denn Werkzeuge haben einen religiösen Wert für mich – war kein Mensch. Nur die Verkäuferinnen und ich. Das Haus erwartete mich weit offen.

Es kam wie es kommen musste: Es gab überraschend Schraubzwingen in allen Größen, palettenweise! Der *Einzelhandelsverkaufspreis* spielte keine Rolle, also erwarb ich gleich mehrere Exemplare. Von der künftigen Baumarktherrlichkeit konnte ich mir zu dieser Stunde noch keine Vorstellung machen. Mit einem festen Strick band ich sie zusammen und hängte sie mir über die Schulter. Ich sah nun aus wie ein hochgerüsteter Förster. Allerdings zwang mich das recht stattliche Gewicht zum Umdisponieren. Hans-Dietrich Genschers Rede musste ich mir in ganzer Länge denken. Da ich mein bisheriges Leben im Einzugsbereich von Westsendern und nicht in Dresden, dem »Tal der Ahnungs-losen«, oder Anklam verbracht hatte, kannte ich zahlreiche rhe-torische Formen nicht nur des heute aufgetretenen Politikers. Die Rekapitulation der Rede dürfte gelingen! Gut gelaunt und schweißgebadet kam ich zu Hause an. Zur Feier der Beute öffne-te ich eine Flasche »*Mehrfrucht-Tischwein*«.

Ich will dem Leser die Scharnierfunktion dieser Situation erläu-tern: Dass ich Herrn Genschers Rede übersprang, erscheint mir im Nachhinein als verträglich *und* – auf eigene Weise – *der Zu-kunft zugewandt.* Ich habe, zugegeben recht materialistisch, mir aus den 1000 Dingen einige herausgesucht, die mir bei der Be-wältigung der anstehenden Aufgaben helfen sollten. Für Schraub-zwingen gilt, dass sie ganz einfach nützlich sind. Sie werden als unschuldige Produktionsmittel erst durch die Produktionsver-hältnisse – so hatte ich gelernt – gut oder böse. Aber vielleicht ist die Lage viel einfacher: Sowohl Stühle vom sozialistischen Sperrmüll müssen neu verleimt werden als auch kapitalistische IKEA-Möbel nach dem ersten Umzug. Erblicke ich heute diese Schraubzwingen in meiner Werkstatt, muss ich immer an das große Ganze denken.

Hans-Dietrich Genscher möge mir aus der weiten Ferne verzeihen, dass er hier nur in einer Nebenrolle erscheint. Aber aus der Gesamtsituation mit den Schraubzwingen konnte ich ihn nicht entlassen. Nichts hätte mehr gestimmt.

Anmerkungen

Perestroika: Russisch für Umbau. Perestroika bezeichnet die Modernisierung der UdSSR unter Michail Gorbatschow ab 1986.

Arbat: Boulevard in der Altstadt Moskaus.

Glasnost: Russisch für Offenheit. Glasnost benennt die neue Haltung der sowjetischen Staatsführung gegenüber dem Volk ab 1986.

HO: Abkürzung für »Handelsorganisation«, eine staatliche Einzelhandelskette in der DDR.

Einzelhandelsverkaufspreis: Der EVP bezeichnet einen Festpreis, der im Einzelhandel der DDR gültig war. Eine Schraubzwinge mittlerer Größe kostete 9,60 Mark überall und immer.

Mehrfrucht-Tischwein: War kein trinkbarer Rotwein im Handel, dann fiel die Wahl auf den wirksamen Mehrfrucht-Tischwein zum Festpreis von 2,75 Mark. Man war flexibel und nahm anderntags den Kopfschmerz tapfer in Kauf. In Dresden wurde ganz unpolitisch »Roter Lockwitzer« hergestellt.

und der Zukunft zugewandt: Dies ist der zweite Vers der ersten Strophe der Nationalhymne der DDR. Der Text stammt von Johannes R. Becher. Ab 1972 durfte der Text nicht mehr gesungen werden – vor allem wegen des vierten Verses. Zwar habe ich mit einigen martialischen Inhalten Probleme, doch kommt auch mancher Vers vor, den ich »unterschreiben« würde. Größere Schwierigkeiten bereitet mir der Text des Deutschlandliedes, der zumindest noch zu einem Drittel ohne Reue gesungen werden darf. Auch wenn ich weiß, dass Hoffmann von Fallersleben in der Mitte des 19. Jahrhunderts nicht ahnen konnte, wer alles mit welcher Bedeutungsverschiebung besonders die erste Strophe singen wird, so ist sein Text doch stärker »vernutzt« als die Becherschen Verse.

Diese Zwickauer Augen!

Kapitel 2
Moskau, Leningrad und ein schwarzes Quadrat

Drei Wende-Begebenheiten klammern die alte Zeit an die neue. Alles ist noch voller Überraschung. Ingo Maurer macht Licht. Playboy macht Sinn.

Episode 1

Ein prächtiger Band aus Westdeutschland über »Impressionisten und Postimpressionisten« geriet in den 1980er Jahren in die Hände meiner kunstsinnigen Eltern. (Williams 1986) Gezeigt wurden Werke aus Sammlungen in Leningrad, dem heutigen Sankt Petersburg, Moskau und Washington. So manches Mal hatte ich versonnen darin geblättert und es blieb die leicht bittere Erkenntnis, dass ich die Washingtoner Gemälde — wenn überhaupt — wohl frühestens als Rentner im Original anschauen werde. Das war immerhin eine Perspektive, die dem heutigen Altersdasein vielfach schon wieder verloren gegangen ist. Die Frage ist, ob Kaffee- oder Kreuzfahrten das kompensieren können.

Es sollte jedoch schneller gehen. Im Sommer 1989 bereiste ich sowohl Leningrad als auch Moskau. Die Besuche der Eremitage und des Puschkin-Museums waren ein großes Muss. Damit bekam ich gut zwei Drittel des Prachtbandes zu Gesicht. Die Betrachtung des letzten Drittels war — wie gesagt — Teil des großen Projektes »*in Würde altern*«. Doch dann kam der erfreuliche Herbst! Wie losgelassen, bereisten meine Freunde und ich ab Dezember Westdeutschland — gottlob noch mit all der Fitness der mittleren Lebensjahre. Im Frühjahr 1990 stand München auf dem Programm. Neue und Alte Pinakothek. Als hätte ein freundlicher Planer von ganz oben und nur für mich etwas vorbereitet, wartete die Neue Pinakothek mit einer Sonderausstellung französischer Impressionisten aus der »National Gallery of Art« in Washington auf! Die Kunst legte sich als verlässliche Klammer über die Brüche der Zeit. (Sonnenburg 1987) Schöner ging es nicht. Ich könnte immer noch heulen.

Episode 2

Auf besagter Leningrad-Reise in Episode 1 führte mich mein Weg in eine Ausstellung des Münchner Leuchtendesigners Ingo Maurer. Seine Entwürfe kannte ich bis dahin nur aus der Zeitschrift »Form« und aus Katalogen. Hier im Leningrader Museum für Ethnografie der Völker der UdSSR wirkten die anmutigen und reduzierten Objekte zwar etwas fremd, ich aber empfand als Designer eine helle Freude an der Ausstellung. Ingo Maurer hatte vor das Portal des Museums etwas plakativ ein »Denkmal des unbekannten Designers« gestellt. Auf einem Podest stand ein ganz ehrlicher Allzweckstuhl, den ein namenloser sowjetischer, vielleicht sogar russischer Gestalter entworfen hatte. Maurers Denkmal spielte wohl auch ironisch und aus meiner Sicht nicht ganz fair auf die in der Sowjetunion und im Ostblock häufig zu findenden Denkmäler unbekannter Soldaten an. Soweit so gut.

Wieder daheim in Halle hingen Maurers Leuchten stark gedimmt in meiner Erinnerung. Doch dann ging im grauen Januar 1990 das Licht an. Ingo Maurers Leuchten waren kaufbar! Ich weiß nicht mehr genau, wo und wann ich meine erste Maurer-Leuchte erstand. Ich weiß aber, es war die »WillyDilly«, eine preiswerte und intelligent gemachte Leuchte. Eine simple weiße Kartonbahn umspielte, von der Schwerkraft nach unten gezogen, spiralförmig die Glühbirne. Oberhalb der Fassung war der Karton an das Kabel geklammert. Das Licht durchdrang die wechselnden Schichten des Kartons und es entstand eine schöne Wirkung.

Nun begann ein Lehrstück: Die heile Designwelt des Westens ließ sich nicht so einfach mit meiner östlichen Lebenswelt kombinieren. Ich war einfach zu schnell! WillyDilly hing in meiner Parterrewohnung, die mit zwei mächtigen Kachelöfen ausgestattet war. Obwohl die Wohnsituation für hallische Verhältnisse komfortabel war, muss damaliges Wohnen doch eher als Auseinandersetzung mit den Elementen verstanden werden. Im Winter griffen die *Braunkohlen-Heizgase* und im Sommer der Kot der Stubenfliegen den schneeweißen Karton an. Der Kaminkehrer, der stets überfallartig zur Tat schritt, bewirkte ein Übriges. Irgendwann beschloss ich, die unansehnlich gewordene Unterkante des Kartons abzuschneiden. Dies betrieb ich noch zwei oder drei Mal. Dann war es mit WillyDilly vorbei. Ingo Maurer hatte den Entwurf nur für die saubere Welt gemacht. Die Lehre ist, dass das Design eben doch eine stark praktische Komponente besitzt. Einige Brüche der Zeit konnten erst im Laufe der Jahre ausgeglichen werden. Manche gibt es immer noch.

Episode 3

Am 9. November 1989 war der Tag der Maueröffnung. Tags darauf sollte ein mehrtägiger Designworkshop in den Rathenower Optischen Werken beginnen. In dem Städtchen westlich von Berlin wurden traditionell Brillen hergestellt. In diesem Entwurfsseminar sollten vor Ort Ideen für neue Produktlinien entwickelt werden. Unsere Planungen für dieses Projekt hatten das historisch Neue nicht berücksichtigen können. Keiner war Hellseher. Mir war bei Erhalt der frohen Botschaft per Deutschlandfunk klar, dass sich für die Route zum Workshop gänzlich neue Optionen ergeben. Schnell bin ich – wenige hatten Telefon – mit dem Rad zu einem Kollegen gefahren, der am nächsten Tag auch zum Workshop wollte. Rasch formten wir den Gedanken, dass eine

Anfahrt via Westberlin der Stunde angemessen sei. Nun entstand ein Problem: Ich besaß weder Auto noch Fahrerlaubnis – dies ist bis heute so – mein Kollege besaß ebenfalls kein Auto, allerdings eine Fahrerlaubnis! Wir brauchten also ein Auto. Ein weiterer Kollege, der für Rathenow geplant hatte und in Weimar wohnte, besaß ein Auto, aber keine Fahrerlaubnis. Wenn wir also in Weimar zu dritt an den Start gehen, war letzteres nicht relevant. So lief es schließlich. Am 10. November rollte ein wunderschöner grauer »Trabant Kombi« erst am martialischen *T-34*-Denkmal in Drewitz vorbei. Später eilte er über die Avus ins Herz des vormaligen amerikanischen Sektors. Dort aß ich meinen ersten Döner. Dank harter Währung von meiner Großmutter aus Stuttgart war der Kauf realisierbar und schließlich klang das Wort Döner beim ersten Hören noch zauberhaft und so seltsam, dass ich widerstandslos beschloss, die Speise zu prüfen.

Irgendwann in der Nacht waren wir in Rathenow und jetzt komme ich zum Kern der Episode: Die Tage in Rathenow waren infolge der Nähe zu Westberlin durch Unruhe geprägt. An den Abenden strebten die Kolleginnen und Kollegen zu den Lichtern der großen Stadt. Einer brachte schließlich einen Packen ausgelesener – oder besser – ausgeschauter »*Playboy*«-Hefte mit. Ein Westberliner hatte ihn wohl als bedürftig identifiziert und beschenkt. Dieser Packen lag dann im Rathenower Atelier in der gemütlichen Ecke. Kaum einer der männlichen Teilnehmer des Workshops wollte sich die Blöße geben, einfach triebhaft ein Heft zu greifen, um sich mit den neuen Sujets zu befassen. Wir wollten Brillen *für unsere Menschen* machen. Schließlich baute uns der Kollege, der die Zeitschriften beigebracht hatte, eine schöne und gangbare Brücke: Beim Blättern entfuhr es ihm: »Kommt mal her Jungs, Bauhaus!« Das war das Zauberwort, das die Vorbehalte kippen ließ. Unser Kollege hatte in einer zu einem Quadrat getrimmten dunklen Schambehaarung Teile des Formkanons des Bauhauses entdeckt. Klar, es hätte sogar eine Hommage an Kasimir *Malewitsch* sein können! Die Lehre aus dieser Geschichte ist, dass eine grundsolide kunstgeschichtliche *Vorbildung* immer von Nutzen ist. Kulturelle Brüche verschwinden im Nu. *Gegensätze heben sich dialektisch auf.* Eben noch hatten wir es im Philosophieseminar gelernt und plötzlich passiert es. Theoria cum praxi.

Die drei Episoden zeigen, dass der Systemwechsel dank meiner Kenntnisse über Kunst, Design und Kulturgeschichte rasch gelang. Ich werde in den folgenden Passagen immer wieder auf diese Erkenntnis zurückkommen. Die Auseinandersetzung mit Kunst ist ein Grundmotiv meiner Schilderungen. Darauf sollten Sie sich, liebe Leser, weiter einstellen.

Wahrscheinlich ist die erste Episode jene, die für mich die tragfähigste Lehre bietet. Auch heute gehe ich, wenn die Zeitläufte lokal und global das Unbegreifliche hervorbringen, ganz einfach mit meiner Jahreskarte in die Alten Meister in Dresden und halte Zwiesprache mit den Malern und ihren Modellen. Wenn ich danach noch genügend Selbstbewusstsein habe, greife ich meine Malausrüstung und male, etwa einen Baum am Weg mit Kuh, so gut ich es eben kann.

Anmerkungen

in Würde altern: DDR-Bürger durften erst als Rentner in den Westen reisen. Manchen war gestattet, auch eher zu reisen; sie hatten allerdings keine Vorfreude mehr auf das Alter.

Braunkohlen-Heizgase: Ich erinnere mich noch an den Moment, als ich zum ersten Mal im Westen übernachtete. Studenten der Hochschule für Gestaltung Offenbach boten mir in ihrer WG einen Schlafplatz, wo ich am Abend meine Reisetasche öffnete: Es stieg ein klarer Schwefeldioxid-Geruch empor. »The Scent of an Ossi« – dieser Film ist noch zu drehen. Ich weiß aber nicht, ob Al Pacino die Hauptrolle spielen will.

T-34: Meistgebauter Weltkriegspanzer der Roten Armee. Im DDR-Jargon nannte man den »Saporoshez«, einen Kleinwagen aus sowjetischer Fertigung, traditionsbewusst »T-34-Sport«.

irgendwann in der Nacht: Als wir uns zum Aufbruch entschlossen, hatte es noch eine ganze Weile gedauert, den mattgrauen Trabant im dunklen Straßengewirr Westberlins wiederzufinden. Wir hatten ihn schließlich an seinen kreisrunden »Scheinwerferaugen« erkannt. Diese schauten wie unsere Augen staunend, doch durchaus keck über die sich duckenden Kühlerhauben der westlichen Kraftfahrzeuge hinweg. Die Westwagen der 1980er Jahre hatten mehrheitlich zusammengekniffene Scheinwerferaugen. Störend hochgebaute SUVs gab es noch nicht.

Playboy: Als ostdeutscher Mann war man gezwungen, das mentale Bild einer unbekleideten Frau auf Grundlage der Wahrnehmungen im privaten Schlafzimmer oder am öffentlich zugänglichen

Baggersee zu gewinnen und zu festigen. Nur wenigen Abonnenten war es vergönnt, einen monatlichen, künstlerisch fotografierten Akt in der Zeitschrift »Das Magazin« zu betrachten. Dass es in der Welt des Kapitalismus für diese wichtige geistige Arbeit reichlich mediale Unterstützung gibt, davon hatten wir gehört. Die Breite des Angebots war nach der Wende dennoch erstaunlich. Um die Vorstellungskraft des westdeutschen Mannes war es offensichtlich schlecht bestellt.

für unsere Menschen: Diese vereinnahmende Phrase war häufig in offiziellen Verlautbarungen der DDR-Oberen zu finden. Da war Vorsicht geboten. Problematisch wurde es auch, wenn es hieß, dass »der Mensch im Mittelpunkt steht«.

Malewitsch: Kasimir Malewitsch gehörte zur russischen künstlerischen Avantgarde. Er schuf Hauptwerke des Konstruktivismus und des Suprematismus; so auch 1915 das »Schwarze Quadrat«. Die Simplizität der Komposition motivierte zahlreiche Laien auf dem Gebiet des Rasierens oder des Kunstfälschens, die Vorlage zu kopieren.

Vorbildung: In der Nachbetrachtung der Szene kann ich feststellen, dass keiner von uns an das markante Bärtchen Hitlers dachte, weil keiner in dieser Hinsicht geprägt war. Diese Form der Bildung eigneten wir uns erst nach der Wende an, als die klare Form dieses Bartes dank medialer Inflation auch für uns zu einem festen Zeichen wurde. Schwarzes Quadrat plus schiefes schwarzes Kreissegment – fertig! Die weitgehende Absenz dieses Motivs vor 1989 halte ich für keinen großen Mangel.

Gegensätze heben sich dialektisch auf: Die Aufhebung von Gegensätzen ist ein Prinzip der Dialektik. Es dient als philosophische Methode der Erkenntnisgewinnung. Aufhebung führt also nicht nur zum Verschwinden vormaliger Widersprüche, sondern zu einer neuen Qualität. Marx formulierte auf dieser Basis das erste dialektische Grundgesetz als »Gesetz von Kampf und Einheit der Gegensätze«.

Irgendwo und irgendwann probte ich im Bezirk Halle den Grenz-
durchbruch. Die Praxis war komplizierter.

36

Kapitel 3
Immunisierung nachhaltig

Von Schwerin nach nirgendwo. Blau Uniformierte verstellen den Weg. Hünengräber kann es nicht geben. Schnaps gibt es im Morgengrauen.

Ich war 1976 in meinen ersten Semesterferien an der Ostsee unterwegs. Mein Interesse galt von Schulzeiten her der Ur- und Frühgeschichte. Nachdem ich bereits zahlreiche Großsteingräber auf Rügen und um Demmin inspiziert hatte, plante ich, ein Gräberfeld östlich von Grevesmühlen im Everstorfer Forst zu besichtigen. Vor der Exkursion hatte ich mich im »Museum für Ur- und Frühgeschichte« in Schwerin mit Informationsmaterial versorgt. Hier wirkte der Prähistoriker und Archäologe Ewald Schuldt, dem zahlreiche instruktive und gründliche Veröffentlichungen über die norddeutsche Vorzeit zu verdanken sind. Von Schwerin aus ging es los per Bahn.

Das Gräberfeld lag rund zwanzig Kilometer vor der *5-Kilometer-Sperrzone*. Ich war in Nordhausen am Harz in Grenznähe aufgewachsen und wusste wie heikel es ist, als junger Mann diesem Bereich per Zug zu nahe zu kommen. Denn hier war man im Blick der Transportpolizei, kurz Trapo. Diese Transportpolizisten patrouillierten zu zweit in allen Zügen, die in einem Bereich von etwa vierzig Kilometern Richtung Westgrenze fuhren und hielten Ausschau nach ihren Zielpersonen – besonders mit Rucksack! Wohl gemerkt ging es hier nicht um Interzonenzüge, sondern um Regionalzüge, die ohnehin noch vor der Grenze definitiv ihren Prellbock fanden. Das Suchmuster war ganz simpel. Grundlos wurden die Ausweise allein reisender junger Männer kontrolliert und wenn man im kritischen Gebiet nicht polizeilich gemeldet war, konnte es unangenehm werden. Entsprechend hatte ich meinen Hauptwohnsitz bis zur Wende im alten Kinderzimmer in Nordhausen verortet, so dass ich meine Eltern relativ umstandslos von Halle aus besuchen konnte. Ganz anders lag der Fall im hohen Norden der DDR.

Um es kurz zu machen – ich war eben doch zu waghalsig, hatte den 20-Kilometer-Abstand des Gräberfeldes zum gelobten Schleswig-Holstein zu lax bewertet. Ich durfte den Zug nicht am geplanten Haltepunkt verlassen, wurde in einem Abteil eingeschlossen und schließlich von zwei Herren bis ins Polizeikreisamt Grevesmühlen gebracht und verhört. »Was, Großsteingräber angucken? Die gibt's hier weit und breit nicht!« In diesem Stil ging es eine Weile mit wechselnden Fragestellern bei weitgehend gleichen Fragen. Der letzte Interviewer gehörte zur *Gattung der gebildeten Polizisten*. Er stand mir und letztlich Ewald Schuldt zu, dass es in der Gegend tatsächlich Hünengräber gibt. Sogar viele. Auch wurden wir einig, dass es Leute gibt, die so etwas sehen wollen. Bevor ich ohne Gürtel und Schnürsenkel eine Arrestzelle bezog, musste ich mich nackt präsentieren, auch mein Hinterteil wurde kontrolliert. In meiner damaligen Unschuld konnte ich nicht deuten, was die Herren wollten. Ich hatte mangels erweiterter Kenntnisse über die Spielarten der Sexualität nicht einmal ein homoerotisches Deutungsmuster parat. Erst Jahre später entstand Klarheit über das Motiv der Spähenden: Sie hatten auf einen stattlichen Kassiber voller Landkarten, Westgeld und Fluchtpläne gehofft. Da man nicht fündig wurde, fand ich mich im *Morgengrauen* auf der Straße wieder. In der Nacht waren Polizisten selbstverständlich bei meinen Eltern. Es ist nur logisch, dass ich nach dem Urlaub ein Gespräch mit dem dafür Zuständigen an meiner Hochschule hatte. Als das passierte, war ich zwanzig

Jahre alt und hatte nunmehr eine wichtige Immunisierung hinter mir. So kam es, dass ich kein Parteimitglied wurde. Das schließt die kuriosen *Blockparteien* CDU, LDPD, NDPD und DBD ausdrücklich mit ein! Darauf bin ich nicht stolz, wohl aber ist diese Parteilosigkeit eine komfortable Situation, gewissermaßen eine Zwischensituation, wenn man heute einen unbeschwerten Blick auf die Zeitläufte werfen will.

Von 1976 an hatte ich immer einen Krampf im Magen, wenn ich eines dieser dunkelblauen Duos sah. Ein Trapo war für mich fortan der Inbegriff eines Schergen. Sicher gab es noch weitaus übleres Personal in der DDR, aber gerade diese Charge ließ einen Schatten auf das von mir doch sehr verehrte Eisenbahnwesen fallen. Das kann ich nicht verzeihen.

Rein praktisch hatte das unselige Wirken dieser Leute wenig Sinn. Jeder, der Richtung Grenze wollte, konnte dies ganz unbemerkt per Rad, Moped, Pferd oder zu Fuß erledigen. Endlich angekommen, harrten ja dort die wirklich handfesten Herausforderungen des Reisenden! Die Zugkontrollen waren ein reines Mittel der Demütigung. Immer sollte man wissen: Man ist an der langen Leine. Nun wird mancher fragen, warum ist er denn nicht abgehauen, der Brave, warum hat er keinen Ausreiseantrag gestellt? Da kann ich nur sagen, dafür bin ich nicht der Typ. Ich kam im Sport nie über den Bock und hatte meine Eltern lieb.

Anmerkungen

5-Kilometer-Sperrzone: Dieses Sperrgebiet noch vor der eigentlichen Grenze war eingerichtet worden, um den Zutritt zu reglementieren und die Grenze weiträumig abzuschirmen. Auswärtige mussten Passierscheine vorweisen.

Gattung der gebildeten Polizisten: Zur genaueren Einordnung dieser Spezies dient der DDR-Witz, in dem es heißt, dass es genau drei menschliche Eigenschaften gibt, von denen leider in einem Menschen immer nur zwei zu finden sind. Menschen können linientreu, ehrlich und intelligent sein. Dieser Polizist in Grevesmühlen war also linientreu und intelligent. Ehrlich war er nicht; vor allem nicht zu sich selbst. Welche beiden Eigenschaften ich für mich, nicht ganz uneitel reklamiere, kann der Leser unschwer erraten.

Morgengrauen: Auf dem Bahnhof in Bad Kleinen holte ich mir an einem Kiosk meinen ersten und auf lange Zeit letzten Flachmann, um das Erlebnis zu verdauen.

Blockparteien: Blockparteien existierten neben der SED und waren, verglichen mit ihr, klein – aber kaum weniger dogmatisch und streng zu ihren Mitgliedern. Sie bildeten den antifaschistisch-demokratischen Block und dienten in der DDR der Organisation, Kontrolle und Einbindung historisch gewachsener politischer Strömungen. Sie waren nicht so richtig sozialistisch, aber immerhin antifaschistisch. Für mich waren alle Parteien gleich.

Eine DDR-Kindheit in voller Westmontur. Im Busch trägt Rainer ein weiß eingefasstes, seidig glänzendes rotes Halstuch – in
der Pionierversammlung ein blaues.

Kapitel 4
Kindheit unter Dampf

Ein Kindheitskapitel muss sein. Die Weichen einer Lebensreise werden früh gestellt. Weitsichtige Leute in Ost und West lenken die Fahrt.

An welches früheste Ereignis kann man sich erinnern? Hat man eins gefunden, ist Vorsicht geboten, denn zumeist sind das jene Begebenheiten, welche die Eltern und Verwandten repetieren. Vielfach sind es Sprüche aus dem »Kindermund«. Die echten Erinnerungen betreffen das, was verboten war, was sich nicht gehörte oder was einen erschrocken hatte. Es wird gesagt, dass wir im Alter wieder Kind werden und die Erinnerungen klare Konturen erhalten. Ich bin gespannt.

Was Erinnern wirklich heißt, kann ich anhand meiner Westreisen vor dem Mauerbau 1961 demonstrieren. Dreimal war ich im Vorschulalter in Stuttgart bei den Großeltern väterlicherseits. Ich kam jedes Mal in Begleitung meiner Eltern zurück. Wären wir dortgeblieben, hätte ich meine weitere Biografie mit einer »Flucht« schmücken können. So waren es nur schöne Reisen. Von diesen Reisen bewahre ich äußerst klare Bilder: Opa Karl zeigt mir die Rotationsdruckpresse beim Reclam-Verlag. An einer »Linotype«-Setzmaschine wird von Herrn Armbruster mein Name nebst Adresse als Gusszeile aus Blei geformt. Oma Anna füllt ihren »Starmix«-Blender mit rotem Obst und vergisst, den Deckel vor dem Start zu schließen. Opa holt mit mir schwarz glänzende Eierbriketts aus dem Keller. Oma bindet ihren weißen Hut auf dem Fernsehturm hoch oben auf dem Killesberg mit einem Schal fest. Frachtschiffe ziehen auf dem Neckar vorbei. Ich sehe sogar noch kontrastreich eine dunkelgrüne Elektrolok, die langsam unter mir hindurchfährt, denn ich stehe in Zuffen-hausen-Rot auf einer Brücke! Ich lasse beim Nachbarsjungen ein Matchboxauto »mitgehen«. Als hätte ich geahnt, dass demnächst eine 28-jährige Besuchspause für Stuttgart nebst erweitertem Umland ansteht und dass deutliche Bilder samt greifbaren Objekten der Erinnerung nötig sind! Ein Kinderhirn ist weise.

In der langen Pause kamen meine Großeltern viele Jahre lang mit prallen und duftenden Koffern immer im Herbst zu uns nach Nordhausen. Ich hoffe, ich tue jetzt keinem ehemaligen Spielkameraden weh: Bald hatte ich Westspielzeug in Fülle. Matchbox-Autos kistenweise. Märklin und LEGO sowieso. Es gab in jenen Jahren Baukästen mit so hohem didaktischen Wert, wie sie heute nicht mehr denkbar sind. Kennt noch jemand meiner Altersgenossen aus Stuttgart und anderswo die Kosmos-Baukästen? »Elektromann«, »Technikus« oder »Radiomann«? Das klingt nach einer schönen Kindheit. Das war sie auch.

Das hat nicht vordergründig mit den Baukästen zu tun. Meine Eltern retteten ihren Bund über alle Gefährdungen. Sie hatten sich 1942 als Studenten an der Akademie für Grafik und Buchkunst in Leipzig kennengelernt. Schon bald musste mein Vater an die Ostfront. Nach Gefangenschaft in Frankreich war er 1948 wieder in Leipzig und versuchte da anzuknüpfen, wo er aufgehört hatte. (vgl. Kapitel 5) Das Schicksal meiner Mutter war, wenngleich sie weiter studieren konnte, während der Bombennächte und mit Hunger im Bauch zwischenzeitlich auch kein erfreuliches.

Erst heute sehe ich unser friedliches Leben sowie meine Behütetheit durch ein besonderes Motiv geleitet. Nach all der körperlichen und seelischen Qual »musste« das Leben der Eltern harmonisch verlaufen. Meine Mutter genoss immerfort die Friedenszeit und den bescheidenen Wohlstand in unserer 2,5-Zimmer-Neubauwohnung, so sehr sie auch auf die Roten schimpfte. Obwohl ich in Leipzig geboren wurde, ist Nordhausen meine Heimatstadt. Kurz nach meiner Geburt zogen wir in die Kleinstadt am Harz. Mein Vater wurde Kunsterzieher, der nebenher unentwegt künstlerisch tätig war und meine Mutter wirkte als freischaffende Grafikerin. Das Stadtbild war noch gezeichnet von einem massiven Bombardement im April 1945. Die 1000-jährige Fachwerkstatt hatte wochenlang gebrannt. Für uns Kinder der 1960er Jahre waren die Reste der Trümmerwüste ein riesiger Abenteuerspielplatz. Meine Mutter lebte in der berechtigten permanenten Sorge, wir könnten auf Blindgänger stoßen. Richtig interessant wurde es, als die Innenstadt wieder aufgebaut wurde. Denn Großbaustellen sind anregende Spielräume. Unser Wohnhaus »Am Petersberg« war das erste, das in Großblockbauweise in der Mitte der Stadt errichtet wurde. Mein Kinderzimmer lag im vierten Stock. Somit hatte ich einen Logenplatz im Baugeschehen.

Später bot die Lage zwischen Harz und Kyffhäuser herrliche Möglichkeiten für mich und meine Rad fahrenden Freunde. Gewarnt wurden wir nur vor der nahen Grenze. Rasch hatten wir Kinder begriffen, dass es beim antifaschistischen Schutzwall nicht um die Abwehr der äußeren Feinde, sondern um das Einhegen der inneren Freunde ging. Eine weitere Sorge galt Blitzschlägen und Wildschweinen. Wir wurden hingegen nie vor dem Verkehr gewarnt. Wenn sich seinerzeit doch ein F9, ein P70, ein Trabant oder gar ein Wartburg von hinten näherte, dann geschah dies langsam und geräuschvoll. Der geringen Verkehrsdichte und der gedrosselten Geschwindigkeit der Kraftfahrzeuge trauere ich immer noch nach.

Mein bester Radfreund war Hans-Jürgen aus dem Nachbaraufgang. Er war wesentlich trainierter und damit schneller als ich. Er besaß jedoch im Gegensatz zu mir kein Kartenmaterial. Es kam also immer zur Synchronisation an irgendeiner Dorfkreuzung. Wir waren ein eingespieltes Team. Seine Mutter buk uns vor den Touren so manches Mal einen Stapel Eierkuchen, die am ersten Rastplatz noch warm waren. Meine Mutter betrieb in dieser Hinsicht weniger Aufwand. »Nehmt die zehn Mark, esst unterwegs was Gescheites!« Hier konnte der traumhaft gut gewürzte Tatar in Steigerthal gemeint sein oder ein ähnlich rechtschaffener »Strammer Max« in Petersdorf. Manchmal stiegen wir nur am Dorfkonsum ab und holten uns *ein Brötchen und eine Flasche Buttermilch.*

Bevor wir in den Plattenbau im Zentrum zogen, bewohnten wir eine kleine Wohnung, die am Rande der Stadt in der Nähe eines Haltepunktes der Harzquerbahn lag. Jeder Kenner und Liebhaber der Dampftraktion weiß nach diesem Satz Bescheid. Ich will dennoch meinen Weg der Initiation in den Kreis der Eisenbahnfreunde schildern. Meine Eltern besaßen kein Auto. Nicht etwa aus Sparsamkeit, nein, sie hielten das Ganze für zu kompliziert und wenig ästhetisch. Bus und Bahn dienten uns zur Überwindung größerer Distanzen, zumal wenn es galt, zum Startpunkt einer der sehr zahlreichen Harzwanderungen zu gelangen. Genau hier kommt die Harzquerbahn – eine Schmalspurbahn – ins Spiel. Bereits als Säugling nahm ich die Schienenstöße auf, hörte die komplexen Klangmuster der Maschine und inhalierte vor allem das unverwechselbare Rauch-Dampf-Öl-Gemisch. Wir kannten alle Schaffner. In meiner Erinnerung hatten sie immer gute Laune und liebten ihre Arbeit. Solche Leute sind heute nur noch in Baden-Württemberg zu finden.

Ich berichtete im letzten Kapitel von den Trapos. Leider war diese Spezies auch in meiner Harzquerbahn zugange. Fuhr man hinüber nach Wernigerode, dann tangierte die Fahrstrecke zwischen den Orten *Sorge und Elend* die Grenzanlagen. Eine der Schienen verlief fast auf Westgebiet. Hier stand natürlich ein jeder Fahrgast – ob alt oder jung – unter besonderer Beobachtung. Allerdings war das Geschehen schon so übertrieben, dass es tragikomische Züge annahm. Die Trapos hingen förmlich aus den offenen Perrons und prüften bei Gefährdung der eigenen Person unentwegt, ob sich ein *Grenzverletzer* anschickt, seine Gesundheit und obendrein die friedliche Koexistenz der Systeme aufs Spiel zu setzen. Der Dienst in der Harzquerbahn war für die engagierten Staatsdiener ganz sicher die Krönung ihrer Laufbahn.

Doch auch der Trapo konnte nicht verhindern, dass ich weiter gerne Bahn fahre und das Blickformat aus dem Fenster genieße. Auf Eisenbahnfesten können Sie mich voller Rührung als Gast auf der Lok treffen. Später nach der Wende habe ich vor diesem Hintergrund die Briten schätzen gelernt. Dampftraktion auf Nebenstrecken überall »*[with] a clean machine*«.

Anmerkungen

ein Brötchen und eine Flasche Buttermilch: Das Brötchen und der halbe Liter kosteten zusammen konstant 16 Pfennige. Das Flaschenpfand von 20 Pfennigen fiel nicht an, da wir die Flasche nach dem Abwischen des »Milchbartes« wieder in den Kasten stellten. Buttermilch war an einem grünen Aludeckel auf der unbedruckten, universell einsetzbaren und formschönen Glasflasche erkennbar. Schlagsahne hatte übrigens einen goldenen Deckel!

Sorge und Elend: Mit Blick auf den damaligen Grenzverlauf gibt es wohl nirgendwo auf der Welt zwei Orte mit derart sprechenden Namen.

Grenzverletzer: So wurden jene offiziell und euphemistisch bezeichnet, die ohne Visum und Umweg nach Bayern oder Hessen gelangen wollten. Das Ziel der Herrschenden bestand darin, den Grenzverletzer zu verletzen.

with »a clean machine«: Hier handelt es sich um ein verfremdetes Zitat aus dem Beatles-Song »Penny Lane«. Der »Fireman« der Beatles hält seine Feuerwehr sauber. Der Lokführer pflegt seine Lok ebenso. So sind die Briten.

Laufend und schiebend geht es vom Bahnhof Bennungen nach Breitungen in den Urlaub. Verdient ein ökologisches Verhalten, von dem man nichts weiß, auch dieses stolze Attribut?

Kapitel 5
Leipziger Eltern

Eine Frau und ein Mann erziehen mit großer Umsicht. Sie heißen
Eva und Günter. Sie bleiben hier. Paris ist schön in Schwarz-Weiß.
Geheimsprachen sind nützlich.

Wenn ich auch die Immunisierung gegen die politischen Verlo-
ckungen einem persönlichen Erlebnis zuschreibe, so hatten mich
meine Eltern im ähnlichen Sinne bereits vorgeformt. Die Biogra-
fien meiner Eltern wurden – wie soll es anders sein – durch die
ihrer jeweiligen Eltern geprägt.

Die Eltern meiner Mutter lebten nahe der Innenstadt
Leipzigs ein einfaches kleinbürgerliches Leben. Großvater Johannes war Buchhalter, litt jedoch an Tuberkulose und fiel häufig als
Ernährer aus. Großmutter Charlotte versuchte mit Sparsamkeit
und klugem Haushalten die Grundfunktionen der Familie aufrecht zu erhalten. Beide lehnten das Naziregime ab. Im Gegensatz zu meinem Großvater, der seine Meinung nur in der Stube artikulierte, äußerte die Großmutter ihre Meinung auch im
Treppenhaus. »Wegen Dir holen sie uns noch alle ab!« lautete die
dauernde Warnung ihres Mannes. Die ältere Schwester meiner
Mutter musste, obwohl sie mathematisch begabt war, einen Beruf lernen, um rasch die Familie unterstützen zu können. Das
künstlerische Talent meiner Mutter war jedoch nicht zu über-
sehen, so dass ihr an der Akademie für Grafik und Buchkunst ein
Studium ermöglicht wurde. Dieses Studium hat sie trotz kriegs-
bedingter Unterbrechungen bis 1948 fortgeführt.

Die Großeltern väterlicherseits lebten in Markkleeberg im
Süden Leipzigs. Großvater Karl arbeitete als Buchdrucker beim
Reclam-Verlag. Er war Veteran des ersten Weltkrieges. Den Ver-

sailler Vertrag hielt auch er für ungerecht. Also begrüßte er die Nationalsozialisten, die eben diesen Vertrag »kündigen« wollten. So wurde er, obwohl es ihm und seiner kleinen Familie gut ging und der Vertrag ihn nicht im Geringsten betraf, ein Anhänger Hitlers. So ist das manchmal. Meine Großmutter Anna putzte im Markkleeberger Rathaus. Sie war nicht an Politik interessiert. Nach dem Krieg folgten meine Großeltern schon bald dem Reclam-Verlag nach Stuttgart, der dort einen Neubeginn plante. Meinem Vater zufolge, zog es Großvater Karl auch als ehemaliger NSDAP-Blockwart vor, den neuen Machthabern in Leipzig auszuweichen.

Mein Vater begann 1942 nach einer Ausbildung zum Retuscheur zeitgleich mit meiner Mutter ein Studium an der Leipziger Akademie. Nach wenigen Monaten wurde er jedoch – noch nicht achtzehnjährig – zum Kriegsdienst eingezogen. Nach kurzer Grundausbildung in Meißen ging seine Reise erst nach Frankreich und dann ins Baltikum, einem Heer entgegen, das augenscheinlich bereits geschlagen und auf dem Rückzug war. Seine Zusammenfassung: »Wir sind nur gerannt.« Schließlich wurde er am Bein von einem Granatsplitter getroffen und kam via Ostsee mit einem Verwundetentransport nach Quedlinburg in ein Lazarett. Eigentlich war mein Vater im Frühjahr 1945 schon geheilt und es war vorgesehen, dass er Teil des letzten Aufgebots im Kampf um Berlin sein sollte. Ein Militärarzt, der meinen Vater hatte zeichnen sehen, rettete ihm vermutlich das Leben: Er stufte ihn mit den beiseite gesprochenen Worten »der ist zu schade« weiterhin als nichtkriegsverwendungsfähig ein. Das nächste Glück im Unglück zeigte sich, als das Lazarett von amerikanischen Truppen eingenommen wurde. Die Amerikaner übergaben in der Folgezeit einen Teil ihrer Gefangenen an die Franzosen.

Nachdem mein Vater anfangs in Lyon eine Hungerzeit überstehen musste, barg der Rest der Zeit keine Gefahren mehr. Schon bald kellnerte er im Offizierskasino. Von da an wusste er, wie gut Oliven schmecken; ich hingegen weiß es seit 1990.

Nach einer dreijährigen Gefangenschaft kam mein Vater 1948 nach Leipzig zurück. Er beschloss nun, Lehrer zu werden. Sein Studium der Kunsterziehung sollte an der Greifswalder Universität stattfinden. Bevor meine Eltern nach Greifswald zogen, heirateten sie in Leipzig. Angekommen in Greifswald beginnt nun ein politisches Wechselbad meines Vaters. Sein Vater Karl hatte ihn noch als Siebzehnjährigen genötigt, gleich ihm der NSDAP beizutreten. Aus dem Krieg und der Gefangenschaft kam mein Vater mit einer tiefen Verachtung sämtlicher Spielarten des Nationalsozialismus zurück. Dies war ein Grundmotiv seines weiteren Lebens.

Als Wilhelm Pieck, der erste Präsident der DDR schwor, dass »*von deutschem Boden* nie wieder Krieg ausgehen darf«, erschien es meinem Vater als konsequent, der SED beizutreten. Doch alsbald begann die Remilitarisierung auf beiden Seiten Deutschlands, der kalte Krieg entbrannte. In der DDR wurde 1952 als Vorläufer der Nationalen Volksarmee (NVA) die kasernierte Volkspolizei (KVP) gegründet. Seinem Gewissen folgend trat mein Vater 1955 wieder aus der SED aus. Das liest sich hier ganz einfach, doch zu einem solchen Schritt gehörte in jener Zeit richtiger Schneid. Er versteckte sich unmittelbar nach dem Austritt mit meiner Mutter mehrere Wochen auf einem Gehöft in Groß Zicker auf Rügen – aus Angst, abgeholt zu werden. Irgendwann glätteten sich die Wogen, sie kehrten nach Greifswald zurück und mein Vater konnte sogar sein Studium beenden. An einen vorher zugesagten Verbleib als Assistent an der Universität war nun aber nicht mehr zu denken. Er erinnerte sich jedoch zeitlebens und voller Dankbarkeit an ein sehr fruchtbares Studium. Einen großen Anteil daran hatte der Maler Herbert Wegehaupt, in dessen Klasse mein Vater studierte.

Da Lehrer in der frühen DDR dringend benötigt wurden, erhielt mein Vater trotz seiner mangelhaften Linientreue eine attraktive Stelle als Kunsterzieher an der *EOS* »Wilhelm von Humboldt« in Nordhausen. Meine Mutter folgte ihm abermals. Quasi auf der Durchreise brachte sie mich 1956 in Leipzig auf die Welt. Sie hätte sicher von einer Rückkehr nach Leipzig profitiert. Als begabter Buchillustratorin wäre für sie die Nähe zu Verlagen und Kollegen nur von Vorteil gewesen. Aber in der Folgezeit erarbeitete sie sich von Nordhausen aus einen Stamm treuer Kunden in Berlin und Leipzig. Darunter waren Zeitschriften-, Fachbuch- und Belletristik-Verlage.

Hier in Nordhausen, unweit der bereits beschriebenen Schmalspurbahn – in der Nähe des Haltepunktes »Am Altentor« – beginnt mein Leben. Bis zum Mauerbau reisten wir, wie bereits geschildert, auch per Regelspur mehrere Male nach Stuttgart zu den Großeltern. In Gesprächen mit meinen Eltern gegen Ende ihres Lebens wurde natürlich thematisiert, warum sie nicht, wie so manche, ganz einfach im Westen geblieben sind. Zu den Roten, wie es bei uns zu Hause hieß, wurden ja die Brücken beizeiten innerlich abgebrochen. Die Erklärung liegt im väterlichen Elternhaus. Mein Vater hat seinem Vater die Nazianhängerschaft nie verziehen. All das »Gelobt-sei-was-hart-macht« hatte wie ein Schatten auf seiner Jugend gelegen. Er wollte niemals flink wie ein Windhund, zäh wie Leder und hart wie Kruppstahl sein. Als dann eine politische Trennlinie zwischen ihnen stand, muss mein Vater das – so schilderte es einmal meine Mutter – wie einen befreienden Schlussstrich unter ein schwieriges Kapitel der Familiengeschichte empfunden haben. Er wie auch sein Vater hatten ihre Plätze gefunden und sie konnten besser miteinander umgehen. Ab 1961 verwandelte sich diese Trennlinie in Stacheldraht, Minen, Hunde, Trapos und Grenzer. Obwohl meine Eltern konstant an diesen Verhältnissen litten, hörte ich jedoch nie den Satz, »wären wir doch damals drübengeblieben«. Fortan richteten sich meine Eltern im real existierenden Sozialismus ein.

Es gab zwei Pfeiler, auf denen ihr Leben ruhte: Kunst und Natur. Schöner werden weder eine Buche noch ein Gemälde von Paul Baum, wenn sie in Stuttgart wachsen beziehungsweise hängen. Diesem Credo folgend verbrachte ich im Schlepptau meiner Eltern große Teile der Kindheit im Harz und in Museen. Zudem war ich vom ersten Augenblick an von Bildern umgeben. Beide malten, zeichneten, radierten oder aquarellierten unentwegt. Die Bestände an Mappen und Kunstbänden wuchsen bedrohlich.

Die gesamte *künstlerische und berufliche Tätigkeit* fand an zwei Tischen statt, die auf den 20 Quadratmetern des Wohn-Ess-Arbeitszimmers standen. Eben noch breitete mein Vater stolz die frisch im Keller gedruckten Radierungen aus; schon musste er die Schätze beiseite räumen, weil meine Mutter *Sauerbraten* auftischte. Danach benötigte er die Tische zur Vorbereitung des nächsten Unterrichtstages. Meine Mutter brauchte uns beide später als Modelle, um Illustrationen für ein Lehrbuch über Erste Hilfe anzufertigen. Nachdem wir die Verbände wieder abgelegt hatten, gab es Abendbrot. Es war ein wundersames Leben, das auf rund 65 Quadratmetern in einer 2,5-Zimmer-Plattenbauwohnung stattfand. Meine Eltern waren, man kann es nicht anders sagen, sehr genügsam. Entsprechend beklagten sie die eingeschränkte Redefreiheit, jedoch kaum die verwehrte *Reisefreiheit* oder die finanziellen Einschränkungen. »Uns reicht der Harz!« Die respektableren Wohnungseinrichtungen oder gar die Häuser der anderen Leute wurden knapp kommentiert: »Die haben Wohnkultur und wir Kultur!«

Die elterlichen Bücherschränke der Marke Hellerau quollen über. Bücher über Kunst meterweise. Ein Buch hatte es mir besonders angetan: »Paris bei Tag – Paris bei Nacht«. Das 1958 beim Aufbau-Verlag erschienene Buch enthielt Fotografien von Robert Doisneau. Elsa Triolet steuerte poetische Kommentare bei. (Triolet, Doisneau 1958) Als Vertreter der »humanistischen Fotografie« hatte Doisneau die Kamera auf alle Sphären der »Stadt der Liebe« gerichtet. Ich arbeitete das Buch wohl an die hundert Mal gänzlich durch. Die gezeigten Szenen und Porträts waren realistisch im besten Sinne. Nichts und niemand wurde entblößt oder idealisiert. Paris kam mir beinahe vertraut vor. Mit den Jahren begriff ich die überwältigende Komplexität dieser Stadt. Hierin unterschied sich Paris ganz klar von Nordhausen. Ich ahnte und hoffte, dass die Dargestellten – waren es nun anonyme Markthallenarbeiter oder allbekannte Leinwandidole – freie Gestalter und Genießer dieser Vielschichtigkeit waren. Alle erschienen mir schön. Es gab natürlich eine Schönste: Eine unbekannte junge Frau, die eine Flasche Milch trägt – selbstverständlich mit einem Weißbrot unter ihrem Arm. Dieses Buch belegte in meinem Kopf einen großen Raum. Da wäre für »Weltall, Erde, Mensch« ganz einfach kein Platz gewesen.

Beim Beräumen der Wohnung meiner verstorbenen Eltern fand ich die Tagebücher meiner Mutter. Sie hatte über einen langen Zeitraum Buch über das familiäre Leben geführt. Im Vordergrund standen die Wanderungen. Ich hätte bis zum Lesen dieser Tagebücher nicht ganz sicher beantworten können, ob meine

Mutter »im Gefolge« ihres Mannes und in ihrer Rolle als zeichnende Hausfrau wirklich froh war. Schließlich besaß sie ein großes künstlerisches Talent, dem es womöglich an Raum zur Entfaltung gefehlt hat. Das Lesen der Tagebücher war ein Lehrstück für mich: Nach dem in der Kindheit erlebten Mangel, nach den Kriegsjahren in Leipzig, nach den Tauschtouren übers Land bis nach Niedersachsen war das Leben in Nordhausen ganz einfach gut. Alle Zeilen berichten von grundsätzlicher Zufriedenheit. Nur einmal im Leben habe ich meine Mutter bitter weinen sehen: Bei einem ARD-Bericht über einen Angriff der US-Amerikaner in Vietnam. Kinder flohen weinend. Diese Filmsequenz vergesse ich nie.

Es ließen sich nun weitere Eigenheiten meiner Eltern schildern, die alle etwas mit der bewussten Isolation im System und ihrer Rolle als Sonderlinge in einer Kleinstadt zu tun haben. In Sorge, den Leser zu ermüden, will ich nur ein Beispiel vorstellen. Es handelt sich um eine ausgefeilte Kulturtechnik, die mein Vater mit einem Kollegen entwickelt hatte. Dieser Kollege war Waldemar Büchner. Er war der engste Vertraute meines Vaters. Oft saß Herr Büchner bei uns in besagter Mehrzweck-Stube. Ich hielt mich als Halbwüchsiger lauschend in der Ecke auf. Die Dialoge verliefen immer sehr förmlich. »Kollege Groh, haben Sie schon gehört ...« oder »Kollege Büchner, nicht zu glauben ...« Politisches Schimpfen im einfachen Sinne fand nicht statt, denn die Grundlagen waren gelegt. Damit nun beide sich öffentlich in der Kneipe, in der Straßenbahn, im Überlandbus oder in der Harzquerbahn über das Kollegium und vor allem über die politischen Entscheider oder die bösen Buben von der Stasi unterhalten konnten, hatten sie ein komplexes System an Spitznamen entwickelt. Diese Codierung, für die unsere Kleinstadt einen vortrefflichen Rahmen bot, war höchst absonderlich und – wenn man die Geschichte hinter dem Namen kannte – auch äußerst amüsant. Mein Vater deckte mir mit wachsender Reife alle diese Geschichten auf, so dass ich den Gesprächen folgen konnte und manch nützliche Information über meine weiteren Lehrer erhielt. Es folgt nun ein Auszug aus der Liste der Codenamen: Die Pickelhaube, der Ledernacken, das Menjoubärtchen, die polnische Edelsau (erzählte schmutzige Witze), Frau Pflaume (hieß Kirsch), Nick Knatterton (war ein Stasimann), der Wackelmann, der HJ-Führer (der wirklich einer war), der Gummi, das Holzbein, das Zigärrchen, Der-Vogel-weiß-das (ein Ornithologe), die Harfenjule, Sebuschi, die Flusche, Agathon die Kotzpille, Herr Ochmann, der Schmierfilz, ...

Es ist klar, dass die beiden Männer auch oft dabei lachten und ihre Freude daran hatten, vor jedermann und jederfrau ihr System nutzen zu können. Ich hatte mit den Jahren gleichfalls meinen Spaß. Vermutlich hatten die Stasileute beim Ausdenken und Gebrauchen ihrer eigenen Decknamen weniger Freude. Für sie war es einfach *Arbeit*.

Herr Büchner arbeitete hauptberuflich als Mathematiklehrer, in seiner Freizeit war er ein sachkundiger Hobbygeologe. Irgendwo habe ich noch ein Schächtelchen mit grünlicher Vulkanasche aus dem Harz, deren Vorkommen er mir zeigte. Auch klopfte er mit mir *Bonifaziuspfennige* aus dem Muschelkalk auf dem Possen, ein Höhenzug bei Sondershausen. Ein anderes Mal zeigte er mir die »*Badlands*« im Drei-Gleichen-Gebiet bei Erfurt.

Es gab natürlich noch weitere Kollegen – es waren allerdings nur wenige – die indirekt Einfluss auf mich hatten. Mit diesen Kollegen tauschte mein Vater Schriften und Bücher aus, die auf dem Index standen. Ich las in jenen Jahren Alexander Solschenizyns

»Archipel Gulag« und »Krebsstation« oder später als Student Erich Loests »Es geht seinen Gang«. Meist musste dies rasch, manchmal über Nacht geschehen. Die Bücher sollten zügig zirkulieren.

Wenn ich mich an die nachmittäglichen Gespräche an unserem Stubentisch oder bei Bekannten erinnere, fällt mir noch etwas Bemerkenswertes ein. So sehr auch die politische Situation in der DDR kritisch bewertet wurde, es gab zumindest in den Kreisen meiner Eltern keinerlei geschichtsrevisionistischen Tendenzen oder eine Verklärung der Vergangenheit. Die Nazizeit galt als der Tiefpunkt, in vielerlei Hinsicht. Als ich einmal mit jugendlichem Feuer maßlos abwertend die »Roten« als Tiefpunkt benannte, holte mein Vater ein schweres Buch aus dem Schrank. Es war prominenten und unbekannten Opfern des Nationalsozialismus gewidmet; ein jedes war auf einer Seite mit Porträtfoto und kurzem Lebenslauf dargestellt. »Schau« sagte mein Vater, »viele hier sind kaum älter als Du, sie wurden allesamt geköpft, gehängt oder erschossen«. Das machte die DDR nicht schöner, wohl aber einordenbarer.

Wovon will das Kapitel erzählen? Der Apfel sollte manchmal nicht fern vom Stamm fallen.

Anmerkungen

von deutschem Boden: Dieser Satz wird verschiedenen Nachkriegspolitikern zugeschrieben; so auch Willy Brandt.

EOS: Abkürzung der Schulform »Erweiterte Oberschule«. Eine Auswahl der Schüler der »Zehnklassigen allgemeinbildenden polytechnischen Oberschule« – kurz ZAPO – wechselte nach der achten oder zehnten Klasse an die EOS, um das Abitur abzulegen. Diese Schulform war das Äquivalent des heutigen Gymnasiums.

künstlerische und berufliche Tätigkeit: In seiner Doppelrolle als ein in der Region bekannter Künstler und engagierter Lehrer wurde mein Vater zu einer festen Größe und geschätzten Person in Nordhausen. Im Wissen um seine politische Integrität begegnete man ihm besonders nach der Wende mit Achtung. In seinem neunzigsten Lebensjahr wurde er 2015 zum Ehrenbürger der Stadt ernannt.

Sauerbraten: Meine Mutter war eine begnadete Köchin.

Reisefreiheit: Bereits vor Erreichen des Rentenalters durfte meine Mutter ihre verwitwete Schwiegermutter in Stuttgart besuchen und wohnte bei netten Bekannten in einem Vorort. Sie war im Frühjahr dort und hatte sehr gefroren. Die Wohnung war eine Eisbude. Man sparte dort ganz normal auf westliche Art Heizkosten. Darauf war sie durch unsere stets bullig warme Neubauwohnung nicht vorbereitet. Sie hätte natürlich darum bitten können, dass der Regler aufgedreht wird; doch das hat sie sich nicht getraut. Sie fuhr nicht noch einmal. Mein Vater durfte seine Mutter, auch als sie sehr krank wurde, nicht besuchen. Er war als Lehrer ein sogenannter »Geheimnisträger«. Erst als sie gestorben war, wurde ihm großherzig die Genehmigung erteilt, seine Mutter in einer Urne heimzuholen.

Arbeit: Der Begriff kann etymologisch auf die althochdeutsche Bedeutung »Mühsal« rückgeführt werden. Nach Marx gibt es seit der Industrialisierung die entfremdete Arbeit, welche auf dem Verkauf der Arbeitskraft beruht. Ein Glück für die Stasileute war, dass diese Form der Arbeit im Sozialismus abgeschafft wurde. Ihre Arbeit war demnach eine Mühsal voller Erfüllung.

Bonifaziuspfennige: Name für fossile Überreste von Stielgliedern der Seelilie. Diese radförmigen Querschnitte kann man im Muschelkalk auf dem Possen bei Sondershausen finden.

Badlands: Unfruchtbares, durch Erosion geprägtes Land, das an vielen Plätzen der Welt geologisch als »schlechtes Land« bezeichnet wird. Der Südhang an der Burg Gleichen bei Erfurt zeigt diese Merkmale auf einer kleinen Fläche. Getrübt wird heute der Eindruck durch die Geräuschemission der nahen Autobahn. Nun ist es auch akustisch »schlechtes Land«.

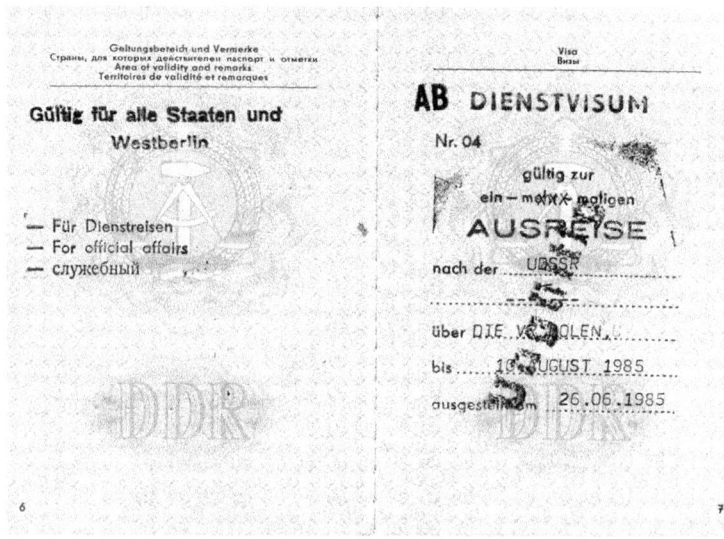

Die Seiten 6 und 7 erzählen dem Eingeweihten viel – fast zu viel!

Kapitel 6
Vorbild Runkel

Kunstfiguren können Sachen machen, die gar nicht gehen. Sie können reisen wohin sie wollen und schöne Frauen treffen. Hegen ist der beste Lehrer.

Eine der großen Kulturtaten der Lenker der DDR bestand im Gestatten – oder müsste man besser sagen Nichtverhindern – des Magazins »*Mosaik*«. Dabei handelt es sich um eine monatlich erscheinende *Graphic Novel,* die seit 1955 bis zur Wende vom Verlag Neues Leben herausgegeben wurde. Das Magazin erscheint noch heute beim Steinchen-für-Steinchen Verlag. Bis 1975 leitete Hannes Hegen das große Kollektiv an Zeichnern und Textern. Die einzelnen Geschichten, die jeweils zahlreiche Bände füllten, handelten in verschiedenen geschichtlichen Situationen: das Weltall der Zukunft, das alte Rom oder die Zeit der Erfinder des 18. und 19. Jahrhunderts. Hauptakteure waren bis 1975 die Digedags, drei niemals alternde Kobolde mit den Namen Dig, Dag und Digedag. Die Digedags waren gutmütig und sie handelten klug und solidarisch. Unterscheidbar waren sie für den Betrachter durch ihre Erscheinung. Der schwarzhaarige Dig war der kleinste, Dag war blond und der rothaarige Digedag war am größten. Charakterlich waren sie weitgehend ähnlich. Ich könnte bestenfalls sagen, dass Dig der Bedächtige ist, Dag der Tatendurstige und Digedag, der nicht in allen Erzählsträngen dabei ist, der Stratege.

Über die Jahre festigten und präzisierten die Zeichner ihren grafischen Stil. In der im Mittelalter spielenden Runkel-Serie wird ein bis dahin unerreichter Reifegrad erreicht. Diese Geschichte eines fahrenden Ritters wird ab Mai 1964 in 61 Heften, also fünf Jahre lang erzählt. Der Start war exakt an meine wachsende Lesekompetenz angepasst. Ich war in der zweiten Klasse und konnte lesen. Wie bereits in der zuvor verlegten Erfinder-Serie wird auf Sprechblasen verzichtet. Alle Kommentare, Schilderungen und Dialoge sind in klassischer Prosa abgefasst und als Textblöcke unter den Bildern positioniert. Mithin ist dies ein Comic, den man auch abends den Kindern vorlesen kann.

Nun muss ich noch etwas zur Einordnung der Bildererzählung sagen: Im Nachhinein erscheint weniger die schiere Dauer des Erscheinens des »Mosaik« als Phänomen; vielmehr erstaunt das fast völlige Fehlen offizieller Ideologie. Wie bei vielen begehrten Druckerzeugnissen war auch das knappe Kontingent an »Mosaik«-Abonnements längst verteilt, als ich im passenden Lesealter war. Es blieb meiner Mutter nichts anderes übrig, als ihrem einzigen Sohn das Heft zu erjagen, denn ich saß ja in der Schule, wenn einmal im Monat in den Morgenstunden die wenigen Exemplare in die Auslage des Zeitungskioskes am Kornmarkt gelangten. Sie schaffte es immer, Jahr für Jahr! Das nenne ich Liebe. Ich hatte das Glück, dass meine Mutter als Grafikerin das Mosaik sehr schätzte. Einen Bonus hatte das Druckerzeugnis auch dadurch erlangt, dass der Schöpfer, der geniale Hannes Hegen, der eigentlich Johannes Eduard Hegenbarth hieß, ein Verwandter des noch genialeren Zeichners und Illustrators Josef Hegenbarth war. Letzteren verehrten meine Eltern sehr. Die Zeichnungen, die nach Ideen und Vorlagen des Hannes Hegen in den Heften zu finden waren, hatten sicher nicht die künstlerische Qualität der Werke des großen Verwandten. Sie waren aber dennoch farblich und kompositorisch rechtschaffen. Alles stimmte in Perspektive und räumlicher Anordnung. Vor allem die zahlreichen technischen Darstellungen waren sehr korrekt. Auf *Speedlines* und Lautmalereien wurde weitgehend verzichtet.

Das wirklich Bemerkenswerte war jedoch die äußerst komplexe Struktur der Erzählung, die ich erst beim wiederholten Lesen und Vorlesen entdeckte – als Leseanfänger hatte ich die Geschichte, die voll der Anspielungen, Sprachspiele und historischen Verweise ist, nur in Fragmenten verstanden. Hannes Hegen stellte Querverbindungen sowohl zu einer ab 1957 erschienen Serie, die im alten Rom spielt, als auch zu verbrieften oder fiktiven historischen Abläufen her. In diesen Zeitfenstern wechselte er den Zeichenstil, der an die grafischen Formen der jeweiligen Epoche angepasst war. So öffnete sich mir sukzessive ein reicher Bilderbogen, gefüllt mit den wunderlichsten Gestalten und Weltbildern.

Kommen wir nun zu Runkel. Dieser ist Ritter und eine an das Vorbild des Don Quijote angelehnte Figur. Er lebt auf der fiktiven Burg Rübenstein in Franken und will eines Tages ins Morgenland aufbrechen. Ziel ist, dort einen Familienschatz zu finden, den sein Vater einst auf einem Kreuzzug in aller Eile verstecken musste. Damit soll nach seiner Rückkehr seine Herzensdame, Adelaide von Möhrenfeld, gewonnen werden. Diese Reise führt ihn mit seinen Knappen Dig und Dag – Digedag wird erst später dazustoßen – nach Norditalien, über die Adria auf den Balkan und schließlich über Konstantinopel nach Kleinasien. Die gesamte Geschichte ist voller Abenteuer. Missgeschicke wechseln sich ab mit Erfolgserlebnissen, wobei die Missgeschicke überwiegen. Dank der Knappen wird selbst aus den misslichsten Lagen ein Ausweg gefunden. Die Geschichte geht gut aus. Adelaide und Runkel heiraten!

Der Beginn der abenteuerlichen Reise ist fulminant! Der Leser fällt aus dem Himmel mitten hinein in die Geschichte. Diese beginnt mit den wahrhaft magischen Worten: »Stellt euch vor, ihr hättet Schwingen wie ein Vogel und schwebtet über die blauen Wogen der Adria der Küste Italiens zu. Und denkt euch, ihr hörtet von fernher ein melodisches Klingen, das sich beim Näherkommen als das Geläut von vielen Glocken herausstellt. Ihr fliegt dem Schalle nach und seht vor euch aus dem Dunst, der über dem Meer liegt, eine Märchenstadt auftauchen, deren viele hundert Türme mit gold- und silberglänzenden Dächern dieses Geläut aussenden. Auf Inseln in einer geschützten Lagune ist diese Stadt erbaut, von Kanälen durchschnitten, von zahllosen Brücken wie mit Klammern zusammengehalten. Ja, es ist kein Zweifel möglich: Wir befinden uns über Venedig [...]«. (Hegen 1991, 7) Ein doppelseitiges Bild illustriert diesen Text. Anregungen hatte sich Hannes Hegen vermutlich bei dem Gemälde »Vogelschau auf Venedig« von Joseph Heintz dem Jüngeren geholt, das dieser Mitte des 17. Jahrhunderts gemalt hatte. Nur ein Ostdeutscher meiner Generation kann verstehen, wie unerhört diese Ouvertüre ist!

Dann nimmt die Geschichte rasant ihren Lauf. Erst nach mehreren Heften wird die Vorgeschichte erzählt. Wie kam es zum Zusammentreffen Runkels mit den Digedags? An dieser Stelle will ich noch eine letzte Detailschilderung einstreuen – alles Weitere müssen Sie selbst erlesen und erschauen: Wieder erfolgt ein Schnitt. Eben noch ist der Leser Zeuge einer Siegesfeier von Adriafischern über einen Angreifer, den brutalen Kapitän Fiasko. Nach dem Umblättern sieht man die Digedags, die als umherziehende Spielleute unterwegs sind und sich am Rande eines Eichenwaldes in Franken eine Mahlzeit bereiten. Auf einem Baumstumpf, der als Tisch dient, liegen auf einem Tischtuch ein Laib Brot nebst einer stattlichen Blutwurst. Noch heute läuft mir im Gedanken daran das Wasser im Mund zusammen. Als sie einen Krug Himbeersaft dazustellen, wird dieser von einem verirrten Armbrustbolzen getroffen. Der Schütze ist Runkel auf Elchjagd. Immer noch bin ich voller Mitgefühl bei den Digedags, die der Verlust des Himbeersaftes wütend machte. Kurz darauf wird Runkel von dem Elch, den er zum Ziel erkoren hatte, zur Strecke gebracht; die Digedags sind nicht nachtragend und bringen den Ohnmächtigen zur heimatlichen Burg Rübenstein. Die Geschichte beginnt zum zweiten Mal.

Der Leser bemerkt, dass ich ein großer Freund der Digedags und des Ritters bin. Dies hängt natürlich mit der Bilderwelt zusammen. Die Geschichte ist mit großer Detailverliebtheit gezeichnet. Die Autoren müssen Monate in Bibliotheken verbracht haben. Auch haben sie sicher häufig die Galerien der Alten Meister besucht. Natürlich waren sie in Burgen und Schlössern unterwegs – vielleicht sogar in Schloss Kuckuckstein bei Dresden – und haben dort die Architekturen, die Rüstungen, die Turnierausstattungen, die Waffen, das Mobiliar und die Gewänder studiert. Sicher ist, dass auch die Völkerkundemuseen zum Recherchegebiet gehörten. In Gemäldegalerien stoße ich immer wieder auf Barockgemälde, die vermutlich als Vorlage dienten. Hier hat der Hegen sie her – denke ich dann – die pisanische Galeere mit vollem Lateinersegel vor dem Wind! Entsprechend waren die Hefte Füllhörner voller Anregung für mein zeichnerisches Tun als Junge.

Nun muss der Beweis erbracht werden, dass Runkel mir ein echtes Vorbild war, neben den ideologisch verordneten, wie *Pawel Kortschagin* oder den *vier Panzersoldaten* mit ihrem Hund.

Vorbildlich ist Runkels idealistisches Motiv: Die Jagd nach dem Schatz beruhte auf dem einzigen Grund, seine Angebetete mit einer ritterlichen Tat zu erstaunen. Auf diesem Weg war Runkel trotz aller Rückschläge unaufhaltsam. Er warf sich ohne Rücksicht auf Verluste selbst in aussichtslose Kämpfe. Wenn er auf den Etappen seiner Reise dann und wann einen Erfolg errang, dann war er über alle Maßen stolz. Dies ist sicher nicht lobenswert, macht ihn aber menschlich.

Ich sehe in Runkel letztlich das Grundmodell eines DDR-Bürgers. Auch dieser schlug sich mit Funktionären, wie Runkel mit Theaterdrachen auf dem Karneval zu Venedig. Zwei Schritte vor und einen zurück, das war das Lebensprinzip. Wie das Hegen-Kollektiv letztlich Venedig, den Balkan und ganz Kleinasien in eine erweiterte DDR verwandelten, das war schon meisterlich: Überall stießen Runkel und die Digedags auf Grenzer, Schergen, militärische Drangsalierer, Beamte und falsche Propheten. Diese wurden in all ihrer Borniertheit vorgeführt und – überwunden!

Unübertroffen ist die Darstellung des Kaisers Andronikos in Konstantinopel. Dieser herrscht über ein bankrottes Reich und lebt von den Krediten seiner Feinde. Allein, dass es am Hofe einen »Chor der Schmeichler« gab, sagte dem DDR-Bürger alles. Ritter Runkel, den es eine Zeit lang an den Hof verschlagen hatte, arrangierte sich mit den herrschenden Bedingungen, verlor jedoch sein großes Ziel nicht aus den Augen. Die Szene, wie Runkel am Zenit der Reise die wiedergefundene väterliche Kreuzritterburg in Anatolien eben doch nicht beansprucht – nach dem schäbigen Motto: Das wollen wir wiederhaben, das gehört uns schon immer – sondern die Burg ganz beiläufig einer Suleika als Hochzeitsgeschenk überlässt, das deutet ein entspanntes Verhältnis gegenüber Grundbesitz an. Machen wir es kurz: Runkel ist mir ein allzu menschliches und liebenswertes Vorbild.

Eben war von einer Suleika die Rede. Sie war die Tochter eines anatolischen Emirs und wurde durch die Digedags und Runkel aus den Fängen einer Seeräuberbande, den Teufelsbrüdern, befreit. In dieser Episode übernimmt der Ritter eine führende Rolle. Mit ihr gibt es im Personal der Runkel-Geschichte drei schöne Frauen: die blonde Adelaide von Möhrenfeld, die rothaarige Irene von Thessalonien und – wie gesagt – die schwarzhaarige Suleika. In der Regel werden Männer wie Frauen karikiert dargestellt. Wie im Comic oft üblich, sind die Titelfiguren sogar besonders typisiert. Die Digedags mit ihren Knollnasen und ihrer kleinen Gestalt sollen als visuelle Anker durch die Geschichte führen. Denken Sie vergleichend an Mickymaus, *Atomino* oder Tim und Struppi. Für den Betrachter ist diese Besonderheit der Helden nach wenigen Seiten akzeptiert und vergessen, da er sich so besser auf die Handlung konzentrieren kann. Doch mit den drei Frauen stößt Hannes Hegen in die Gegenrichtung, in den Bereich der Ideale vor. Alle drei sind schlank und selbstbewusst. Adelaide kann ironisch sein und Irene kämpferisch. Nur Suleika gibt eher die zurückhaltende orientalische Prinzessin. Dafür hat sich Hannes Hegen beim Herausarbeiten der Weiblichkeit bei ihr die größte Mühe gegeben.

Als ich achtjährig mit dem Lesen und Betrachten der Runkel-Geschichte anfing, hatte ich für diese Leistung Hannes Hegens noch kein Auge. Dies blieb noch etliche Jahre so. So richtig fielen mir die Damen erst auf, als ich zum wissenden Vorleser meiner Kinder wurde. Ganz sicher sind die Zeichnungen auf eine ganz milde Weise erotisiert. Heute denke ich mir, dass der alte Hegen hier einfach seine stille Freude beim Zeichnen hatte.

Ich hatte weiter vorn die Sprachspiele erwähnt, die die gesamte Erzählung durchziehen; vor allem ist die Vielzahl sprechender Namen von Personen und Orten gemeint. Auch hier kam ich erst mit den Jahren hinter den Sinn beispielsweise des Namens Kapitän Fiasco. Anfangs war es in meinen Ohren ein schön klingender italienischer Name, später dann war er Programm. Fiasco erleidet selbstredend Schiffbruch. Freude kam auch immer auf, wenn Ritter Runkel eine seiner Ritterregeln in Reimform kundgab. Während eines heftigen Kampfes auf dem Bosporus zur Befreiung Irenes von Thessalonien aus der Gewalt genuesischer Seesoldaten verkündet er die Ritterregel: »Wer Damen keine Achtung zollt, dem sei ein Ritter niemals hold«. Er unterstreicht sicherheitshalber den Tritt nach einem Gegner mit einer weiteren Regel: »Wer sich bei Damen schlecht benimmt, der werde fürchterlich vertrimmt«. Sich solcherart selbst motivierend, gelingt ihm die Befreiung Irenes als wahrhaft ritterliches Bravourstück.

Die Eröffnungsszene des Anflugs auf Venedig bereitete den Leser darauf vor, dass eine Reise weit über die Grenzen der großen DDR angetreten wird. Zwar geschieht dies im 13. Jahrhundert, aber immerhin. Runkel reiste als mein Stellvertreter. Er war der *Reisekader*, der ich bis zur Wende nicht sein sollte – sehe ich von den kleinen »Fluchten« nach Stuttgart vor dem Mauerbau ab. Runkel ließ ich anstelle der Reisekader aus meinem Kollegenkreis gerne reisen. Die bebilderten Schilderungen seiner Reise sind in mein Erinnerungsrepertoire derart eingebaut, dass ich heute manchmal beim Reisen denke: »Es sieht hier aus wie im Mosaik«. Die Schilderungen der echten Reisekader, die seinerzeit den berühmten Diavortrag nach ihrer Reise ins *NSW* gaben, empfand ich – unabhängig davon, ob ich den jeweiligen Kollegen mochte oder nicht – immer als Zumutung. Ich war gesund und sah sit-

zend Fragmente der Welt in einem verdunkelten Raum. Dann
doch lieber »*New York, New York*« von Werner Baecker auf ARD!

Anmerkungen

Mosaik: Wer mehr über die verschlungenen Wege des Publizierens dieser Zeitschrift erfahren will, dem sei das Buch von Mark Lehmstedt »Die geheime Geschichte der Digedags« empfohlen. (Lehmstedt 2010)

Graphic Novel: Englisch für Grafischer Roman beziehungsweise Comicerzählung.

Speedlines: Linien, die im Comic nach Art der Kondensstreifen eine rasche Fortbewegung anzeigen.

Pawel Kortschagin: Hauptfigur des Romans »Wie der Stahl gehärtet wurde« von Nikolai Ostrowski. Dieses Buch hatte jeder DDR-Schüler zu lesen und danach einen Aufsatz zu schreiben, der es in sich hat. Wir alle waren Pawel im Deutschunterricht, nicht jedoch auf dem Schulhof. Dort spielten wir viele Rollen. Ich war gern Matt Dillon aus den »Rauchenden Colts«.

Vier Panzersoldaten: In der polnischen Fernsehserie »Vier Panzersoldaten und ein Hund« bildet diese gemischte Gruppe die Besatzung eines T-34 im Zweiten Weltkrieg. Nie gesehen.

Atomino: Hauptfigur einer italienischen Comicserie, die ab 1964 in der Frösi – der »Fröhlich sein und singen« – nachgedruckt wurde. Die Zeitschrift selbst war aufwändig gemacht. Gefüllt mit Bastelbögen, naturwissenschaftlichen Experimenten, Geschichten und Comics. Ich las sie sehr gern. Auch nach dieser Zeitschrift war meine Mutter allmonatlich auf Jagd.

Reisekader: Einige DDR-Bürger besaßen das Privileg, noch im Vollbesitz ihrer Kräfte in den Westen reisen zu dürfen. Das Außenministerium hatte in meinem Reisepass auf der ersten Seite die Bitte hinterlassen, den »Inhaber des Passes frei und ungehindert reisen zu lassen«. Dieser Wunsch hatte in meinem Fall nie Gehör bei den dafür Zuständigen gefunden. Es war ein frommer Wunsch. Weiter hinten war in mein Reisedokument sogar ein Stempel eingebracht worden: »Gültig für alle Staaten und Westberlin«. Das war ziemlich höhnisch formuliert, doch Papier ist geduldig.

NSW: Abkürzung für Nichtsozialistisches Wirtschaftsgebiet; kurz: Westen.

New York, New York: Diese Sendung haben wir in Familie so oft es ging gesehen. Werner Baecker berichtete nicht nur über die glamouröse Seite New Yorks, sondern ebenso über das Leben der »kleinen Leute« in den Vorstädten. Hier war uns der »Ami« sehr nah und sehr sympathisch.

Zwischenspiel 1:
Was (wirklich) fehlte

In den Jahren seit der Wende habe ich von Zeit zu Zeit über-prüft, was denn in den DDR-Zeiten tatsächlich gefehlt hat. Wo-durch wurde das Leben danach bereichert? Es handelt sich also auch um Dinge, die ich erst nach der Wende kennenlernte und erkannte, welche Defizite geherrscht hatten. Für die Zeit davor gilt ja: »Was ich nicht weiß, macht mich nicht heiß«. Hier meine aktuell gültige Liste der essenziellen Dinge:

1. Espresso
2. dicht schließende Thermosflaschen
3. haltbare Fahrräder

Nun wird mancher spitzfindig bemerken, dass die Reisefreiheit am meisten gefehlt hat. Dem muss ich antworten: Wie wertvoll wäre ein Reisen auf schlechten Fahrrädern, mit auslaufenden Thermosbehältern und Kiosken am Wegesrand, die Lorke aus-schenken?

Behm-Blankes Grabungsberichte über die Höhlen des Kyffhäu-
sergebirges lehren: Man muss nicht unbedingt bis Ägypten reisen. (Einband, Behm-Blancke 1962)

Kapitel 7
Schulzeit mit Schutzmaske

Beschützen heißt Schutz vor Dummheit und Schutz vor Chlorgas. In den Schulen am Südharz gibt man sich Mühe. Westsender unterstützen die Pädagogen. Sigmund Jähn beobachtet das. Ein Lehrer lehrt vorsichtig den Widerstand.

Die Kindertage waren, wie geschildert, in eine Dampfwolke eingehüllt. Doch irgendwann geht es zur Schule. Die erste, die ich nur für ein Jahr besuchte, war die »Ernst-Thälmann-Schule« in der Unterstadt von Nordhausen. Es war in meiner damaligen Wahrnehmung ein gewaltiger und dunkler Schulbau. Wir saßen auf Bänken, die entlang eines langen Holzbalkens in fester Position aufgereiht waren. Alles war unverrückbar wie auf einer Galeere. Danach besuchte ich für weitere sieben Jahre die »Bertolt-Brecht-Schule« – ein lichter Neubau oben auf dem Petersberg. Hier konnte man mit den Stühlen gut, wenn auch heimlich, »kippeln«. Wir waren anfangs aufgrund des Lehrermangels vierzig Kinder in der Klasse. Viele Lehrer waren »rüber« gegangen und so mancher der Vorkriegspädagogen war im Krieg geblieben. Ich ging, wenn auch nicht gern, so doch willig in die Schule. Der Schulstoff selbst machte mir keine Probleme.

In besonderer Erinnerung habe ich Herrn Bornkessel, der Deutsch unterrichtete. Er rezitierte mit solcher Inbrunst vor uns Zehnjährigen das Nibelungenlied oder die Minnegesänge des Walter von der Vogelweide, dass die alten Barden in unserem Klassenzimmer wieder auferstanden. Frau Taeger entfachte in mir eine kurze Liebe zur Chemie. Ihre Lieblinge durften nach dem Unterricht die Chemikalienkammer aufräumen. Herr Blänsdorf führte uns mit sanftem Druck an die widerspenstige Mutter aller Wissenschaft, die Mathematik heran. Herr Dr. Kuhlbrodt ließ in Geschichte die Römer und Germanen in unserem Neubau aufeinandertreffen. Er wirkte in seiner Freizeit als archäologischer Grabungshelfer in der Nähe von Nordhausen. Ich besuchte das Grabungsgebiet und so wurde mein Interesse für die Ur- und Frühgeschichte ganz praktisch geweckt. Von diesen guten und ermunternden Lehrern gab es zahlreiche. Von Schuljahr zu Schuljahr nahm jedoch die Ideologisierung des Schulbetriebs zu. Die Gegenmittel für diese Seelengifte hielten einerseits meine Eltern bereit, andererseits war es ganz einfach der Schulhof, der nahezu alle Bemühungen der traurigen Lehrer, die eben auch vorhanden waren, entwertete. Es gab damals noch nicht den Begriff »Parallelwelt«, wohl aber die Welt der Pausen.

An diese Stelle passt eine kurze Darstellung zum Thema Medienversorgung, denn ein Schulhofgang ohne Reflexion der Medieninhalte ist heute und war schon damals undenkbar. Grundsätzlich ist zu bemerken, dass Nordhausen nicht nur durch seine schönen Kirchen, eine imposante Stadtmauer, den Doppelkorn und den brachialen Dialekt seiner Einwohner in der Kulturlandschaft hervorstach. In Nordhausen hatten wir auch einen exzellenten Westempfang. Vermutlich war der Empfang dank der zentralen Brückenkopflage Nordhausens besser als mancherorts im Westen. Wir empfingen sie alle: von ARD bis ZDF, vom Norddeutschen bis zum Bayerischen Rundfunk auf Ultrakurzwelle bei erstaunlicher Feldstärke. Wir bemerkten lässig vor Landsleuten, die aus weniger gesegneten östlichen *Territorien* stammten, dass bei uns als Antenne ein feuchter Strick genüge. Dass der überwiegende Teil der Menschen um uns herum die beiden Fernsehprogramme vom Sender Torfhaus im Westharz gleichfalls bevorzugte, dafür lieferte am späten Abend ein besonderes Schauspiel den Beweis: Als der Wiederaufbau der Innenstadt abgeschlossen war, erblickte ich statt der gewohnten Baustellen drei achtstöckige, in Reihe stehende Wohnblöcke, sogenannte Wohnscheiben. Die Fenster der Wohnstuben wiesen zu mir. Wenn also ein Straßenfeger, beispielsweise »Einer wird gewinnen« lief, dann pulsierte das Licht aller Wohnstuben im Takt der Sendung. Ein schönes Phänomen, das sicher auch *Sigmund Jähn* aus seinem Sojus-Raumschiff beobachtet hatte, zumal ja – bis auf die bekannten regionalen Ausnahmen – ganz Deutschland in schöner, vorweggenommener Einheit dieses Lichtspiel zeigte.

Aus heutiger Perspektive erscheint diese Aufwertung insbesondere des Fernsehens befremdlich. Das Fernsehen hat dieser Tage seinen Zenit überschritten. Mit der Privatisierung und der Diversifikation sind die Konturen verschwommen und die Orientierung auf Marktanteile hat dem Niveau nicht gutgetan. Man könnte vor dem Hintergrund heutiger Programminhalte des Privatfernsehens einem Dresdner nicht erklären, was er verpasst hat. Wenn ich mir jedoch vorstelle, dass ich als Jugendlicher in der 1970er Jahren den medialen Freiraum mit Ostfernsehen oder gar *Ostradio* hätte füllen sollen, einfach damit es vor den Augen auch einmal wackelt und in den Ohren brummt – es ist nicht auszudenken! Dann doch lieber *weißes Rauschen statt »Schwarzem Kanal«*.

Das Radiohören hatte in der späteren Schulzeit sogar einen höheren Stellenwert für mich und meine Freunde als das Fernsehen. Ohnehin wurden wir unter der Woche beizeiten ins Bett geschickt. Hier wartete der selbstgebaute Empfänger aus dem Baukasten »Radiomann«. Zuvorderst sind das erste und das dritte Programm *des Hessischen Rundfunks* und das zweite Programm des Norddeutschen Rundfunks zu nennen. Diese Programme brachten Ulrich Roski, »Schobert und Black«, »Insterburg und Co.« oder den frühen Otto Waalkes zu Ohren. Es war eine herrliche Schule des höheren Blödsinns, so ganz nach meinem Geschmack. Nach dem Mittagessen hörte ich jedoch sehr ernsthaft »Musik für junge Leute nach der Schule« auf NDR 2 mit Klaus Wellershaus am Mikrofon. Meine Lieblingssendung am Abend war »Funk für Fans« auf HR 1, von Manfred Sexauer moderiert. Ein Schauer lief über den Rücken, wenn Alfred Hitchcock höchstpersönlich im Vorspann zum obligatorischen Kurzkrimi mit englischem Akzent sprach: »Und noch eins, Sie werden beobachtet!« Das klang im Gegensatz zur heimlichen Beobachtung durch die Stasi sehr konkret.

Doch zurück zur Schule: Ein Trauerspiel war der Englischunterricht. Der Antrieb zum Englischlernen beruhte bestenfalls darauf, irgendwie hinter den Sinn eines Bob-Dylan-Songs zu gelangen. Wir hätten ersatzweise auch eine tote Sprache aus der Inkazeit lernen können. Es war nicht vorgesehen, sie in freier Wildbahn zu benutzen. Inka oder Brite – sie nahmen sich prinzipiell nicht viel. Entsprechend ist das Englisch der älteren Ostdeutschen zumeist lückenhaft. Was nicht heißt, dass ich mich in jungen Jahren nicht bemüht hätte. Manchen Tag beschloss ich mit einem speziellen Englischtraining: Ich lauschte dem Programm des American Forces Network (AFN) auf Mittelwelle und hier besonders der Andacht zur Mitternacht. Der Prediger sprach deutlich und langsam. Nach seinem »God bless you« fand ich Schlaf. Nebenbei gesagt, spielte der Sender richtig gute Musik vor dem Einschlafen. »Keep me searching for a heart of gold.« Ja sicher, Neil. »And I'm getting old.«

An englischen Druckmedien kursierten an den Kiosken in Nordhausen nur der »Daily Worker« und später der »Morning Star«, beides Zeitungen der Britischen *KP*. Da kam wenig Lust an der Sprache des William Shakespeare auf. Ich hatte immer den Verdacht, dass diese Zeitungen in der DDR gedruckt werden. Ich konnte mir nicht vorstellen, dass der britische Kommunist ein solch trostloses Druckerzeugnis herstellt und abonniert.

Um den Russischunterricht war es ähnlich bestellt, obwohl ja die Option einer Reise zu den »Freunden« – so nannten wir im Alltag ironisch die Sowjetbürger – gegeben war. Die Bezeichnung »Freunde« war nicht unbedingt als Abwertung zu verstehen. Es war ganz einfach ein Reflex auf die von oben verordnete Brüderlichkeit und Freundschaft. Überhaupt beruhte die Alltagssprache auf zahlreichen ähnlichen Bedeutungsverschiebungen. Die im Russischunterricht vermittelten Fachbegriffe wie Altstoffsammlung, Fahnenappell oder Pionierversammlung hätten wir ganz gut auf einer inszenierten Veranstaltung der *DSF*, jedoch nicht im »*GUM*« in Moskau anwenden können. Hier hätten wir zur rutschenden Hose keinen Gürtel kaufen können, denn dafür kannten wir die Bezeichnung nicht. Obenherum wären wir nackt gewesen, denn für das *T-Shirt* gab es ebenfalls keine Übersetzung. Aber halt: Ein rotes Pionierhalstuch hätten wir zur Bedeckung der Blöße ordern können. Gottseidank waren die Russen und die Ukrainer, die ich später kennenlernte, kreativ im Lesen von Gesten. Außerdem waren und sind es sehr liebe Menschen, die letztlich alles möglich machen und notfalls ihren Gürtel längs teilen.

Es gab selbstverständlich auch einen unerfreulichen Englisch- und Russischunterricht im Ostfernsehen. Manche Episoden sollten wir uns vor der nächsten Unterrichtsstunde ansehen. Wenn ich nach der Sendung am Nachmittag vergessen hatte, den Schalter am *»Sibylle«* wieder auf West zu stellen und mein Vater des Abends nichtsahnend in Erwartung der »Tagesschau« auf die letzten Bilder *der »Aktuellen Kamera«* stieß, dann richtete er raue Worte an mich. Überhaupt war das »Westfernsehen« – sowohl als Institution als auch als realer Vorgang – eine vielschichtige, oft auch komplizierte Angelegenheit.

Um das Thema *Medien* und Schule abzuschließen, will ich noch folgendes Detail beisteuern: Meine Eltern kauften einen Fernsehapparat als ich zwölf Jahre alt war. Mein Vater als diktaturerfahrener Pädagoge hatte festgesetzt, dass ich erst ab diesem Alter in der Lage wäre, die Differenz zwischen Schulhof und *Staatsbürgerkunde* zu meistern. Die späte Anschaffung des Empfangsgerätes im Jahre 1968 diente also dazu, mich vor Gewissensnöten zu schützen. In Vorbereitung auf das Westfernsehen machten mich meine Eltern mit der Kulturtechnik der Notlüge vertraut. So sollte ich Fangfragen böser Lehrer meistern. Allerdings kann ich mich nicht erinnern, dass ich großen Gebrauch vom elften Gebot »Du sollst notfalls notlügen« machen musste. Als die Flimmerkiste endlich in der Stube stand, war ich meinen Eltern dankbar, dass sie mir die Teilhabe am Medienkonsum ermöglichten. Denn es war höchste Zeit! Ich wollte als geselliger Knabe die Pausenrunde schließlich nicht allein drehen. Ich selbst habe 1984 das Fernsehen eingestellt. Allerdings gelangt in letzter Zeit per Internet so mancher Splitter wieder zu mir. Im Alter wird man nachlässig. God bless me.

Mit der neunten Klasse wechselte ich erneut die Schule. Es war wieder ein stattlicher Gründerzeitbau, die »Adolf-Diesterweg-Schule«. In dieser Altersstufe nötigte uns das System verstärkt zu politischen Bekenntnissen und Verpflichtungen. Besonders wir Jungs erhielten eine verstärkte Aufmerksamkeit. Wir kamen langsam in das wehrfähige Alter, wie man so schmucklos in unserer schönen Sprache sagt. Die Schule sollte ich nur zwei Jahre besuchen, denn ich war in einer sogenannten Vorbereitungsklasse. Danach wurde entschieden, ob wir auf die Erweiterte Oberschule oder an eine Berufsbildende Schule gehen. Wie gesagt, man begann uns nun zu umwerben. Das Himmelreich, respektive ein begehrter Studienplatz wurde für denjenigen erreichbarer, der drei Jahre zur NVA geht, also ein *fescher Unteroffizier* wird. Drei endlos lange Jahre in filzigem Feldgrau für ein Medizin-, Architektur- oder Archäologiestudium, dieser Preis war eindeutig zu hoch! Mit Lebenszeit nicht bezahlbar! Mein Interessenspektrum war glücklicherweise groß genug, so dass mir der Verzicht auf das ursprünglich präferierte Archäologiestudium nicht schwerfiel. An ein Designstudium, an das auch nur schwer heranzukommen war, hatte ich damals noch nicht gedacht. Rasch orientierte ich mich auf das Ingenieurwesen. Ingenieure wurden immer gebraucht, ein Studienplatz hing nur von den Abiturnoten ab. Der Umgang mit den Westbaukästen und die Nähe zu den Dampflokomotiven hatten positive Wirkungen gezeigt.

Eine ganz allgemeine Warnung vor dem Waffenhandwerk ging von den Soldatengräbern aus, die in meiner Jugendzeit noch vereinzelt im Harz während einer Wanderung zu finden waren. Meist waren es Holzkreuze auf denen ein rostiger Wehrmachtsstahlhelm hing. Mein Vater war immer sehr ergriffen und sagte nicht viel. Manchmal murmelte er etwas von »armen Schweinen«. Meist hielten wir auf der Wanderung kurz vor den Gräbern inne. Bereits als Kind realisierte ich, dass hier etwas Ungeheuerliches in der schönen Landschaft passiert war. Nun war bei einer

Einberufung zur NVA nicht gleich mit dem eigenen Begräbnis zu rechnen, dennoch ließen mich diese stummen Mahnmale auf Abstand gehen. Ich sehe diese Gräber noch deutlich vor mir.

Es gab aber auch Lehrer, die als wahre Pädagogen Fingerzeige gaben. Einer von diesen war Herr Schröter, unser Klassenlehrer und Lehrer für Biologie. Sein Unterricht als solcher war mustergültig. Herr Schröter hat uns nicht nur *zu den Ponoren* der heimischen Karstlandschaft geführt, nicht nur Herbarien anlegen lassen, nicht nur die Methoden des Ko-Referats und des Konspektierens beigebracht, nicht nur die Klassenfete als Tanztee bezeichnet, er hat uns auch gebildet. Dies tat er wie folgt: Als er uns einmal zusammenrief, um auftragsgemäß uns Knaben den dreijährigen Wehrdienst schmackhaft zu machen, sagte er schlicht im Beisein eines weiteren Lehrers, dass er das prinzipiell nicht könne, da er selbst nie eine Kaserne von innen gesehen habe. Er könne nur vermuten, dass das Soldatenleben ein schönes ist. So so, dachten wir.

Aus heutiger Sicht erscheint das Ereignis als kaum bemerkenswert. Aber damals war es eine eindeutige, höchst seltene und durchaus mutige Bemerkung. Ganz sicher hat sie nicht jeden davon abgehalten, für ein Designstudium die vollen drei Jahre abzusitzen, aber dass ein Lehrer uns vormachte, wie man subtil gegen den Strom argumentiert, war lehrreich. Ich weiß nicht, ob heutige Lehrer immer noch mit der Frage »wie hältst du's mit dem Militär« beschäftigt sind. Wäre ich heute Lehrer, dann würde ich Joseph Deifels »Tagebuch eines Infanteristen« zur Pflichtlektüre bestimmen. Der Bayer Deifel schildert seine Erlebnisse während des gescheiterten Russlandfeldzuges unter Napoleon. Dem Text ist nichts hinzuzufügen. (Deifel 2015)

Es passt, hier einige Worte zum Antifaschismus zu verlieren, der ja nach offizieller Lesart ein Grundmotiv unseres Lebens und der Erziehung war. Dieses Thema war und ist wesentlich vielschichtiger als das Thema NVA. Mit den Gräueltaten der Faschisten kamen wir Nordhäuser Schüler sehr zeitig in Berührung. Unweit der Stadt befindet sich das ehemalige Konzentrationslager Mittelbau-Dora. Hier mussten Gefangene unter mörderischen Bedingungen in einem Stollensystem des Kohnstein, einem Gipskarstberg am Südharz, die Raketen V1 und V2 montieren. Etliche Male waren wir Schüler zu Gedenkveranstaltungen im Lager. Als Kinder schützten wir uns durch Witze vor dem geschilderten Grauen, von dem wir uns keinen Begriff machen konnten. Waren wir in der Freizeit mit den Rädern unterwegs, mieden wir das Gebiet, weil es uns unheimlich erschien. Später dann, als uns schulische Exkursionen in das KZ Buchenwald bei Weimar führten, erwachte in uns ein erstes Verständnis für die entsetzliche Unmenschlichkeit, die an diesem und an anderen Orten geherrscht hatte. Den ritualisierten Antifaschismus konnten wir, wie all die anderen Rituale, getrennt davon einordnen.

Im Nachhinein halte ich die Besuche für wichtig und richtig, denn man muss diese Orte mit eigenen Augen gesehen haben; man muss dort gestanden haben. Ob es sinnvoll war, uns bereits als Grundschüler nach Dora zu bringen, kann ich nicht eindeutig beantworten. Einerseits hat es mich sehr verstört, andererseits gilt die Volksweisheit »Was Hänschen nicht lernt, lernt Hans nimmermehr«. Es kommt wohl immer auf die Form an. Als Dreißigjähriger suchte ich das ehemalige KZ Auschwitz-Birkenau auf. Allein die schiere Größe des Terrains war unfassbar. Das Bild der Endlosigkeit geht mir nicht mehr aus dem Kopf. Unvergesslich ist mir auch der Hinweis eines polnischen Angestellten der Gedenkstätte im KZ Stutthof bei Danzig, dass dieses Lager der Vernichtung der polnischen Intelligenz diente. Natürlich hatte man für dieses Verbrechen mit deutscher Gründlichkeit einen Begriff kreiert: »Intelligenzaktion«. Das klang so gar nicht nach Massenmord. Da stand man nun als diplomierter Mensch aus Deutschland und schwieg.

Während meiner Schulzeit bin ich sogenannte Patenschaften gegenüber Mitschülern eingegangen. Letztlich ging es um Nachhilfe. Es begann relativ zeitig in der dritten oder vierten Klasse. Ich betreute einen Schulkameraden bei der Erledigung der Hausaufgaben. Er war Sohn eines Kohlenfahrers. Bei dieser Gelegenheit begriff ich meine vorteilhafte Situation. Er nutzte die berühmte trockene Ecke am Küchentisch – ich den eigenen Schreibtisch. Später in der Vorbereitungsklasse an der »Adolf-Diesterweg-Schule« half ich einem Mitschüler in Mathematik und Physik. Er war ein begnadeter Turner. So glich sich alles aus, denn ich war ein *Versager am Reck*, am Barren, am Pferd – und wie die bizarren Erfindungen alle hießen. Der Unterschied zwischen uns war jedoch, dass ich mir die Gnadenvier in der Turnhalle mit Haltung abholte, mein Schulkamerad hingegen beim Vorrechnen an der Tafel sichtbar litt. Am Ende waren diese Patenschaften für beide Seiten ein Gewinn. Sie waren eine Konsequenz der guten Idee der Gesamtschule, auch wenn diese Bezeichnung damals noch keine Rolle spielte. Bis zur achten oder auch zehnten Klasse waren die unterschiedlichsten Arten an Fertigkeiten, Talenten, Motivationen und familiären Kontexten in einem Klassenverband vereint. Ich bin davon überzeugt, dass wir alle voneinander profitierten. Ich half dem Turner und dieser half mir am Reck. Keiner sah sich über dem anderen. Keiner lachte den anderen aus.

Wenn ich das heutige, *aus Westdeutschland stammende Schulmodell* nicht in allen Details beurteilen kann, so sagt mir meine Erfahrung, dass das Zusammenführen aller Schülertypen zu einem Training der solidarischen Kompetenzen führt. Ich glaube nicht, dass es den sogenannten Eliten wirklich hilft, wenn sie frühzeitig separiert werden. Sowohl die Eliten als auch die »Zurückgelassenen« verlieren. Die einen die Bodenhaftung, die anderen ein sehr nahes, nämlich im Verhalten des Mitschülers verkörpertes Leitbild. Zu letzterem dürfte vor allem die Erkenntnis gehören, dass Lernen auch Lust bereiten kann und perspektivisch gesellschaftliche Teilhabe befördert.

Natürlich habe ich die Gemengelage in den Klassen gelegentlich als sozial anstrengend, aber nie als intellektuell bremsend empfunden. Ich vermute, auch jene Schüler – und hier meine ich besonders die Jungs – in denen die künftigen Wissenschaftler schlummern, wussten es in der siebten Klasse sehr zu schätzen, wenn der Leistungsdruck von ihnen genommen ist. Schließlich gibt es in diesem Alter auch ganz andere Drücke.

Noch einmal zu den Nötigungen, die das Waffenhandwerk betrafen: Einen deutlichen Vorgeschmack darauf sollte das GST-Lager in der elften Klasse vermitteln. Wir waren nun an der EOS und standen kurz vor dem Abitur. GST hieß in Langform »Gesellschaft für Sport und Technik«. Ein Name, der die Funktion verschleiert. Es ging der GST um eine vormilitärische Ausbildung der männlichen Jugend. Für vier Wochen war während der elften Klasse eine Barackensiedlung unser Heim. All jene, die uns im grauen *ABC-Schutzanzug* »ausbildeten«, die uns das Kleinkalibergewehr erklärten und die uns gern unter der Schutzmaske sahen, habe ich vergessen, nicht jedoch Herrn Sch..., der uns im Auftrag der EOS begleitete. Bereits auf der Bahnfahrt ins Lager stimmte er Landserlieder der unappetitlichsten Sorte an, à la »Alle Mädchen haben ...«. Er diente sich uns an als einer, der auf unserer Seite ist. Heute im Stand fortgeschrittener Menschenkenntnis kann ich solches Verhalten klar einordnen, damals war ich angewidert und sprachlos. Das Spektrum moralischer Qualitäten im Lehrerbereich begann also ganz unten bei Herrn Sch... und reichte hinauf bis zu Herrn Schröter.

Anmerkungen

Territorien: Mit der Wende ging eine Sprachveränderung im Osten einher. Ruckzuck wurde aus der Arbeit der Job, das Kollektiv wurde zum Team und Territorien verwandelten sich in Regionen. Manche der Neuerungen habe ich des geringeren Aufwands wegen in meinen Sprachschatz übernommen. Im Zug gehe ich jedoch geistig nach wie vor zur Mitropa.

Sigmund Jähn: Der gebürtige Vogtländer war der erste Deutsche im All. Er reiste 1978 als Kosmonaut. Ulf Merbold aus Stuttgart folgte ihm fünf Jahre später. Er flog immerhin als erster deutscher Astronaut.

Ostradio: Eine Radiosendung, die ich in meiner Jugend ausnahmsweise hörte, war »Vor, auf und hinter der Bühne«, die der Kammersänger Rainer Süß moderierte. War ich bei meiner Tante in Leipzig, hörten wir an manchem Sonntagmorgen gemeinsam die Sendung »Alte Liebe rostet nicht«, moderiert durch Günter Hansel und Manfred Uhlig. Das war eine Art »Blauer Bock« für den Hörfunk. Das Programm war genauso unpolitisch wie das Heinz Schenks und wurde recht humorvoll dargeboten. Die Sendung lief allmonatlich seit 1965 und endete im Oktober 1989.

weißes Rauschen statt »Schwarzem Kanal«: In der Naturwissenschaft wird mit weißem Rauschen ein struktur- und informationsfreier, akustischer oder visueller Reiz bezeichnet. »Schwarzer Kanal« hieß eine durch Karl-Eduard von Schnitzler moderierte Agitprop-Sendung des DDR-Fernsehens. Nie gesehen aber viel davon gehört. Es gab sogar eine Kategorie der »Schnitzler-Witze«. »Schni...« war der kürzeste. Damit wird ausgesagt, dass es bis zu

»...tzler« nicht kommt, denn während der Programmansager den Namen fallen lässt, schaltet der geistesgegenwärtige Zuschauer um. Keiner wollte den vollen Namen je gehört haben.

des Hessischen Rundfunks: Im Hintergrund der satirischen Sendungen wirkte ein geniales Autorentrio, bestehend aus Robert Gernhardt, Bernd Eilert und Peter Knorr. Gernhardt konnte auch richtig gut zeichnen.

KP: Abkürzung für Kommunistische Partei.

DSF: Abkürzung für Gesellschaft für Deutsch-Sowjetische Freundschaft. Für 50 Pfennige Monatsbeitrag war die Freundschaft zu haben. Das entsprach immerhin 10 Brötchen.

GUM: Russische Abkürzung für ein staatliches Universal-Warenhaus am Roten Platz in Moskau. Es blieb in seiner Größe und Pracht leider das Einzige in diesem riesengroßen Land.

T-Shirt: Diese kurzärmlige Obertrikotage gab es im Osten auch, nur wurde sie Nicki genannt. Ich selbst kannte natürlich den Begriff T-Shirt aus dem Radio, dachte jedoch für lange Zeit, dass es ein Tea-Shirt sei und wunderte mich über die dumme Bezeichnung.

Sibylle: Dies ist die Bezeichnung unseres in Stassfurt hergestellten, ersten Schwarz-Weiß-Fernsehers. Später kauften meine Eltern einen moderneren Schwarz-Weiß-Fernseher, den sie ewig in Betrieb hatten, auch noch, als alle bereits Farbfernseher besaßen. Die Begründung meiner Eltern war einfach: Das Bild in Graustufen hat eine höhere grafische Qualität. Schlechte Farben wollen wir nicht. (vgl. Kapitel 13)

der Aktuellen Kamera: Diese Tagesschau der DDR endete 20 Uhr. In friedlicher Koexistenz startete die Tagessschau der BRD erst um 20 Uhr.

Medien: Rundfunk und Fernsehen waren seinerzeit die relevanten Medien.

Staatsbürgerkunde: In diesem Fach wollten uns Fachlehrer auf Kurs hin zum Kommunismus bringen. In diesen Schulstunden habe ich allerdings weniger gelitten als in musischen Fächern oder im Deutschunterricht, denn hier wurde durch manche Lehrer die Ideologie subtil den Fachinhalten untergemischt. In »Stabü« war alles klar. Einzig der naturwissenschaftliche Unterricht blieb sauber, denn es gibt kein sozialistisches Fallgesetz und keine kommunistische Photosynthese.

fescher Unteroffizier: Das Fach »Wehrunterricht«, das ab 1978 in die Lehrpläne der Neunt- und Zehntklässler eingefügt wurde, hatte ich nicht erleben müssen. Hier ist wohl ausnahmsweise Helmut Kohl zu zitieren, um zu Recht von der »Gnade der frühen Geburt« zu sprechen.

zu den Ponoren: Geologischer Fachbegriff für Schlucklöcher in Karstgebieten.

Versager am Reck: Die militärisch formierten Riegen, die Trillerpfeifensignale, das Werfen von Handgranatenattrappen, der Mief im Umkleideraum und die Mutproben, das alles war so gar nicht nach meinem Geschmack. Ausdauerlauf und Brustschwimmen waren die einzigen Disziplinen, die ich tolerierte. Kündigte der Turnlehrer voller Freude ein Sportfest an, wurde ich traurig. Das war zu viel des Euphemismus. Unabhängig von diesen schulischen Zumutungen hatte ich immer große Freude an selbstbestimmt ausgeübten Leibesübungen und habe mir das durch den Unterricht bis heute nicht austreiben lassen. Sport frei!

das aus Westdeutschland stammende Schulmodell: Der Rückbau dieses Modells wird nicht einfach sein. Eine achtjährige Gesamtschule halte ich für erstrebenswert. Hier hinein müssten die größten pädagogischen Energien fließen. Vielleicht wäre ein Unterrichtstag in der Produktion hilfreich, um in den Schülern die Lust an arbeitsteiligen Tätigkeiten im industriellen oder landwirtschaftlichen Kontext zu wecken? (vgl. Kapitel 8)

ABC-Schutzanzug: Bietet vorübergehend einen gewissen Schutz vor atomaren, biologischen und chemischen Kampfmitteln des Klassenfeindes, hoffentlich auch vor den eigenen.

Ein Schiff wird kommen. Es bringt den Maler von Kaub zur Loreley, auf dass er schön traurig wird.

Kapitel 8
Bohrmilch und Rheinwein

Maschinen werden geschmiert. Kehlen werden befeuchtet. Stillgelegte Maschinen müssen nicht geschmiert werden. Dampfer werden motorisiert. Heimat ist möglich. Rheinwein tröstet.

Nun bedenke ich eine Unterrichtsform mit einem Lob, dem sich vermutlich nicht alle östlichen Altersgenossen anschließen können. Es geht um den UTP, den Unterrichtstag in der Produktion. Für mich ein sehr erträglicher Zwischenraum. Dieser UTP stand ab der siebten Klasse in jeder zweiten Woche im Stundenplan. In der Regel fand die Ausbildung in der Lehrwerkstatt eines Betriebes statt. Dafür waren Lehrmeister aus den Betrieben zuständig. Mein erster Betrieb war das *IFA*-Motorenwerk. Ein Großbetrieb, dessen 4300 Werktätige Dieselmotoren für LKW und Traktoren herstellten. Wir Schüler fabrizierten auf handwerkliche Art ganz einfache Dinge, die Schritt für Schritt komplexer wurden. Meine Abschlussarbeit war ... eine kleine Schraubzwinge! Das IFA-Motorenwerk selbst ist schon lang nicht mehr da, wohl aber gibt es auf dem Gelände noch ein erfreuliches Industriemuseum, das einen auf larmoyante Gedanken über das Auf und Ab der regionalen Industriegeschichte bringt.

Später, ab der neunten Klasse arbeiteten wir im *NOBAS*-Werk, das Seil- und Hydraulikbagger produzierte. Hier standen wir bereits an Drehbänken und Fräsen und stellten Teile für die Serie her. Seit dieser Zeit mag ich den Duft von *Bohrmilch* und anderen Schmiermitteln. Die »Blaumänner«, die uns anleiteten, waren zumeist freundliche ältere Herren, die uns für ihr Metier erwärmen wollten. Es mag sein, dass insbesondere meine Schulkameradinnen an diesen Tagen litten. Die blaugraue Arbeitskluft und das Haarnetz waren sicher schon Gräuel genug. Für mich steckten diese Tage voller Offenbarungen. Ich wanderte in den Pausen mit teils fingierten Aufträgen durch die Produktionslinien und erlangte so eine plastische Vorstellung von industrieller Fertigung. In meinen Augen sah es in den Montagehallen prächtig aus. Das NOBAS-Werk als Bagger- und Kranhersteller gibt es nicht mehr, auf einem Teil des Geländes werden allerdings noch Motorgrader montiert.

Wie jede Klasse hatten natürlich auch wir eine Patenbrigade. Zufällig spielte das Kollektiv des Konstruktionsbüros der NOBAS eine Zeitlang diese Rolle. Sicher war die Einrichtung dieser Patenschaften politisch motiviert. Die Verbundenheit der *Pionier-* und *FDJ*-Gruppen mit der Arbeiterklasse sollte gestärkt werden. Nun hat eine Sache, wenn es gut geht, manchmal eine zweite, reale Seite. Ich sah während der Besuche bei unseren »Paten« Frauen und Männer an Zeichenmaschinen stehen und hatte Respekt: Hier entstehen die Ideen für den Universalbagger UB 631! Da formierte sich – Ideologie hin und her – ein gutes Bild in meinem Kopf.

Wenn ich heute aus Richtung Halle kommend per Bahn nach Nordhausen fahre, dann sind an der Bahnstrecke nur noch die Reste des Zeichenbüros zu sehen. Das Glas der einstmals für gutes Licht sorgenden hohen Fenster ist zersplittert.

An der EOS hieß das Fach, das uns auf die Ingenieurtätigkeit in der Industrie vorbereiten sollte, wissenschaftlich-praktische Arbeit (wpA). Mit zwei weiteren Schulkameraden sah ich mich einem Planungsbüro des VEB Starkstromanlagenbau zugeordnet. Unsere Aufgabe bestand in der Projektierung einer kleinen Umspannstation, die schließlich auch gebaut wurde. Ein äußerst

engagierter Ingenieur betreute uns. Er nahm uns im Gelände-
wagen mit zu großen Umspannstationen, machte dort mit uns
praktische Übungen im elektrischen Feld und erklärte uns letztlich alles, was wir damals fassen konnten. Nach dieser Zeit genügte ein Kennerblick zu einem Mast der Überlandleitung und
alles war klar. Mit in unserem kleinen Kollektiv war mein Freund
Detlef. Er plante wie ich, Ingenieur zu werden. Als einer der Jahr-
gangsbesten beschloss er, nur den 18-monatigen Grundwehrdienst abzuleisten und das Medizinstudium einem unbekannten,
leidensfähigeren jungen Mann zu überlassen. Seine Mutter war
Ärztin und dieser Beruf wäre ganz sicher eine Option für ihn gewesen. Wenig später sollten wir zusammen an der Technischen
Hochschule Ilmenau studieren. Und das war gut so.

Im Rahmen der wpA hatte der betreuende Ingenieur erkennbar seine Freude an uns beiden. Wir verbrachten gute und
interessante Stunden in dem Gebäude des Ingenieurbüros, welches heute eine Ruine ist.

In allen Betrieben gab es Frühstückspausen, also gab es auch
Kantinen. Ein Klassiker auf der kleinen Speisekarte war die Brü-
he mit Ei. Denk ich an UTP und wpA, denk ich an Brühe mit
Ei. Das rundet meine Erinnerungen gustatorisch ab.

Die obigen Schilderungen schlossen mit der bedauernden Be-
merkung, dass rund zwanzig Jahre danach sich der Efeu, der
Vandale oder die Abrissbirne der Gemäuer bemächtigt hatten.
Meiner Harzquerbahn hätte nach allen Regeln der herrschenden
ökonomischen Vernunft eigentlich ein ähnliches Schicksal be-
schieden sein müssen. Das große Sterben der Schmalspur- und
Nebenstrecken fing auch in der DDR in den 1960er Jahren an.
Wo selbst der Einsatz von Schienenbussen nicht mehr rentabel

erschien, wurden die Strecken stillgelegt. Eben noch war ich als Zehnjähriger von Berga-Kelbra nach Tilleda zur Kaiserpfalz mit einem erstaunlichen Dampfzug gefahren, mit eisernen Öfen mitten in den Waggons – wenig später musste die Reise mit einem »*Ikarus*« unternommen werden.

Es war also ein kleines Wunder, dass meine Harzquerbahn die Vorwendezeit überlebt hat. Dieses Wunder ereignete sich an verschiedenen Orten. Denken Sie an den »Molly« zwischen Bad Doberan und Kühlungsborn, an den »Rasenden Roland« auf Rügen oder die Schmalspurbahn im Zittauer Gebirge. Hier herrscht nahezu das ganze Jahr über Regelbetrieb. Sicher war es eine Gemengelage von Gründen, dass diese Bahnen nicht der Straße weichen mussten. Waren die Bahnen nun technische Denkmale oder waren sie doch noch ökonomisch zu betreiben, waren sie touristische Attraktionen oder hatten sie versteckte Liebhaber, die in den Entscheidungsgremien saßen? Wie auch immer, sie dampften weiter – bis heute. Ebenfalls in meiner aktuellen Heimat, im Dresdener Umland, gibt es noch täglich auf zwei Strecken Hitze in der Feuerbüchse.

Vergleichbares Glück widerfuhr der weltgrößten Dampferflotte auf der Elbe. Sie dampft immer noch, wenn kein Niedrigwasser ist. In meiner Kindheit und Jugend fuhren diese 100-jährigen Dampfer noch weitgehend im Originalzustand. Sie besaßen Kohlenfeuerung, keine modernen Navigationsmittel und die Anlegemanöver wurden noch nicht durch Querstrahlruder unterstützt. Eine Menge Personal reiste entsprechend mit. Jedes Anlegen war für mich ein Schauspiel! Das präzise Positionieren des Schiffes wurde von mehreren Matrosen mit mächtigen Holzstangen unterstützt. Diese im Binnenschifferlatein Bundstaken genannten Stangen lagen am Bug und am Heck auf der Bordwand auf und ragten dem Ufer entgegen. Vorn hatten sie eine Eisenspitze, eine *Klaue*, die sich in den Ufergrund bohren sollte; hinten einen Quergriff. Von Bord aus wurden die Stangen durch die Matrosen manipuliert. Mit ihrem Körpergewicht balancierten sie das weit über die Bordwand auskragende Stangengewicht aus. Ein Schwebezustand herrschte. Zuweilen kam es zu regelrecht artistischen Einlagen, wenn einer der Matrosen im Eifer des Anlegens wie auf einer Drehwippe abhob und an einer anderen Stelle wieder landete. Steckte die Stange korrekt im Ufer und hatte der Dampfer die richtige Position im Verhältnis zum Ufer erreicht, dann wurden die Griffenden der Stangen mit rasch geworfenen Tauschlingen belegt, die sie mit den Pollern auf dem Schiff verbanden. Der Dampfer selbst wurde am Ponton, dem sogenannten Schwimmanleger, vertäut. Sicher machten die Matrosen dies nicht nur zum Zwecke des reinen Anlegens. Sie konnten der Aufmerksamkeit der Touristinnen im Sommerkleid gewiss sein. Ihren Partnern im *Freizeithemd* blieben Neid und Bier.

Diese dampfenden und rauchenden Maschinen erscheinen im Nachhinein wie ein Beispiel für die gesamte Wirtschaft. Es lief, wenn auch mit viel Aufwand, Geschick und Emission.

Wenn ich weiter vorn ganz ehrlich von meiner Freude am UTP und an der wpA berichtete, so wurde mir mit steigendem Alter doch bewusst, dass die DDR-Wirtschaft nicht auf dem Stand war, auf dem sie hätte sein sollen. Es sah so mancher Betrieb ziemlich morsch aus. Oft hörte ich nach der Wende in allen dafür zuständigen Dialekten den anklagenden Ausruf: »Das ist ja alles marode!« Das sei grundsätzlich akzeptiert. Mein Blick zu den qualmenden Leuna-Schornsteinen, zu den Schaumschollen auf der Saale oder ganz einfach zu meiner zerrosteten Dachrinne ließ diese Erkenntnis schon vor 1989 reifen. Der offensichtliche Niedergang war mit einer allgemeinen Nachlässigkeit gegenüber den ökonomischen Notwendigkeiten gepaart. Dieses Es-muss-sich-nicht-immer-rechnen hatte auch einige gute Ergebnisse, denn es hat offensichtlich dazu geführt, dass diese grandiosen Verkehrsformen auf der Schiene und zu Wasser überlebten. Heute gehören sie zu den bewahrenswerten Schätzen der Industriekultur. Dafür sollte man den Ungenaurechnern sogar einmal danken. Ich tue dies mindestens wöchentlich.

Eine Bestätigung dieser relativierenden Gedanken erhielt ich im Jahr 2009 nach einem anstrengenden Maltag im Rheintal bei Kaub. Ich bestieg dort einen prächtigen Schaufelraddampfer der Köln-Düsseldorfer-Rheinschifffahrt, um nach Koblenz zu fahren. Es war die »Goethe«, das letzte Schiff seiner Art in der Flotte. Die Dampfmaschine, so las ich an Bord – und wahrscheinlich auch das zu ihr gehörende Personal – »hatten sich nicht mehr gerechnet«. Ein Diesel tat nun im Schiffsbauch seine Arbeit. Man muss korrekterweise sagen, dass die »Goethe« von da an »nur noch« ein Schaufelrad-Schiff und kein Dampfer mehr war. Leider roch das Schiff auch nicht mehr nach Dampfer.

Nichtsdestotrotz war es eine beglückende Fahrt. Als die »Goethe« um den Loreleyfelsen bog, spielte man vom Band Heinrich Heines »Lied von der Loreley« in der Vertonung von Friedrich Silcher. Ansonsten gab es keine Musik an Bord und kein lästiges Gerede aus dem Lautsprecher, was ich den Rheinländern als Kulturtat hoch anrechne. Als der Sänger fertig war, konnte ich die Tränen nicht halten.

»Ich weiß nicht was soll es bedeuten,
dass ich so traurig bin; ...«

Ich muss dazu erwähnen, dass dieser Tag von den Meteorologen als der heißeste des Jahres bezeichnet wurde. Ich hatte aus einem Weinberg heraus etliche Stunden lang ins Tal geblickt und gemalt, war also entsprechend »weich«. (Abbildung S. 94) Aber dennoch: Wer nicht von Holz ist, wird auch im ausgeruhten Zustand von der Situation tief berührt sein.

Als Ostdeutscher habe ich meine Schwierigkeit, das Gefühl in der Kurve am Loreleyfelsen mit einem Heimatgefühl zusammenzubringen; gleichermaßen fällt es mir schwer, den Begriff Heimat zu definieren. Drängte man mich, würde ich meinem Naturell folgend, Heimat naiv über die Landschaft definieren, in der ich aufwuchs. Da diese Landschaft in meiner Jugend umzäunt, also willkürlich zerschnitten wurde, funktioniert dieser Ansatz nur bedingt. Ab 1989 wurde es mit dem Definieren nicht einfacher. Die politischen Dimensionen, die dem Begriff anhaften, wurden immer komplexer und es traten Zusammenhänge zutage, von denen ich geglaubt – ja gehofft hatte, sie wären längst erledigt. Chic ist es ja, ausweichend zu sagen, die ganze Welt ist Heimat, und der Kosmos sowieso. Aber das führt auch nicht weiter, denn der Mensch braucht überschaubare Bezugssysteme. Im Rheintal kam mir die Idee, dass Heimat immer da ist, wo einen die Landschaft so richtig in die emotionale Zange nimmt. Oder wie sagt Johannes R. Becher im von Hanns Eisler vertonten Lied »Deutschland, meine Trauer«:

»Heimat, meine Trauer,
Land im Dämmerschein,
Himmel, du mein blauer,
Du mein Fröhlichsein.« (Eisler, Becher 1990)

Über all das habe ich dann am Abend in Koblenz bei goldenem Rheinwein solange es ging nachgedacht. Das Rheintal am Loreleyfelsen ist für mich Heimat! Ich begegne der politischen Vereinnahmung dieses Begriffes durch meine persönliche Interpretation.

Ein ganz kleiner Nachtrag sei mir erlaubt. Ich hatte mich nach der Reise über die »Goethe« informiert. Ein wenig Dampf wird an Bord nach wie vor benötigt und produziert – für die Dampfpfeife! Jetzt entsteht ein Gesamtkunstwerk: In der herrlichen Kultur- und Naturlandschaft erklingt das Loreleylied – untermalt von einer Dampfpfeife.

Anmerkungen

IFA: Abkürzung für »Industrieverband Fahrzeugbau«.

NOBAS: Abkürzung für »Nordhäuser Bagger- und Schwermaschinenbau«.

Bohrmilch: Umgangssprachliche Bezeichnung eines weißlichen Kühlschmiermittels, das hauptsächlich aus einer Öl-Wasser-Emulsion besteht.

Pionier: Mitglied der Pionierorganisation »Ernst Thälmann«. Man war vom 6. bis zum 13. Lebensjahr ein Pionier, falls man kein äußerst widerstandhaftes Elternhaus besaß. Als Pionier trug man ein blaues Halstuch und schoss mit dem Luftgewehr.

FDJ: Abkürzung für »Freie Deutsche Jugend«, der kommunistische Verband für Jugendliche ab 14 Jahren. Der FDJler trug ein blaues Hemd und schoss anfangs mit dem Kleinkaliber-Gewehr. Später dann, als feldgrauer Soldat mit der »richtigen« Kalaschnikow. So ging es kaliberseitig immer voran.

Ikarus: Der »Ikarus 66« – im Volksmund »die Zigarre« – war ein in Ungarn produzierter Reisebus mit einem Motor in einem langgezogenen Heck. Er sah wirklich gut aus.

Klaue: Es gab am Bundstaken gabelförmige Metallbewehrungen für sandiges Ufer und spitze für Steine und Lehm.

Freizeithemd: Kurzärmliges, meist kleinkariertes Hemd aus Mischgewebe. Besaß ich nie.

Der Klang dieser Spieldose war zu Weihnachten Ausdruck höchster musikalischer Kultur. Nur Vater war in der Lage, die Kurbel gefühlvoll zu bewegen.

Kapitel 9
Zauber der Musik

Musik liegt in der Luft. Ausgesendet von westlichen Sendemasten und von östlichen Klangkörpern. Auf die gute Mischung kommt es an. Biermann trifft Mahler.

Was den *Zauber der Musik* anbelangt, muss ich gestehen, dass ich nur vom Ohrenraub lebe. Ich besitze keine tieferen Kenntnisse und beherrsche kein Instrument. Ich singe lediglich hemmungslos, wenn mir danach ist. Manchmal pfeife ich vor mich hin und habe dabei festgestellt, dass kaum jemand noch pfeift. Pfeifen findet nur noch in der Nische der vulgären Signale statt. Entsprechend muss man heute mit Bedacht pfeifen. Meine Eltern haben mir in punkto Musik keine wesentlichen Impulse gegeben. Sie lebten für die bildende Kunst. Gesungen wurde nur im Abendlicht zur Ermunterung auf den letzten Kilometern anstrengender Harztouren. Wir sangen die Lieder der *Wandervögel*. Der schulische Musikunterricht, der in nicht geringem Maße aus einem Training von Kampfliedern bestand, tat ein Übriges. Vielleicht war es auch ganz einfach Pech, dass ich nie einen Herrn Schröter als Musiklehrer hatte.

Nun will ich ein Beispiel für die Wichtigkeit von Anstößen geben, die von Gleichaltrigen kommen. In der elften und zwölften Klasse besuchte ich einige Male einen Schulkameraden aus einer Parallelklasse. Er war künstlerisch begabt und hat später Grafik und Bildhauerei studiert. Mein Vater, der in jener Zeit unser beider Kunsterzieher war, lobte ihn immerfort als den Besten, den er je hatte und brachte uns in seinem Zeichenzirkel zusammen. Diesen Peter bewunderte ich, da er im Unterschied zu uns anderen bereits sehr selbständig dachte. Er lebte mit seiner Mutter in den riesigen Räumen einer vormaligen Gasanstalt. Das Ganze stand im deutlichen Kontrast zu unserer »Wohnmaschine«. An zwei Ereignisse, die Musik betreffend, kann ich mich ganz plastisch erinnern. Einmal legte Peter einen Konzertmitschnitt auf sein Tonbandgerät. Es sang Wolf Biermann. Ein anderes Mal legte er Gustav Mahlers »Lied von der Erde« auf den Plattenteller. Eine derartige Situation als solche – zwei Knaben sitzen in breiten Ledersesseln und hören stumm Balladen und Klassik – war mir noch nie passiert. Hinzu kommt natürlich die Art der Musik. Biermann war mir dank des Westradios nicht unbekannt. Von Gustav Mahler hatte ich noch nie gehört. Diese Musik hat mich augenblicklich tief berührt. Das gab es jenseits von Uriah Heep oder CCR also auch noch! Seither besuche ich beinahe jedes Mahlerkonzert, das in meiner Nähe stattfindet. Ich bin zwar kein Kenner geworden, habe mir aber neben Mahler noch weitere Komponisten »erarbeitet«. Sinfonische Dichtungen sind ganz nach meinem Geschmack. Ferner nimmt mich Richard Wagners Musik sehr gefangen.

Als ich nach dem Abitur Wissenschaftlichen Gerätebau an der TH Ilmenau studierte, ergab sich eine schöne Fortsetzung meiner Mahlergeschichte. Regelmäßig kam *das Staatliche Sinfonieorchester Suhl* zu Gastspielen nach Ilmenau. Einmal spielte das Orchester sogar in unserer Mensa. Auf dem Plan standen Mahlers »Lieder aus des Knaben Wunderhorn«. Es sang der Bariton Siegfried Lorenz. Später, während meiner Jahre in Halle (vgl. Kapitel 11) kaufte ich mir fast alle ETERNA-Platten, die Einspielungen der Werke Mahlers enthielten. »Das Trinklied vom Jammer der Erde« aus besagtem Liederzyklus »Lied von der Erde« schien mir wie gemacht, um bei ungarischem *Rotwein* – wie sagt man so schön – über die Gesamtsituation nachzudenken und dabei eine Träne zu verdrücken.

Doch zurück zu den Schulzeiten und zu Uriah Heep. Die westliche Rockmusik gab ab der späteren Schulzeit über viele Jahre den Rhythmus vor. Ich besaß weder Tonbandgerät noch Plattenspieler. Das Radio grundversorgte mich mit Musik. Mein Geschmack war recht konventionell. Deep Purple, CCR, The Beatles, The Rolling Stones, Slade oder eben Uriah Heep hießen die bevorzugten Bands aus England oder den USA. Besonders favorisiert wurden in der Schlaghosenzeit die Glam-Rock-Bands. Die komplexere Musik von Jethro Tull, Pink Floyd oder Genesis genoss ich eher selten. Von Jazz hatte ich keine Ahnung. Auf dem Feld der sehr signifikanten und tanzbaren Stücke konnten die Ostbands, zumindest in meinen Ohren, wenig ausrichten. Die Texte der Bands aus England und Übersee, die wir nur in Fragmenten – und dies oft falsch – verstanden, waren für uns weniger Geschichten, sie waren ein bloßes, kraftvolles Symbol der Echtheit. Das was pop- oder rockmusikalisch im Osten geboten wurde, taugte für uns nur als Ersatz. Zudem war es von vornherein mit einem Bann belegt: Ich hatte immer das Gefühl, dass sich das System über einen Kanal, auf dem ich emotional empfänglich war, einschleichen will. Hier »machte ich« regelrecht »zu«. Aus heutiger Sicht war ich ziemlich brutal.

Geradezu physische Schmerzen bereiteten mir noch zu Schulzeiten die Aufführungen der sogenannten »Singeklubs«. Diese Klubs waren Teil der »Singebewegung« und sind als Ergänzung zu den Schulchören gegründet worden. Diese Singeklubs trugen nicht die knochenharten Gesänge des Klassenkampfes vor. Man hatte recht gefällige, nur mit dem zweiten Ohr erkennbar politische Lieder für diese Vereine komponiert und getextet.

Diese Lieder wurden zu offiziellen Festtagen dargeboten. Da saß ich dann in der Aula, sah auf der Bühne das eine oder andere Mädchen, für das ich schwärmte, und hörte den verlogenen Sirenengesang, der ihnen in den Mund gelegt worden war. Das war schlimm. Hätten sie von »Spaniens Himmel« oder vom »Kleinen Trompeter« gesungen, wäre das eine klare Sache gewesen, aber die perfide Mischung aus Ideologie und Sex war unerträglich. Die gesungene Frage *Sag mir wo Du stehst?*« konnte ich entsprechend klar und knapp beantworten.

Ab Mitte der 1970er Jahre gab es im Bereich der Pop- und Rockmusik jedoch eine Tendenz, die mich weich werden ließ; soll heißen, auch die DDR-Produkte erlangten vereinzelt positive Wertungen. Es geht um den Deutschrock: Schlagertexte wurden bis zu diesen Tagen auf beiden Seiten des Stacheldrahts in Deutsch vorgetragen. Für uns Jugendliche war die deutsche Sprache daher per se ein sicheres Anzeichen schlechter Qualität. Pionierarbeit, das Vorurteil bei mir aufzubrechen, leistete ein Westdeutscher: Udo Lindenberg. Als ich Anfang der 1970er Jahre spätabends im Radio in einer Sendung, die Liedermachern vorbehalten war, sein »Hoch im Norden« zum ersten Mal hörte, traute ich meinen Ohren nicht. Endlich verstand ich alles! Sowohl sprachlich als auch emotional. Der Sound seiner Stimme war so herrlich »Schulhof«. Udo wollte, als er »so um 16 war«, fort von den öden Dünen und mit dem Zug Richtung Süden fahren, zur – wie sich dort herausstellt – »viel zu heiße[n] Sonne«! Schließlich will er nach all dem Schwitzen »wieder auf einer Nordseedüne sitzen«. Ich hätte gern neben ihm gesessen und notfalls auch geschwitzt.

Inwieweit die ostdeutschen Komponisten und Texter durch Lindenberg motiviert wurden, weiß ich nicht; vielleicht lag Deutschrock einfach in der Luft. Bald darauf, so um das Jahr 1975, nahm ich auf einem Klassenfest – ich hörte ja praktisch kein Ostradio – erstmalig Veronika Fischer und ihre Band wahr. Wahrscheinlich hatten sich die Mädchen in der Klasse durchgesetzt, und den Titel »In jener Nacht« zwischen »Coz I Luv You« und »Wig Wam Bam« hineingeklemmt. Ach klang das gut! Veronika Fischer und Franz Bartzsch als ihr Komponist und Arrangeur schenkten uns viele wundervolle und ideologiefreie Balladen, die ich alle tolerierte. In dieser Dichte haben das außer den beiden nur wenige geschafft. Das klang nicht nach DDR. Oder anders gesagt: So hätte die DDR klingen sollen. Im Nachhinein betrachtet, hatte ich als Jugendlicher den richtigen Instinkt, indem ich mich an die Westbands hielt. Diese rockten treu in Köln, London oder San Francisco. Die Ostgrößen »hauten« eine nach der anderen »ab«, sobald sich auf Tournee die Gelegenheit ergab. Irgendwie nahm ich das doch übel. Ich blieb im Osten und hörte Westen.

Den großen Rockbands der DDR gelang es also nur selten, meine Hörmauer zu durchbrechen. Viele Titel nahm ich erstmals nach der Wende wahr, als ich daranging, die DDR-Rockgeschichte sentimental aufzuarbeiten. In meiner Erinnerung bleiben die Puhdys mit »Geh zu Ihr«, Electra mit »Das kommt weil deine Seele brennt«, die *Klaus-Renft-Combo* mit »Wandersmann« und »Apfeltraum«, 4PS mit »Blues für ein Mädchen« und schließlich Lift mit »Komm doch einfach mit« und »Am Abend mancher Tage«.

Die punktuell hohe Qualität dieser Osttitel machte es den Schallplattenunterhaltern in den Diskotheken und auch den Musikredakteuren unserer Klassenfeste leichter, die offiziell geforderten Quoten von 60 % Osttiteln und 40 % Westtiteln zu erreichen. Zur Not wurde »Geh zu Ihr« mit dem herrlich stampfenden Rhythmus in der letzten Engtanzrunde fünfmal gespielt. Wenn ich mich recht erinnere, dann hatte der Titel »Sagen meine Tanten« von Scirocco im Vorfeld der Engtanzrunde die gleiche Funktion.

Dass ich mit sechzehn Jahren so sehr empfänglich für Pop und Rock war, hat natürlich mit all den Ahnungen und Hoffnungen in Richtung des anderen Geschlechts zu tun. »I can't get no, oh no, no, no ...« – so sang Mick Jagger. Dass der Song von den Zumutungen des Kapitalismus handelt und dass mit »Satisfaction« nicht das EINE gemeint war, blendete ich aus. All die geglückten und missglückten Tuchfühlungen waren in Musik eingebettet.

Unsere Jugend fiel in die Zeit des Machtantritts von Erich Honecker. Damit ging eine teilweise Lockerung und Modernisierung der Verhältnisse einher. Konkret wurden Diskotheken und Jugendklubhäuser mit großen Tanzböden eingerichtet. In Nordhausen konnte man dienstags im »Uhu«, freitags und samstags im Jugendklubhaus in der Käthe-Kollwitz-Straße fein tanzen – und das taten wir. Als lockere Gruppe von etwa acht Freundinnen und Freunden waren wir ziemlich oft unterwegs. Wir hatten wohl alle recht tolerante Eltern. Meine Eltern setzten den Rahmen sehr einfach: »Wenn Du in Mathematik und Physik auf Eins bleibst, kannst Du das machen«. Das habe ich willig realisiert und erhielt eine entsprechend lange Leine. Meine Eltern haben unser Treiben vermutlich auch deshalb wohlwollend toleriert, weil sie uns nach ihrer zersprengten Jugend diese Oasen der Sorglosigkeit gönnten.

An dieser Stelle muss ich – ein einziges Mal – die Redewendung »es war nicht alles schlecht« bemühen. In Sachen gleichberechtigter und offener Geschlechtererziehung war man in der DDR einen ganzen Schritt weitergekommen als in Westdeutschland – was nicht heißen soll, dass die Zustände perfekt waren. Die zumindest im Bereich des Verhältnisses von Mädchen und Jungen empfundene Freiheit und Gleichberechtigung hing sicher auch mit dem verordneten Atheismus zusammen. Es war ein eher irdisch begründetes Leben, das wir führten. Weder lockte uns ein himmlisches Jenseits, noch konnte eine Hölle uns schrecken. Vom Karma hatten wir nie gehört. Da es keine Schöpfung gab, entfielen kurzerhand auch die Herren der Schöpfung. Wenn es irgendwelche himmlischen Jungfrauen gab, dann konnte es sich nur um einige der Mädchen vom Schulhof handeln. Mehr irdischer Himmel muss nicht sein. Wir dachten damals, wenn wir den Auftritt einer Frau in einer Waschmittelwerbung im Westfernsehen sahen, die voller existenzieller Nöte wegen eines komischen Flecks auf dem Herrenhemd war – die Arme!

Wenn ich richtig informiert bin, hat sich auf diesem Gebiet noch nicht viel bewegt. Die komischen Flecke sind geblieben. Die Werbung hat in ihren Mustern ein enormes Beharrungsvermögen.

Anmerkungen

Zauber der Musik: Hier handelt es sich um ein Zitat aus dem Liedtext »Sing mei Sachse sing« von Jürgen Hart (vgl. Kapitel 20).

Wandervögel: Romantische und auf Naturverbundenheit orientierte Bewegung von Schülern und Studenten im ersten Drittel des 20. Jahrhunderts. Ein Standard war das Lied »Wenn die bunten Fahnen wehen«.

Wohnmaschine: Der Begriff wurde vom französischen Architekten Le Corbusier in den 1950er Jahren für seine großen modernen Wohneinheiten gewählt. Er diente meinen Eltern als ironische Bezeichnung für unseren Wohnblock in Nordhausen.

das Staatliche Sinfonieorchester Suhl: Mehrere ökonomisch bedingte Umbauten nach 1989 ließen vom Klangkörper nicht viel übrig.

Rotwein: Aus Ungarn kam »Egri Bikavér«. Dieses Erlauer Stierblut schmeckte ziemlich gut. In der Not tranken wir auch »Gamza« aus Bulgarien. In den letzten Jahren der DDR gab es algerischen Wein zu kaufen, der von unseren unverbildeten östlichen Zungen gern und zügig aufgenommen wurde.

Sag mir, wo Du stehst: Dies war der Klassiker unter den Agitationssongs der Singebewegung, vorgetragen vom »Oktoberklub«. Äußerst unangenehm für das mitdenkende Ohr. Wenn der Klub sang »Wir haben ein Recht darauf dich zu erkennen«, dann dachte ich mir: Euch kenne ich schon lange.

Klaus-Renft-Combo: Diese Band hatte auch den Titel »Ketten werden knapper« im Repertoire. Das Lied war den um ihre Freiheit kämpfenden und siegenden Kräften in der Welt gewidmet. Der Titel regt mich zum Schmunzeln an: Dass etwas knapp wird, war eine klassische DDR-Erfahrung. Dieses Motiv auf Kerkerketten zu übertragen, zeugt vom großen Humor des Texters Gerulf Pannach.

Zwischenspiel 2:
Was fehlt (weil es einfach verschwand)

In dieser Rubrik geht es um Berufe und Tätigkeiten, die in Ost und auch in West – hier vermutlich eher – verschwunden sind, weil dies der Lauf der Dinge ist.

1. Eismann
In meinen Kindertagen brachte jener Mann große Eisstangen für die alten Eisschränke, die noch in manchen Haushalten standen. Er lud die Blöcke von der Pritsche seines Lasters auf seine gegen die Kälte mit Leder geschützte Schulter und trug sie zur Wohnung. Die Eisblöcke bewegte er auf der Pritsche mit einem eisernen Haken. Ich stand als Kind staunend dabei. Der Eismann tauchte ab Mitte der 1960er Jahre nicht mehr auf. Der wörtlich zu nehmende Eisschrank wich dem elektrischen Kühlschrank.

2. Laternenanzünder
Der im Halle-Kapitel erwähnte Laternenanzünder auf dem SR2 verschwand erst in den 1980er Jahren mit der Umstellung von Gasbeleuchtung auf elektrische Leuchtmittel.

3. Sägewagenfahrer
In Nordhausen kam dann und wann ein Sägewagen durch die Kleinspehnstraße, wo wir anfangs wohnten. Dessen große Bandsäge wurde vom Motor des Fahrzeugs angetrieben, wenn es an bestimmten Stellen Halt machte. Die Anwohner brachten herbei, was zu Klein- und Feuerholz werden sollte. Hinterher spielten wir Kinder mit den Sägespänen.

4. Schrankenwärter

Der Schrankenwärter stand an seiner Kurbel, nickte dem Zugpersonal zu und begann beim vorletzten Waggon bereits zu kurbeln. Diese Szene konnte noch bis in die 1980er Jahre beobachtet werden. Danach war man nicht mehr bereit, den Vorteil kurzer und sicherer Schließzeiten mit Personalkosten zu erkaufen.

5. Milchfrau

Ich sehe mich noch als Sechsjährigen frische Milch mit einer Kanne holen. Die Milchfrau verwendete eine längliche zylindrische Messkelle, die sie in die große Alukanne senkte. Dann füllte sie das Quantum mit geübter Bewegung in meine grüne Plastekanne um. Es gab darüber hinaus losen Quark und Käse. Es roch sehr eigenartig im Milchgeschäft. Auf dem Nachhauseweg unternahm ich im Vorgriff auf den Physikunterricht Versuche mit der Fliehkraft. Ich schleuderte die Kanne mit Schwung – nichts spritzte heraus. Der Plastegriff hielt; meine Mutter hat es nie gesehen.

6. Pferdeäpfelsammler

Ein Mann geht durch die Freystraße in Nordhausen, erblickt Pferdeäpfel, bückt sich rasch, greift zu und legt sie vorsichtig in seine Aktentasche. Mein Vater klärte mich auf: Die braucht er als Dünger für seine Erdbeeren. Ja, logisch.

7. Wäscherollenbetreiberin

Der Gang mit meiner Tante zur Wäscherolle in der Theodor-Neubauer-Straße in Leipzig gehört zu den beeindruckenden Erlebnissen meiner Kindheit. Ich zog den »Rollfix«, einen kleinen Handwagen, auf dem der Weidenkorb mit gewaschener, aber noch knittriger Wäsche stand. Vor Ort wickelte meine Tante die Wäschestücke auf hölzerne Walzen, die sogenannten Doggen. Diese wurden unter einen mächtigen, leicht angekippten Kasten gelegt, der dann per Elektromotor sehr langsam auf den Walzen zu rollen begann und die Wäschestücke mit seinem Gewicht quasi bügelte. Alles war im Wesentlichen aus Holz gebaut. Der Kasten war voller Steine. Beim Betrieb ächzte die Maschine. Es roch nach Waschmittel und Stärke. Am Ende der Prozedur vereinbarte meine Tante mit der Betreiberin einen neuen Termin und bezahlte die Dienstleistung. Zurück zog ich den »Rollfix« voller Stolz und im Korb lag ein quaderförmiger, schrankfertiger Stapel Wäsche.

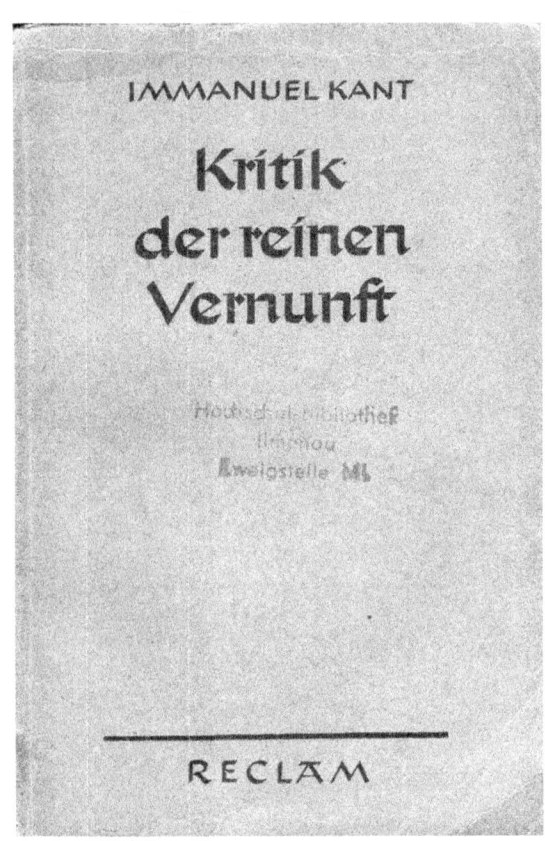

Seit über 40 Jahren nicht ganz rechtmäßig in meinem Besitz. Ein
Beutebuch? (Einband, Kant 1956)

Kapitel 10
Methodik am Wald

Eine Hochschule steht am Wald. Lehrer gehen eindrücklich ans Werk.
Marx kämpft mit Kant. Goethe kannte keine Seminargruppen.

Wie weiter vorn berichtet, konnte ich mich gleich nach dem Abitur an der TH Ilmenau für ein Studium einschreiben. Der Wehrdienst war aufgeschoben, jedoch nicht aufgehoben. Doch davon später. Die Entscheidung für Ilmenau hing mit einem »Tag der offenen Tür« zusammen. An ihm wanderten wir Elftklässler durch die Labore und wurden mit der Welt der Wissenschaft vertraut gemacht. Die Ilmenauer warben um uns mit Hingabe, denn das Ingenieurstudium galt als schwierig; zudem lag Ilmenau an der Peripherie der Republik am Nordrand des Thüringer Waldes. Damals wusste ich noch nicht, dass proportional mit der Entfernung zu den Machtzentren die politische Freiheit wächst. Dieser Wert eines Studiums an der Technischen Hochschule Ilmenau wurde mir erst später im Gespräch mit ehemaligen Schulkameraden, die es nach Leipzig oder gar Berlin verschlagen hatte, bewusst. Dort war die politische Leine wesentlich kürzer.

Die Wahl des Studienortes fiel mir auch ohne dieses künftige Wissen leicht: Die Dozenten und Professoren hatten gezeigt, dass sie mich wollen. Durch die Eltern zum Wandersmann erzogen, hatte ich auch keine Angst vor dem Wald. Weiterhin war mir, dem Kleinstadtkind, der Ilmenauer Campus in seiner Überschaubarkeit sympathisch. Damals studierten dort ungefähr 3000 junge Leute. Als ein weiterer Grund ist mein Schulfreund Detlef zu nennen. Er war ebenfalls vom Wehrdienst zurückgestellt, auch er wollte nach Ilmenau.

Konkret entschieden wir uns für eine Studienrichtung, die man heute »Wissenschaftlichen Gerätebau« nennen würde. Die *Sektion* hieß offiziell sehr schmucklos »*Gerätetechnik*«. Die Werber hatten versprochen, dass der Gerätetechniker am Ende des Studiums alles kann. Das klang gut. Jedoch bemerkten wir rasch, dass wir in der Hierarchie der Disziplinen ganz unten standen. Die anderen Sektionen hatten so klangvolle Namen wie »Physik und Technik elektronischer Bauelemente« (PHYTEB) oder »Technische und biomedizinische Kybernetik« (TBK). Doch dies störte uns nicht und wir gingen frisch ans Werk.

Die ersten vier Semester verbrachten wir, wie alle Ingenieurstudenten, im Grundstudium. Eigentlich ging es immer nur um Mathematik, die es pur oder in verschiedenen Anwendungsgebieten zu beherrschen galt. Eine gute Starthilfe bot mir *der naturwissenschaftliche Unterricht* an der EOS in Nordhausen. Solcherart präpariert schaffte ich das Grundstudium ohne dramatische Unterbrechungen. Ich habe oft überlegt, wie es wohl vonstattenging, dass die übergroße Mehrheit der Studierenden diesen Studienabschnitt überstand. Danach »entging« keiner mehr dem Diplom.

Heute ist die Quote an den Technischen Universitäten wesentlich geringer. Der Hauptgrund ist sicher darin zu suchen, dass damals nur einem Zehntel der Schüler eines Jahrgangs der Wechsel an die EOS gelang. Die Lehrer hatten es also mit einer Auslese zu tun und konnten entsprechend den Stoff gezielt vermitteln. Mancher Pädagoge nutzte zwar die komfortable Lehrsituation zur Vermittlung von Ideologie, doch die meisten Lehrer wollten uns ganz einfach auf das Universitätsstudium vorbereiten. Zudem waren wir infolge der Planwirtschaft, die auch die Bildung prägte, auf einer Art leitenden Spur hin zu einem fiktiven Platz im Gefüge. Dadurch fühlten sich freiere Geister bevormundet, indes war es für labilere Gemüter eine Hilfe. Heute wechselt weit mehr als ein Drittel der Kinder an das Gymnasium. Nach dem Abitur beginnt für viele eine Zeit der Selbstfindung, die zu manchem Rösselsprung im Bildungsweg führt. Nur gab es auch in meiner planwirtschaftlich gefügten Seminargruppe ein deutliches Leistungsspektrum. Wie haben wir es dennoch geschafft, ohne großen Schwund zum Diplom zu kommen?

Die wichtigste Basis wurde in den Vorlesungen gelegt. Ich kann ganz einfach sagen, dass unsere Professoren und Dozenten mehrheitlich nicht nur ausgewiesene Fachleute, sondern auch gute Didaktiker waren. Vielleicht ist dies ein »Blick zurück in Milde«? Nein, einige der Hochschullehrer stehen noch derart plastisch vor meinen Sinnen, dass ich mich nicht täuschen kann. Bevor ich einige Exemplare vorstelle, will ich die Randbedingungen des Lehrbetriebs schildern.

Die Vorlesungen wurden noch elektronikfrei vorgetragen. Selten kamen »*Polylux*«-Folien oder Diapositive zum Einsatz. Die Vortragenden entwickelten Schritt für Schritt von Hand komplexe Tafelbilder, die wir manchmal nur in Eile kopierten und nicht immer gleich kapierten. Im günstigen Fall lag ein Lehrbuch oder ein Lehrbrief vor, so dass wir den »Originalton« nachvollziehen konnten. Das *Mitschreiben* und nachträgliche kollektive Durcharbeiten der Mitschriften war eine Bedingung des Studiums. Für kranke Mitstudenten wurden Durchschriften mit Kohlepapier angefertigt. Alle Vorlesungen waren von Übungen flankiert, die teils durch die Dozenten selbst, teils durch Doktoranden geleitet wurden. Der heutige Tutorenbetrieb, soll heißen, das Stofftraining mit älteren Kommilitonen war unbekannt. Bei den Fächern gab es ein deutliches Gefälle der Wichtigkeit: Zur Mathematikvorlesung bin ich so gut wie immer gegangen, zur Vorlesung »Wissenschaftlicher Kommunismus« so gut wie nie.

Ein weiteres, recht förderliches Instrument im Hochschulbetrieb war die Seminargruppe. Stellen Sie sich eine solche Gruppe wie eine Schulklasse vor, die zirka zwanzig Studierende umfasst. Man blieb, wenn nichts Schwerwiegendes passierte, die ganze Regelstudienzeit der acht Semester zusammen. Auf diese Einheit war der gesamte Lehrbetrieb abgestimmt. Zu jeder Seminargruppe gehörte ein Seminargruppenbetreuer – in der Regel ein Doktorand – der uns in kritischen Phasen beriet. Und es gab natürlich auch einen FDJ-Sekretär aus unseren Reihen, der das »Studentenleben« anregen sollte. Ab dem dritten Semester setzte ein Wettbewerb ein, der ökonomisch motiviert war: Unabhängig von den Bewertungs- oder Leistungsunterschieden in den Sektionen oder in den Jahrgangsstufen wurden innerhalb der jeweiligen Seminargruppe Prämien vergeben. Dieses Leistungsstipendium war an den Notendurchschnitt gebunden. So erhielten die zwei Besten je 80 Mark Prämie im Monat. Die zwei Nächstplazierten je 60 Mark und weitere vier Kommilitonen je 40 Mark. Der überwiegende Teil der Gruppe ging leer aus. Ganz einfach.

Wenn Sie diese Prämie in Relation zu meinem Grundstipendium von 140 Mark setzen, dann waren die 60 Mark, die ich vom dritten Semester an bis zum Studienende zusätzlich erhielt, ein schönes Sümmchen. Was bleibt ist die Erkenntnis, dass das in ökonomischen Fragen nicht sehr bewanderte DDR-System hier doch eine kleine, wirksame Insel des Kapitalismus geschaffen hatte. Rechnet man noch in meinem Falle die 60 Mark in Bier um, wird es interessant: Ein *kleines Helles* kostete im Restaurant 40 Pfennige. Ganze 150 Gläser ließen sich monatlich aus den 60 Mark herausholen. Mein studentisches Motiv, nach guten Noten zu haschen, ist nun verständlich: Wissensdurst. In *Brötchen* umgerechnet ergab sich die stolze Zahl 1200! Von Wissenshunger will ich hier jedoch nicht sprechen.

Da gerade vom Geld die Rede ist, muss die generelle materielle Unbeschwertheit genannt werden. Das Grundstipendium, von welchem noch zehn Mark für den Internatsplatz inklusive Betriebskosten und Bettwäscheleihgebühr abzuziehen waren, reichte für ein einfaches Leben aus. Meine Eltern steckten mir etwa einmal im Monat noch einen 50-Mark-Schein zu – umgangssprachlich eine Rotfeder, verziert mit dem Antlitz von Friedrich Engels. Damit war bereits der Luxus mehrerer Gaststättenbesuche möglich. Einige wenige Ferienbeschäftigungen dienten dazu, die Sommerreisen zu finanzieren.

Oft schuf der Verband der Seminargruppe einen freundschaftlichen Zusammenhalt, der weit über die Studienzeit hinaus Bestand hat. Und so gibt es im Bereich der ehemaligen DDR-Studenten ein Phänomen, das global ein *Alleinstellungsmerkmal* besitzt: das Seminargruppentreffen. Immer wieder sehe ich auf dem Dresdner Campus diese Trupps älterer Leute mit silbrigem Haar, die mit verklärten Minen zu den Lehrgebäuden emporschauen. Da sind sie wieder, denke ich dann. Selbstverständlich trifft sich auch meine Gruppe mit der Matrikelnummer »404-75« alle zwei Jahre irgendwo in Deutschland an einem Wochenende. Alle zehn Jahre treffen wir uns an der Alma Mater. So ist die Regel – wir können nicht anders.

Doch nun zurück zu unseren Hochschullehrern. Im Grundstudium war ich relativ angespannt damit beschäftigt, den Anschluss nicht zu verlieren. Entsprechend wenig habe ich die Vortragenden selbst studiert. Dies änderte sich im Hauptstudium, als ich mich freigeschwommen hatte. Hier waren die Hörsäle kleiner und eine Nahbetrachtung war möglich. Beispielhaft will ich einige wenige Lehrkräfte aus meiner Vertiefungsrichtung »Gerätekonstruktion« hervorheben. An der Spitze der Lehrkräfte, die sowohl fachlich als auch stilistisch überzeugten, standen *Professor Schilling*, der uns das Konstruieren beibrachte und Professor Just, der Technische Mechanik lehrte. Man würde heute sagen, die »Performance« dieser beiden war unerreicht.

Schilling argumentierte *mit einer kristallklaren Begrifflichkeit* und brachte uns das Konstruieren als Feld aller möglichen Fehler mit drastischen Schilderungen nahe. Der künftige Gebraucher war die Quelle allen Übels. Die hohe Kunst des Konstrukteurs bestand darin, dessen Unzulänglichkeit zu kennen und vorausdenkend zu kompensieren. Ich höre noch seinen Rat, als es um den Einbau von Linsen in optische Systeme ging: »Denken Sie daran, alle Menschen haben Fettpfoten!« Unabhängig von solchen derben Bonmots pflegte er eine schöne und plastische Sprache. Er hat an den besten Konstruktionslehrbüchern vom Verlag Technik mitgewirkt, die ich je in der Hand hatte. Ich weiß wovon ich rede, denn zum Vergleich dienten mir die einschlägigen Bücher des Springer-Verlages in unserer Bibliothek.

Just brillierte mit wunderbar durchkomponierten Tafelbildern. Bevor er ans Werk schritt, legte er verschiedenartig gefärbte Kreiden in definierten Abständen in den Leisten am unteren Rand der Tafeln aus, die dann restlos weggeschrieben und weggezeichnet wurden. Wenn wir nach einer halben Stunde vom Tempo bereits ermattet waren, übernahm irgendein Kommilitone die wichtige Aufgabe, »einen Witz!« zu rufen. Just drehte sich auf dem Absatz um, griff in sein Jackett, holte einen Stapel kleiner Karteikarten heraus, las ein Stichwort vor und fragte »Kennen Sie den schon?« Wir kannten den Witz schon aus Prinzip nicht und ließen ihn den Witz rezitieren. Wir lachten kurz, dann ging es weiter. Fast schon rührend war, als er jedem Studenten *zur letzten Vorlesung* in einem anspruchsvollen Vertiefungsgebiet ein Bier auf den Platz stellte und mit uns ganz förmlich auf die zusammen verbrachte Zeit anstieß.

Die Lehre Schillings wurde flankiert durch Vorlesungen zur Theorie und Methodik des Konstruierens. Erst nach und nach begriff ich, dass die »Ilmenauer Schule« der Konstruktionssystematik eine deutschlandweit führende Marke im Wissenschaftsbetrieb darstellte. Die Vorlesungen hielt Professor Höhne. Er trat nicht so schillernd auf wie die genannten Kollegen. Seine eher nüchtern vorgetragene Lehre hat mir jedoch das Wissen vermittelt, von dem ich bis heute zehre. Später begleitete er mich als Doktorvater bei der Erlangung des nächsten akademischen Grades. Ihm verdanke ich auch indirekt, dass ich mein Herz für das Design entdeckte. Höhne wusste, dass ich in der *AG* »Malerei und Grafik« gestalterisch aktiv war und so fragte er mich 1978 – ich war im dritten Studienjahr – ob ich statt seiner eine Einladung zu einem einwöchigen Workshop mit US-amerikanischen Designprofessoren am Dessauer *Bauhaus* annehmen will. Er war als Entwickler von Kreativitätstechniken eingeladen worden, war aber zu meinem Glück verhindert.

Als ich in Dessau ankam fiel mir auf, dass ich der einzige Student in einem handverlesenen Teilnehmerkreis aus Professoren und Funktionären war. Das Bauhaus war gerade nach langer Rekonstruktion wiedereröffnet worden. Das schöne Gebäude erstrahlte wie zu Walter Gropius' Zeiten. Selbstredend waren die

Vorträge und die Diskussionen mit den Amerikanern hochinteressant und eine Offenbarung für mich. Von diesen Tagen an ging mir der Plan, mich nach dem Studium in Richtung Industriedesign zu entwickeln, nicht mehr aus dem Sinn.

Einen Dozenten muss ich unbedingt noch schildern: Doktor Sperlich. Er trat eher als Praktiker in Erscheinung und betreute unsere Konstruktionsbelege. Diese umfassten komplexe Konstruktionsaufgaben und beschäftigten uns jeweils über mehrere Wochen. Jener Dozent sorgte eines Tages für mein erstes echtes Erfolgserlebnis. Ich muss zugeben, dass ich das Grundstudium zwar von den Zensuren her passabel bewältigte, allerdings in dieser Galeere noch keine Rolle gefunden hatte. Doch dann kam unser erster Beleg. Die Kommilitonen erreichten weniger gute bis gute Bewertungen. Dazu ist zu sagen, dass damals die Noten noch mit Namensnennung vor der versammelten Gruppe verkündet wurden. Sperlich hatte sich von den Fünfen bis zu den Zweien vorgearbeitet und fragte dann: »Eine Eins haben wir, einen Herrn Groh, wer ist denn das?«. Ach, dachte ich, endlich Erfolg! »Licht aus – Womm! *Spot an* – Jaaaa!«. Ich hob die Hand.

Als Nachtrag zu Sperlich will ich bemerken, dass wir uns zumeist sehr über seine trockenen, treffenden, mit roter Tinte eingefügten Anmerkungen in unseren Konstruktionszeichnungen amüsierten. »Dies ist vielleicht schön, aber nicht zweckmäßig.« Um diese Anmerkungen zu provozieren, bauten wir nur für ihn in die Entwürfe auch manches übermütige Extra ein. Zum Beispiel Anschlussstellen für den – natürlich überflüssigen – Trageriemen an einem optischen Messinstrument.

Außer den Genannten haben sich noch viele andere um uns gekümmert. Ich hatte grundsätzlich das Gefühl, dass sie uns mögen, während sie uns scheinbar quälen. Ich bin mir heute ziemlich sicher, dass mir in jenen Zeiten *keine bessere akademische Lehre* passieren konnte!

Was nun die marxistisch-leninistischen Unterweisungen betrifft, so ist zu sagen, dass das zugehörige Lehrpersonal eine Nebenrolle spielte. Rein äußerlich war dies daran abzulesen, dass diese Lehrkräfte in einer Baracke saßen, hingegen die Ingenieurwissenschaftler in großzügigen Lehrgebäuden residierten. Diese Gebäude hatte man in den späten 1950er Jahren errichtet. Die damaligen Architekten pflegten einen klassizistisch angehauchten und sachlichen Stil. Die Gebäude erscheinen als sehr maßvoll. Die Portale feiern noch den Eintretenden. Symmetrie prägt so manchen Baukörper. Die Treppenhäuser atmen den Geist des Aufbruchs. An zahlreichen Gründungsorten neuer Hochschulen in der DDR wurde dieser Stil gepflegt. Ein Paradebeispiel ist das von Richard Paulick entworfene Gebäude der Verkehrshochschule in Dresden, heute die Hochschule für Technik und Wirtschaft. Auch auf dem Campus der TU Dresden findet man zahlreiche solide Beispiele für das Bauen in dieser Epoche. Da diese Bauten mittlerweile als Baudenkmale gelten, werden sie besonders in Sachsen nach allen Regeln heutiger Kunst restauriert und modernisiert. Das freut mich sehr! Allerdings ist an diesen Gebäuden deutlich ablesbar, dass der damalige Bauimpuls bereits in den späten 1960er Jahren verebbte. Schaut man genau hin, dann erscheinen diese Bauten in einigen Bereichen wie Torsi, die abrupt enden. Flügelbauten enden stumpf. Man betrachte den Helmholtzbau in Ilmenau und Paulicks Bau in Dresden. Es wurde natürlich später weitergebaut, doch wirkt die nachfolgende Architektur wie Stückwerk. Die Platte verdrängte den Ziegelstein, der Solitär das Ensemble, der Parkplatz den Park.

Doch zurück zur Lehre, die aus den Baracken kam: Wie an allen Hochschulen der DDR wurde im ersten Studienjahr »Dialektischer und Historischer Materialismus« geboten. Hier ging es um die Geschichte der Philosophie, die »gesetzmäßig« ihren krönenden Abschluss in den Werken von Marx, Engels und Lenin gefunden habe. Zu den Vorlesungen ging ich nur sporadisch; die Übungen besuchte ich immer, denn hier wurden wir durch Bernd Riese, einen streitbaren Assistenten betreut, der den Versuch unternahm, uns die philosophischen Denkmodelle und Konzepte anwendungsgerecht und lebendig nahezubringen. Der Unterricht hat bei mir eines bewirkt: Wenn beispielsweise in Professor Römers Vorlesung Immanuel Kants *Kritik der reinen Vernunft*« als nicht ganz korrekte idealistische Gegenposition zum Marxschen dialektischen Materialismus dargestellt wurde, dann ging ich in die Bibliothek in der *ML*-Baracke und holte mir Kants Werk. Nun wäre es anmaßend, wenn ich behaupte, dass ich an meinem Schreibtisch im Internat Kants Erkenntnistheorie verstanden habe. Aber eine Ahnung von der Beschaffenheit der Begriffe und ihren Relationen zu den Erscheinungen habe ich mir verschafft. Fortan holte ich mir, wann immer möglich, die Quelltexte. In diesem Sinne vermittelte mir der Philosophiekurs auf Umwegen wichtige Anregungen.

Im zweiten Studienjahr stand die »Politische Ökonomie des Kapitalismus und des Sozialismus« auf dem Lehrplan. Hätte ich damals geahnt, dass der erste Teil dieses Kurses Hinweise enthält, die schon dreizehn Jahre später relevant sind, wäre ich sicher öfter zu den Lehrveranstaltungen gegangen. Aber so erschien mir das Ganze als theoretisches Konstrukt, das ich lediglich für die Prüfung in mein Kurzzeitgedächtnis zu bringen hatte. Den dritten Kurs über den »Wissenschaftlichen Kommunismus« habe ich weitgehend gemieden. Das Fach hatte nichts mit der heutigen Politikwissenschaft zu tun. Ideologisches Ideal und Wirklichkeit klafften so stark auseinander, dass mir die Lehre als Sammlung leerer Formeln erschien. Da war es zweckmäßiger, eine Formelsammlung zur Technischen Mechanik zur Hand zu nehmen. Zudem hatte ich – als die Vorlesung lief – mein schönes Erlebnis in Grevesmühlen mit den Hütern des antifaschistischen Schutzwalls bereits hinter mir. (vgl. Kapitel 3)

Ich muss jedoch im Rückblick bemerken, dass die »MLer« in Ilmenau nicht als »Scharfmacher« auftraten. Es lief nach dem Motto der Zentrumsfernen: Leben und leben lassen. Ich erinnere mich noch an eine Belegarbeit, die ich über die Kulturinteressen der Werktätigen in einem *Suhler Kombinat* geschrieben hatte. Letztlich endete die Arbeit mit einer Kritik an der herrschenden Klasse: Fußball, Bier, Garage, Trabi und Gartensparte hatten aus meiner Sicht nichts mit Kultur zu tun. Ich hatte die Arbeit zur Bewertung abgegeben und wartete auf die Note. Ich wurde jedoch zu Professor Erck bestellt. Er saß in seinem Büro, wo die Arbeit vor ihm lag. Da ahnte ich, dass mein kritischer Befund womöglich zu drastisch ausgefallen war. Das Resümee Professor Ercks kam für mich unerwartet: Er sähe das Ganze prinzipiell genauso, aber man könne es so nicht schreiben. Sein Vorschlag: Die Arbeit verschwindet spurlos in seinem Papierkorb, ich erhalte eine Zwei für die Logik der Darstellung und die Sache ist vergessen. Ich akzeptierte freudig und gelobte, in Zukunft ausgewogener zu argumentieren.

Der Ilmenauer Campus ruhte zu meiner Zeit kulturell in sich selbst. Die Kleinstadt Ilmenau lockte außer mit Kneipen, zwei Kinos und einigen wenigen klassischen Konzerten im Jahr mit nichts. Innerhalb des Campus gab es, angefangen beim Hochschulorchester bis hin zu meiner AG »Malerei und Grafik«, zahlreiche Möglichkeiten der künstlerischen Entfaltung. Weit über die Stadtgrenzen hinaus war und ist der Ilmenauer Jazzclub bekannt. In der Nachbetrachtung erscheint mir das DDR-Bildungssystem in seiner Ambivalenz als sehr erstaunlich: Einerseits war der Alltag voller Demütigung und Nerverei, andererseits wurden große, geradezu menschenfreundliche Anstrengungen unternommen, uns zu allseits gebildeten Menschen zu formen. In Kapitel 9 hatte ich vom Gastspiel des Sinfonieorchesters Suhl in unserer Mensa berichtet. Obzwar die Mensa als Konzertsaal völlig ungeeignet war, saßen wir Liebhaber klassischer Musik dennoch ergriffen auf den Kunstlederstühlen und lauschten der schönen Stimme des Siegfried Lorenz und vergaßen die Umgebung. Im ähnlich bemühten Sinne fuhren Sonderzüge zu Vorstellungen am Nationaltheater in Weimar. Das alles zu Pfennigpreisen – vielleicht war es sogar kostenlos.

Das Pendant zur E-Musik ist wie überall die U-Musik: Es gab in den Kellergeschossen einiger Wohnblöcke die sogenannten Studentenclubs. Diese boten U-Musik, Bier, Brause und schlichte Schnäpse und wurden durch die Studenten betrieben. Ich genoss das Privileg, drei Stockwerke über einem solchen Club zu wohnen. Die insgesamt vier Einrichtungen unterschieden sich hinsichtlich der Musikrichtung. Der Club unter meinen Füßen war das Reich der Gerätetechniker, die auch in großer Zahl mit mir diesen Block bewohnten. Unser Fachgebiet galt ja aus Sicht der anderen Sektionen als simple Wissenschaft. Entsprechend bot unser Club ganz simplen Rumpelrock. Wir waren aber ganz zufrieden damit und gingen nur selten in die vermeintlich gehobeneren Clubs, die Soul, Blues oder gar Jazz im Angebot hatten.

Ein unschlagbarer Vorteil des blockeigenen Clubs war, dass wir in Hausschlappen und Trainingshose, notfalls im *Schlafanzug* auf ein Königseer Bier erscheinen konnten.

An manchen Abenden traf sich die ganze Seminargruppe im Keller. Wir hatten mit Thomas ein musikalisches Talent bei uns. Er ließ sich meist nicht lange bitten wenn wir von ihm einen Beitrag auf der Gitarre oder dem Klavier wünschten. Die Situation, wie wir um ein Klavier standen, das mit Bierflaschen dicht bedeckt war und textsicher aus vollem Halse Trink- und Studentenlieder sangen, ist Teil meiner wirklich guten Erinnerungen an die Studienzeit. Ich halte das im Nachhinein für eine hohe Form studentischen Daseins.

> »... Und eins und zwei und drei und vier:
> Sie soffen unheimlich viel Lagen Bier.
> Und fünf und sechs und sieben und acht:
> *Sie soffen die ganze Nacht.*«

Als ich einmal viele Jahre später, zufällig und in sicherer Distanz Zeuge eines Treffens der Burschenschaften in Eisenach wurde, kam mir unser fröhliches und ideologiefreies Studentenleben wieder in den Sinn.

Im Februar war Faschingszeit. So auch in Ilmenau. Der Hochschulfasching stellte einen der wichtigsten jährlichen Termine im Studentenleben dar. Ich glaube, das war an allen DDR-Hochschulen so. Dieses Phänomen ist nicht zu verstehen, wenn man dabei an professionell organisierte Formen des Kölner oder des Mainzer Karnevals denkt. Die Studentenfaschinge wurden von Studenten und Mitarbeitern geplant und umgesetzt. Sie hatten die Rolle eines mehr oder weniger offenen politischen Ventils. Sicher hatte der Fasching auch etwas mit dem Verhältnis von Studentin und Student unter dem Einfluss von Alkohol und Musik zu tun, doch das ist eine andere Geschichte.

In Ilmenau war der Durchlass für den Abbau des politischen Drucks relativ groß. Alle im Saal lauschten den Büttenreden und beobachteten die Bühneninszenierungen in Erwartung gewagter Anspielungen. Vieles spielte sich – wie man sagt – zwischen den Zeilen ab, aber das Publikum war ja geübt im Interpretieren. Selbst im obligatorischen Männerballett erkannten wir ein systemkritisches Potenzial. Wir zollten dem jeweiligen Elferrat Respekt für den Mut, die Grenzen des Erlaubten zu dehnen. Geschunkelt und mitgesungen wurde natürlich auch, und wer Technikstudenten kennt, weiß wie hingebungsvoll sie immer wieder die Schlachtrufe der jeweiligen Saison brüllen können. Darauf ein *»Jacke, buuu!«*

Ilmenau liegt im nördlichen Thüringer Wald. Fichten überall. Die elterliche Wohnung hatte ich seinerzeit wandergeübt verlassen. Daher unternahm ich oft ausgedehnte Touren bis über den Kamm zur Südseite des Gebirges. Dabei gab ich natürlich auf die 5-Kilometer-Sperrzone Acht, denn gelernt ist gelernt. Da es in jenen Tagen noch Zugverbindungen nach Großbreitenbach oder nach Schleusingen gab, schloss ich manche Tour mit einer beschaulichen Zugfahrt zurück nach Ilmenau ab. Im Winter passierte das Ganze auf Langlaufbrettern. Fast immer bin ich alleine gewandert. In den zahlreichen Waldgaststätten wurde man verhalten freundlich bedient. Die Speisekarte enthielt zumeist ein schönes Spektrum einfacher und vor Ort hergestellter Gerichte. Fritteusen und Mikrowellen waren unbekannt. Kartoffeln schälte die Oma in der Küche, Soßen kamen nicht aus der Tüte und Schnitzel wurden hörbar geklopft. Zu dieser Zeit habe ich noch mit großem Appetit Torte gegessen. Die Frage an den verhalten freundlichen Wirt in der »Kranichsruh«, was denn auf seiner »Rennsteigtorte« drauf ist, wurde knapp mit »Wurzeln und Steine, was sonst?« beantwortet.

Auf dem Hausberg von Ilmenau, dem Kickelhahn, steht eine hölzerne Jagdhütte, die wohl der Hütte entspricht, auf deren Bretterwand Johann Wolfgang von Goethe die berühmten Zeilen von »Wanderers Nachtlied« notierte. Dies geschah 1780. Rund 200 Jahre später saß ich manches Mal dort oben, schaute im Dämmerschein Richtung Westen zum Schneekopf, auf dem die Sowjetsoldaten mit ihrer Radaranlage saßen und dachte, dass es mir gerade deutlich besser geht als ihnen.

»Wanderers Nachtlied

Über allen Gipfeln
Ist Ruh,
In allen Wipfeln
Spürest du
Kaum einen Hauch;
Die Vögel schweigen im Walde.
Warte nur, balde
Ruhest du auch.« (Eibl 1987, 388)

Anmerkungen

Sektion: Heute nennt man die entsprechende Struktureinheit Fakultät.

Gerätetechnik: Ein Großteil der Absolventen ging in die Industrie, die Maschinen für die Halbleiterfertigung herstellte und in die optische Industrie, beispielsweise zu »Carl Zeiss Jena«.

der naturwissenschaftliche Unterricht: Die Vermittlung naturwissenschaftlicher Kenntnisse gelang der DDR-Schule am besten. In den letzten beiden Schuljahren baten wir – also jene Schüler, die Ingenieure und Naturwissenschaftler werden wollten – unseren Mathematiklehrer Herrn Sickert, doch noch mehr zu bieten, als der Lehrplan vorsah. Daraufhin korrigierte er sein Vorgehen und spulte jeweils dreißig Minuten den Standardstoff für das Abitur ab und in der letzten Viertelstunde lehrte er Fachliches mit unterem Hochschulniveau.

Polylux: Dieser Gerätename eines optischen Bildwerfers für Folien mutierte zur Bezeichnung dieser Geräteklasse. Es gab nur »Polyluxe«. Heute verwenden viele Menschen die Bezeichnung Overheadprojektor.

Mitschreiben: Dies ist die wirkungsvollste Mnemotechnik. Wenn ich krank war und mein Studienfreund Detlef für mich eine Durchschrift mit Blaupapier anfertigte, dann hatte er den Ehrgeiz, auch die farbigen Details des Tafelbildes in die Durchschriften einzubringen. Nach dieser Heidenarbeit waren die Dokumente weit besser als eigene Mitschriften. Hier greift ausnahmsweise die Lehrmeinung der anthroposophischen Medizin,

134

dass Krankheiten sinnvoll sind.

kleines Helles: Diese Abfülleinheit von 250 ml wurde »40er-Bier« genannt. Entsprechend rief beispielsweise die Skatrunde in der Kneipe in Richtung Tresen: »Chef, drei 40er!« Die Haltbarkeit des beliebten Getränks betrug allerdings nur zwei bis drei Tage. Schnelligkeit war geboten.

Brötchen: Ein Weißmehlbrötchen kostete überall 5 Pfennige bis 1989. Das heißt aber nicht, dass die Brötchen immer gleich gut waren.

Alleinstellungsmerkmal: Natürlich feierte die gesamte Matrikel in der Mitte des Studiums ein Bergfest und setzte den Matrikelstein. Ich glaube, das gibt es auch nicht mehr.

Professor Schilling: Zu meiner Zeit bekleideten die Professoren Schilling und Höhne noch Dozenturen.

mit einer kristallklaren Begrifflichkeit: Wenn ich heute im Fitness-Studio die Gewichte auf der Stange mit einer spiralförmigen Drahtklemme sichere, dann weiß ich dank Professor Schilling, dass in dieser »Schlingfeder« ein »Reibrichtgesperre« verborgen ist, das auch als Kupplung dienen kann. Außer mir weiß das dort keiner. Jedes Mal wenn ich die Drahtklemme positioniere, denke ich dankbar an ihn.

zur letzten Vorlesung: Ein anderer Dozent überreichte jedem Studenten, der bei ihm ein »sehr gut« in der Abschlussprüfung erreicht hatte, Jahr für Jahr einen Strauß weiße Nelken aus seinem Garten.

AG: Abkürzung für Arbeitsgemeinschaft. Eine sehr seltsame Band aus Karl-Marx-Stadt, heute Chemnitz, nannte sich »AG Geige«. Man spielte in den späten 1980er Jahren experimentelle elektronische Musik zu intelligent witzigen und surrealen Texten.

Bauhaus: Ach wären doch alle Stahl-Glas-Beton-Gebäude so schön wie das Bauhaus! Die Bauhäusler müssen oft als Sündenböcke herhalten, wenn über die Langweiligkeit moderner Architektur geklagt wird. Das ist sehr ungerecht.

Spot an: Mit diesem kollektiven Ruf der Studiogäste wurde in der ZDF-Musiksendung »Disco« in den 1970er Jahren der absolute Hauptgewinner eines Fragespiels angekündigt.

keine bessere akademische Lehre: Das soll keinesfalls heißen, dass die Lehre heute schlechter ist; die Formen haben sich gewandelt.

Kritik der reinen Vernunft: Das damals in Ilmenau entliehene Werk besitze ich als ewige Dauerleihgabe immer noch. Ich hatte vergessen, das Buch zurückzubringen; doch kein MLer wollte es je zurückhaben. Bitte halten Sie dicht, liebe Leser.

ML: Abkürzung für Marxismus-Leninismus. Erich Honecker hatte zeitlebens große Probleme, den komplizierten Begriff deutlich auszusprechen. Eine Person, die das schaffte und sich mit ML beschäftigte, war ein MLer.

Suhler Kombinat: Hier handelt es sich um das Elektrogerätewerk Suhl (EGS). (vgl. Kapitel 15)

Schlafanzug: Die legere Kleiderordnung hing nicht nur mit dem männlichen Wunsch nach Bequemlichkeit zusammen, sie war auch eine Folge des geringen Frauenanteils in den technischen Studiengängen. Die wenigen Kommilitoninnen, die es an die Gerätetechnik verschlagen hatte, waren tolerant.

Sie soffen die ganze Nacht: Dies ist die letzte Zeile vom Refrain des Studentenliedes »Es lagen die alten Germanen«. Das A in »Nacht« wird endlos gedehnt. Das klingt in den Ohren naiver Gemüter – zu denen ich mich auf dem Gebiet der Musik zähle – richtig schön. Das Lied eignet sich auch perfekt als Schlaflied für kleine Kinder. Der Text dieses Liedes aus dem Jahre 1872 wurde in späteren Zeiten vielfach umgedichtet. Einige Varianten erhielten einen nationalistischen Tenor. Wir hatten den Text noch in der alten Fassung in aller Unschuld gesungen. Ich selbst habe diese Unschuld nach 1989 Schritt für Schritt abgelegt. Seitdem lege ich die Worte bewusster auf die Goldwaage der »Political Correctness«.

Jacke, buuu: So lautet ein Schlachtruf der Ilmenauer Faschingsgänger. »Jacke« kam von »Brauerei Gebrüder Jäcklein«. Zu meiner Zeit gab es bereits kein »Jäcklein« mehr im Handel. Wir Studenten der 1970er Jahre tranken ersatzweise Königseer Bier. Im Frühjahr stellte die Brauerei in Königsee ein schnell wirkendes Maibockbier her. Wenn im Sommer das Königseer Bier knapp war, stellten wir notgedrungen auf Schmiedefelder Bier – kurz Schmibi – um.

Kamele im Bergzoo zu Halle halten still wenn sie gezeichnet werden. Es sind mitfühlende hallische Tiere.

Kapitel 11
Burg überm Tale

Schon wieder wird studiert auf Kosten der Werktätigen. Eine wunderschöne Schule liegt inmitten einer morschen Stadt. Morsch heißt nicht hässlich. Ein chinesischer Philosoph hilft, das zu verstehen.

Mit der Wehranlage im Titel ist die Burg Giebichenstein gemeint. Diese steht im Norden der Stadt Halle auf einem hohen Porphyrfelsen direkt an der Saale. Das Areal besteht aus einer Oberburg mit einem stattlichen Bergfried und einer geräumigen, gut erhaltenen Unterburg. Diese Unterburg wurde 1915 durch Paul Thiersch mit architektonischem Feingefühl zu einer künstlerischen Ausbildungsstätte umgebaut. Mit ihrer Orientierung auf die angewandten Künste stand die Schule in Konkurrenz zum Bauhaus. Im Gegensatz zum Bauhaus wurde der Lehrbetrieb nach der Entlassung einiger Lehrkräfte in der Nazizeit und darüber hinaus fortgesetzt. Seit 1958 firmiert die Bildungsstätte als *»Hochschule für industrielle Formgestaltung«*. Ein breites Spektrum künstlerischer und gestalterischer Studiengänge wird seitdem geboten. Mit der Kunsthochschule in Berlin-Weißensee und der Burg gab es zwei Hochschulen in der DDR, die Industriedesigner auf universitärem Niveau ausbildeten.

Meine Neigung zum Design hatte sich – wie geschildert – schon in meiner Ilmenauer Zeit während des Dessauer Seminars mit den amerikanischen Designern entwickelt. Einen weiteren Impuls erhielt ich, als ich 1977 der Oberburg einen touristischen Besuch abstattete. Von den Mauern bietet sich nicht nur ein großzügiger Blick auf die Saaleaue sowie auf die unterhalb der Burg sich formvollendet wölbende Giebichensteinbrücke; es

eröffnet sich auch eine Perspektive auf den Burghof der Unterburg. Weit unter mir sah und hörte ich angehende Bildhauer ihre
Steine bearbeiten. Ganz sicher wandelten einige Weberinnen in
langen Röcken gemessenen Schrittes im Hof. Um es kurz zu machen: Hier wollte ich hin! War Ilmenau ein Idyll der Techniker,
so war hier eindeutig das Idyll der Gestalter. Wahrscheinlich erwachte in mir auch ein Runkel. (vgl. Kapitel 6)

Dank der Unterstützung zweier Professoren kam zustande, dass
ich nach den Ilmenauer Tagen für ein zweijähriges Zusatzstudi-
um nach Halle durfte. Ich hatte es geschafft! Die ursprüngliche
Idee war, dass ich ein Ingenieurdesigner werde und mir nach dem
kurzen Studium eine entsprechende Stelle in der Industrie suche,
wo diese eher seltene Personalunion gefordert ist. Doch einmal
an der Burg, hatte ich schnell begriffen, dass dies ein wirklich guter Ort ist. Irgendwann eröffnete sich die Chance, eine befristete
Stelle zu erlangen, und wieder einige Zeit später erhielt ich eine
unbefristete Stelle als wissenschaftlich-künstlerischer Mitarbeiter
in der Gruppe des Designtheoretikers Horst Oehlke. Schließlich blieb ich bis 1993 hier. Während dieser Zeit studierte ich
ein zweites Mal; anschließend promovierte ich. Die hallischen
Tage zähle ich zu meinen schönsten. Sie erscheinen mir in der
Erinnerung als endlos lang. Eine sonnige Zeitlupe liegt trotz der
Rauchfahnen aus Leuna und Buna über allen Begebenheiten. Ich
war jung.

Bevor ich zu den Besonderheiten der Burg und ihrer Insassen
komme, will ich die Stadt Halle beleuchten. Ich bin mir sicher,
dass diese seltsame Stadt eine Bedingung der damaligen Burg war
und dass die Burgleute wiederum die Stadt prägten. Es war die
perfekte Symbiose.

Im Herbst 1979 kam ich in Halle an. Da im Wohnheim der Burg kein Platz frei war, begann meine hallische Zeit mit einer mehrwöchigen *»Budensuche«.* Treppauf, treppab war ich klingelnd, klopfend, fragend in Altbau- und Abrisshäusern unterwegs. Meine Tante beherbergte mich in dieser Zeit im nahegelegenen Leipzig. Endlich fand ich dank Mund-zu-Mund-Nachricht eine Bleibe im Stadtteil Kröllwitz im Haus von Willy und Edeltraut Henze. Es handelte sich um ein Zimmer mit Kammer und Eisenofen. Kloschüssel und Waschbecken teilte ich mit einer sehr alten Dame, die ebenfalls ein Zimmer bei Henzes gemietet hatte. Kröllwitz liegt vis-a-vis zur Burg auf der anderen Saaleseite. Fortan lief ich jeden Morgen über Paul Thierschs wunderschöne Brücke mit den monumentalen Tierplastiken von Gerhard Marcks. Ein perfekter Beginn des Tages für einen angehenden Designer!

Ein Glück der 1200-jährigen Stadt Halle war, dass sie im zweiten Weltkrieg als eine der ganz wenigen Großstädte kaum zerbombt wurde. Ihr Pech bestand darin, dass die DDR arm und die Stadt zu unbedeutend war. Entsprechend zerfiel sie vor den Augen und manchmal unter den Füßen ihrer Einwohner mangels Hilfeleistung. Margot Honecker, die ihre ersten vorsichtigen Schritte in Halle-Glaucha getan hatte, war wohl ohne Sentimentalität, denn sonst hätte sie ihren Kollegen, den DDR-Bauminister Junker auf den Missstand hingewiesen! Wir konnten nur hoffen, dass es wenigstens in Neunkirchen an der Saar besser aussieht, denn da kam Erich, ihr späterer Mann her. Dies soll keinesfalls heißen, dass Halle reizlos war. Im Gegenteil. Die Stadt, die selbst im 19. Jahrhundert von großen Umbauaktivitäten verschont blieb, besaß noch ihr mittelalterliches Gepräge. Die Saale durchströmt sie von Süden her. Anfangs teilt sich der Fluss in Nebenarme und Mühlgräben, um dann im Norden durch ein felsiges Nadelöhr zu fließen. Vorher passiert sie die Burg Giebichenstein. Neben der »Burg« gab es eine weitere Wehranlage, die Moritzburg. Auch waren innerhalb des mittelalterlichen Stadtraumes herrliche alte Kirchen, ein großartiger Dom, ein Renaissance-Stadtpalast, die Franckeschen Stiftungen und verwinkelte Gassen zu finden, die noch kein Verkehrsplaner mit dem Lineal korrigiert hatte. Durch diese Gassen rumpelte eine der ältesten Straßenbahnen der Welt. Einzig eine Hochstraße war an der Peripherie der Altstadt ziemlich herzlos installiert worden. Alles in allem eine gute Kulisse für ein künstlerisch geprägtes Designstudium.

Doch zurück nach Kröllwitz. Hier wohnte ich für zwei Jahre in der Grellstraße, die nach dem Maler Albert Grell benannt ist. Kröllwitz besaß noch alle Merkmale des Dorfes, das es vor der Eingemeindung einmal war. Kam ich aus der Stadt über Thierschs Brücke zurück zur Grellstraße, dann stieg diese erst einmal an, um sich dann wieder zu senken. Hier am Ende der Straße befand sich mein Domizil.

Meine Vermieter waren native Hallenser und machten mich rasch vertraut mit den Dialektbesonderheiten und den Sprachregelungen des Alltags. Die freundliche Begrüßung nach der Rückkehr aus der Hochschule ging wie folgt: »Na Meiner, seid Ihr wieder da, habt wohl was gemalt?«. Das Ganze natürlich in einem singenden Dialekt, der hier leider nicht wiedergegeben werden kann. Wenn man vom Hallenser mit »Meiner« begrüßt wurde, dann bestand keine Gefahr. Die dritte Person in der Anrede gehörte dazu. Edeltraut Henze trug immer Sorge, ich könnte abmagern. Also drang des Öfteren ihr Lockruf treppauf in meine Dachstube: »Wollt Ihr schön Schweinebraten, Meiner?« Sicher wollte ich das und holte mir einen ehrlichen Teller mit ganz viel Soße. Ihr Mann, der Willy, war Rentner und verdiente sich in der Poliklinik am Reileck als Fahrstuhlbediener etwas dazu. Entsprechend verdanke ich ihm nicht nur politische, sondern auch wichtige medizinische Weisheiten wie die folgenden: »Sozialismus, Faschismus, Kapitalismus – alles mit mus(s) ist Scheiße, Meiner« oder »Mayonnaise isst man nicht im Sommer, Meiner«. Dann zeigte er noch bedeutungsschwer zu den nahen Klausbergen und meinte: »Da lagen die Kapp-Putschisten und hielten voll rein mit dem MG nach Kröllwitz«. Und nach einer Sekunde des Nachdenkens: »Da wären wir beide weg gewesen!« Manchmal zeichnete ich die beiden. Der Ausdruck höchsten Lobes, wenn sie sich danach in den Bildern erkannten, war der Ausruf »Oh Meiner, Ihr habt eine ruhige Hand!«.

Nach diesem ersten kleinen Zuhause, das Willy Henze für mich mit ausrangiertem Poliklinikmobiliar ausgestattet hatte, bewohnte ich noch mehrere Wohnungen, die geräumiger und tendenziell besser wurden. Zu dieser ersten Behausung habe ich jedoch eine innige Beziehung. Dies hängt damit zusammen, dass Kröllwitz in gewisser Weise schon nicht mehr zu Halle gehört. Es kommen nach der Grellstraße noch der Ochsenberg und einige Gartensparten, dann beginnt schon das Umland. Den Ochsenberg müssen Sie sich als kahle kegelförmige Kuppe aus hallischem Porphyr vorstellen. Entsprechend wurde er von Willy Henze poetisch als »unser Fujiyama« bezeichnet. Von hier bot sich ein Blick Richtung Norden über das Flusstal bis zum *Petersberg* mit der romanischen Basilika. So manches Mal stieg ich des Abends mit einer Flasche »Meisterbräu« hinauf, um zu trinken, zu träumen oder zu lesen. Zumeist saß irgendwo noch ein anderer stiller Grübler.

Während meiner zweiten Studentenzeit hatte ich eine Vorliebe für den chinesischen Philosophen Laudse (auch: Lao-Tse) entwickelt. Es gab vom Leipziger Reclam-Verlag eine Übersetzung seines Hauptwerkes »Daudedsching«. Die Übertragung hatte Ernst Schwarz besorgt, von dem noch weitere, sehr empfundene Bearbeitungen chinesischer Prosa und Lyrik vorlagen. Das Reclam-Bändchen hatte ich auf dem Ochsenberg immer bei mir. Ähnlich wie bei Kant habe ich sicher nicht alles verstanden, dennoch erschien es mir, dass der Daoismus eine sehr treffende Beschreibung unseres Daseins bietet. Zudem formulierte Laudse sehr lebenspraktische Regeln, die ich für sehr vernünftig hielt. Sicher etwas anmaßend habe ich mich am Ideal des daoistischen Weisen orientiert: Man soll weltliche Angelegenheiten nicht so wichtig nehmen, im Einklang mit der Natur leben und den Dingen ihren Lauf lassen. Nach schwierigen Gedankenspielen bin ich vom Ochsenberg noch zum TSG-Sportlerheim hinabgestiegen und habe ein Helles vom Fass genossen. Das hätte Laudse wohl nicht getan.

Manchmal bin ich – warum auch immer – noch weiter gelaufen zu einer der Gartenkneipen rund um den Fuchsberg. Ich hörte schon von fern das Gläserklirren und Lachen. Die Ziele waren trotz spärlicher Gasflammen in den Straßenlaternen nicht zu verfehlen. Diese Laternen hatte zuvor ein alter Mann entzündet, der ein steifes Bein hatte und mit einem *SR2* unterwegs war. Gegen Mitternacht war dann endgültig Schluss im Kneipenlabyrinth. Im »Haus am Fuchsberg« beendete beispielsweise der Kneiper Hans Meyer, genannt Meyerhans, den Ausschank mit den Worten: »Geht nach Hause und *macht dei dei*, Ihr Brummochsen!« Das war sowohl lieb als auch fürsorglich gemeint. Laudse hat es wie folgt ausgedrückt:

»besser ist aufhören
denn überfüllen

die klinge immerfort geschärft
bleibt nicht lange klinge

der saal mit gold und jade vollgestopft
ist nicht vor räubern zu bewahren

glanz und ehren mit hochmut gepaart
ziehn sich selbst ins verderben

zurückziehn nach getanem werk
so ist das Dau des himmels« (Laudse 1978, 59)

Mein nächstes Asyl befand sich in der Talstraße in Kröllwitz. Schräg gegenüber lag das legendäre »Paddlerheim«. Es handelte sich um eine Baracke mit Tresen, Tischen, Klavier und Bootssteg zur Saale. Hier war an manchen Abenden kein Hineinkommen. Die Kröllwitzer Bohème vermengte sich mit dem Arbeiteradel und den freien Trinkern. In der Talstraße hatte bis 1976 auch der Maler Albert Ebert gelebt. Er gilt als der Henri Rousseau der Stadt Halle. Über ihn und seine Sphäre gibt es von Sarah Kirsch das wundervolle Gedicht »Der Maler Ebert«, das ich hier auszugsweise wiedergebe. Es handelt von der vergeblichen Suche nach ihm:

»[...] Wir fragten
Nach seinen Lieblingskneipen
Sahen in jede steckten den Kopf
Aus der Sonne in dämmrige Bierstuben

Kleinen rauchigen Inseln die Flaschen
Klingelten leise – ein Wirt
Hatte ihn gehn sehn empfahl uns
An den nächsten Wirt in der Straße
Aber nirgends im Mohren nicht nicht in der
Gosenschänke. Und dann fing die Stadt an
Wir konnten ihn
Nicht weiter verfolgen der Baum der Kneipen
Verzweigte sich mächtig.« (Kirsch 1974, 37)

Die von Sarah Kirsch genannte Gosenschänke auf der Giebichensteiner Seite war zu meiner Zeit die Kneipe der Burgstudenten. Auch diese war freitags und samstags immer übervoll. Es gibt wohl keinen Burginsassen der alten Zeit, der nicht eine deftige Geschichte im Zusammenhang mit der »Gose« berichten kann. Ich habe selbstverständlich mehrere parat, aber die gehören in den zweiten Band.

Meine nächste Wohnung befand sich am August-Bebel-Platz in der nördlichen Innenstadt. Hier wohnte ich erstmals in einer Wohnung mit einer eigenen Außentoilette auf halber Treppe. Das Refugium war geräumig und trocken, auch war in keinem Zimmer – wie noch in der Talstraße – der Fußboden zur darunter befindlichen Wohnung durchgebrochen. Die Räume lagen im Hochparterre und von meinem Zeichentisch konnte ich quer über den Bebelplatz bis zum glänzenden Zapfhahn der »Prager Terrassen« blicken! Dies gelang jedoch nur im Sommer bei weit offener Kneipentür. Denn so konnte sich die Achse des Guten bruchlos bilden. Zehn Minuten vor Mitternacht musste hier die letzte Runde bestellt werden. Da war es Zeit, den gläsernen Bierkrug zu greifen und – falls es schon spät war – notfalls in Hausschuhen hinüber zu eilen. Am Tresen stand Abend für Abend eine mild lächelnde Dame, die wortlos das abgezählte Geld nahm und den Krug füllte. Manchmal orderte ein Gast noch ein *Solei*. Die Dame griff daraufhin mit ihrer roten Spülhand in ein großes Glas, in welchem die Eier in der Kochsalzlösung trieben. Die Linsenwirkung des Glaszylinders ließ die greifende Hand beeindruckend groß erscheinen. Wurde das Zapfen durch ein solches Schauspiel bereichert, dann nahm ich dieses starke Bild mit in meine Luxuswohnung und begann möglicherweise eine kompositorische Übung in Rottönen. Ich sage Luxuswohnung mit Bedacht, denn ich hatte für *zwölf Mark* noch den Verkaufsraum einer stillgelegten Fleischerei gemietet. Hier war meine Werkstatt, hier lagen später die Schraubzwingen von 1990, denen Hans-Dietrich Genschers Halo anhaftete.

Vor dem Umzug nach Dresden bewohnte ich in der Wendezeit – mittlerweile mit Familie – noch eine weitere Wohnung in Halle-Glaucha, also in Margot Honeckers altem Revier. Dieses Heim war bereits so perfekt, dass es nichts zu berichten gibt. Doch halt, hier stand die erste Wanne!

Wenn beim Leser weiter vorn der Eindruck entstanden ist, dass Halle ein Kneipennetzwerk hatte, so ist das richtig. Zumeist waren es einfache Gaststätten. Halle war im Gegensatz zu Leipzig oder Dresden primär eine Arbeiterstadt. Hier wohnten die Werker, auf hallisch die »*Pälzer*« der Chemiegroßbetriebe oder des Waggonbau Ammendorf. Diese Kundschaft brauchte wenig Ornament, um das Gemüt am Feierabend zu verschleiern. Man ging in Kneipen, die poetische Spitznamen wie »*Sargdeckel*«, »Mehlhose« oder »SA-Keller« trugen. Da die Preise der Mahlzeiten gering waren, bin ich als Student zum Mittagessen häufig in Gaststätten gegangen. Besonders oft in die eben erwähnte »Mehlhose« in der Puschkinstraße, da hier kontinuierlich »Schweinesteak mit echt ungarischem *Letscho*« erhältlich war. Ich bewundere noch heute das Talent der Kneiperin, dieses Angebot derart zu stabilisieren. Und das in Zeiten, als Letscho nur noch in Berlin erhältlich war.

Neben der Burg gab es noch die Martin-Luther-Universität und eine Pädagogische Hochschule, die den zu Großem verpflichtenden Ehrennamen »N. K. *Krupskaja*« trug. Zudem beherbergte die Stadt mehrere Bühnen, Kunst- und Altertumssammlungen und ein Opernhaus. Auch bot sie dem Händel-Festspielorchester eine Heimat. Das Personal dieser Institutionen balancierte im öffentlichen Raum die Seite der handfesteren Werker aus. Ich fand die *Mischung vor Ort* letztlich als angenehm. Oft war ich als Einzelgänger und Beobachter unterwegs und tauchte gern in den einzelnen Soziotopen unter. Die eigentliche Stadt Halle war ohne Halle-Neustadt kompakt und von überschaubarer Größe. Viele Wege konnte man zu Fuß erledigen.

In Zeiten innerer Unruhe bin ich mitunter spät zu Spaziergängen aufgebrochen. Da war manche Nachtgestalt zu treffen, mit der eine Zeit lang philosophiert wurde, um dann getrennt weiter zu ziehen. Die Wanderungen verliefen nicht wie heute auf sicheren Pfaden. Das Pflaster war verworfen, Brikettaufen versperrten den Weg, irgendwo war ein unbewohntes Haus *wohl zu der halben Nacht* in sich zusammengerutscht und zwang zum Kurswechsel oder der Weg war – besonders im Frühjahr – durch einen Rohrbruch unpassierbar geworden. Freunde nannten daher die Stadt auch das »Venedig des Nordens«. Als versierter »Mosaik«-Leser war ich klar im Vorteil: Ich kannte Venedig! (vgl. Kapitel 6) Der Leser ahnt hoffentlich, dass dann und wann ein Glas Bier den Blick aufhellen könnte und sollte.

Betreten wir nun die Burg. Leider spielten sich mein Studium und meine nachfolgende Arbeit als wissenschaftlich-künstlerischer Mitarbeiter nicht im Bereich der eigentlichen Burg ab. Dies war den richtigen Künstlern vorbehalten. Genau wie an der TH Ilmenau gab es an der Burg eine inoffizielle Rangordnung der Disziplinen. Diese ging in absteigender Folge etwa so: Malerei, Plastik, Metallgestaltung, Grafik, Bildweberei, Keramik, Schmuckgestaltung, Glasgestaltung, Gebrauchsgrafik, Mode, Gefäßgestaltung, Innenraumgestaltung, Spielmittelgestaltung, Produktgestaltung (damals Arbeitsmittelgestaltung) und schließlich Arbeitsumweltgestaltung. Ich befand mich also abermals weit unten. Und wieder ließ ich mir die Freude dadurch nicht verderben.

Wir gingen manchmal, des echten Burg-Gefühls wegen, zum Essen in die *Künstlermensa*. Das Feiern mit den Künstlern im Burghof und im Burggraben gab uns Designern das Gefühl, Teil der Elite zu sein. Zur erweiterten Burg zählten noch mehrere interessante Liegenschaften in Halle: Das Grundstudium absolvierten wir in einer großen Industriellenvilla aus dem 19. Jahrhundert, die als Studienort sehr reizvoll war, zumal es in dieser Villa einen kleinen »*Konsum*« gab, der den Grundbedarf eines Burgstudenten bereithielt.

Vom Studium will ich nun einige Aspekte beleuchten. Wie fing es an? Nach dem Ingenieurstudium in Ilmenau erwartete ich – wenn auch im übertragenen Sinne – eine gewisse Berechenbarkeit im Bereich der Gestaltung. Diese Erwartung wurde enttäuscht. War der Ingenieur in mir auf »das einzig richtige« Ergebnis orientiert, so war der Gestalter mit einem Ausgleich von Widersprüchen befasst. Immer ging es um Balance. Nur begriff ich das erst mit den Jahren. Das heißt, die Lehrenden machten nicht viele Worte. Manchmal knurrten sie nur oder sie gingen betrübt aus dem Raum. Immer aufs Neue wurden bei wachsender Komplexität die gestalterischen Prinzipien individuell herausgearbeitet. Die Erkenntnis kam weniger durch Vorträge oder Hinweise der Lehrenden, sondern durch den Blick auf die Lösungen der Kommilitonen. Vergleich war das Motto. Die Methode war trotzdem auf der Basis sehr eng geführter und didaktisch gezielt platzierter Aufgabenstellungen effektiv, denn vergleichen kann man immer nur bestimmte Merkmale. Das unterscheidet die damalige Grundlehre vom heutigen Vorgehen: Es wird dieser Tage viel geredet und das Fehlen präziser Aufgabenstellungen wird mit Freiheit verwechselt.

Zu unserer Zeit war das einheitliche Grundstudium aller Burgstudenten bereits Geschichte. Verblieben war die gemeinsame Idee von gestalterischer, bildnerischer und plastischer Arbeit. Die gute Gestalt eines Staubsaugers und die Skulptur einer Katze hatten etwas gemein. Nicht vom Abbild her, wohl aber auf der Ebene der inneren Gestaltprinzipien. Im Lehrbetrieb trafen Kunst- und Gestaltungsstudenten leider kaum noch aufeinander. Nur die älteren Dozenten und Professoren bewahrten eine übergreifende Idee von Kunst, die auch Gestaltung ist, beziehungsweise umgekehrt. Ein Rudiment der alten Einheit war das Naturstudium. Wir wussten, dass der bildnerische Reichtum nicht aus dem grübelnden Kopf und schon gar nicht aus den Medien, sondern aus den unmittelbar erlebten Vorbildern kommt. Wie man diese Vorbilder aufbereitet und abstrahiert, das lernten wir im Naturstudium.

Eine schöne Einrichtung bestand darin, dass Burgstudenten kostenlos den Zoo besuchen durften. Ich war während des Studiums zu einem passablen Tierzeichner geworden. Im Winter ging ich zum Naturstudium mit einem kleinen Klappsitz in die Häuser. Hier war es warm, das sparte Braunkohle daheim. Besonders hatten es mir die Affen und Halbaffen angetan. Zumeist saß ich ganz allein vor den verglasten Käfigen. Nachdem sich die Meerkatzen oder die Rhesusaffen an mich gewöhnt hatten, kamen sie an die Scheibe und schauten interessiert auf mein Tun. Wenn ich die klugen Tiere aus kurzer Distanz so sah, dann dachte ich, dass der Schöpfer die Evolution spätestens nach dem Orang-Utan hätte stoppen sollen. Dieser ist meiner Meinung nach der ausdrucksstärkste Affe. Darin, dass es aber bis zu uns, der »Krone« der Schöpfung, weiterging, zeigt sich deutlich das Fehlen einer klug überwachenden Instanz. Der Schöpfer hätte die Evolution im Auge behalten sollen! Doch halt, ganz so misanthropisch bin ich nicht gestimmt. Wer, wenn nicht der Mensch und Tierplastiker August Gaul hätte die großartige Plastik eines Orang-Utan, die im Leipziger Bildermuseum bis vor Kurzem noch zu sehen war, denn schaffen sollen?

Die Erkenntnisse der heutigen Evolutionsbiologie entziehen meiner kritischen Bewertung der Schöpferinstanz die Basis. Nach dieser Theorie sind Menschen und Affen die gleichermaßen entwickelten heutigen Blätter am Stammbaum. Die Verzweigungen im Stammbaum passierten »früher«. Es ist – um *BAP* zu zitieren – »verdamp lang her«. Es hätte jemand vor rund 30 Millionen Jahren aufpassen müssen. Aber: Hinterher ist man immer schlauer.

Zurück zur Gegenwart der 1980er Jahre! Die Burg war im Unterschied zu anderen Hochschulen nicht dem Ministerium für Hoch- und Fachschulwesen, sondern dem Ministerium für Kultur unterstellt. Vielleicht war das der Grund, dass das politische Klima relativ liberal war. Natürlich gab es die SED, die immer Recht hatte, natürlich verrichteten die Stasileute ihre stillen Dienste, natürlich waren die MLer dabei, die Gestaltung als *Produktivkraft* zu deuten, aber im Unterschied zur Außenwelt herrschte der berühmte Burgfrieden. Die meisten Burgleute haben das so wie ich gesehen und den Frieden nicht aufs Spiel gesetzt. Wohl gab es vereinzelt die politisch finsteren Vorgänge, aber auch die animalisch fröhlichen Feste, bei denen sich die Insassen ihres Bundes versicherten.

Der Genius loci der Ausbildungsstätte war sehr wirkungsvoll: Man fühlte sich als Teil der »Burg« und es tat gut, die Frage in der Kneipe nach der Tätigkeit lapidar beantworten zu können: »Bin an der Burg«. Ich will nun eine Episode schildern, die als Präzedenzfall für die ganz spezielle Burgsituation dienen kann. Es muss um 1985 herum gewesen sein, dass unter den Designstudenten einer war, der eine Lizenz zum Führen einer Straßenbahn besaß. Direkt neben dem Gebäude der Industriedesigner in der Seebener Straße befand sich ein kleines Depot des Hallischen Straßenbahnbetriebes. Diese beiden Faktoren nutzten die Studierenden, um eine schöne Idee zu verwirklichen. Ein Straßenbahn-Triebwagen der Marke »Tatra« wurde ganz unverdächtig für eine Stadtrundfahrt gemietet. Den Fahrer hatte man bereits. Die Route und der Termin waren mit dem Straßenbahnbetrieb abgestimmt. So weit, so gut. Um dieser Fahrt eine unerhört außergewöhnliche Note zu geben, hatten die Studierenden kurz vor Beginn die Bahn mit wilden *Graffitis* bedeckt. Das Fahrzeug wurde zuvor aber fairerweise mit weißem Papier beklebt. Nun sah es aus wie ein Waggon der *New Yorker U-Bahn*. Irgendwann ging es los. Alle Passagiere einschließlich des Straßenbahnführers waren natürlich kostümiert und auf dem hinteren Perron des Wagens begann »Prozells Zechenband« zu musizieren. Das bunte Ding schob sich tönend in die graue Stadt.

152

Ich erinnere mich noch deutlich an die Gesichter der Passanten und der Wartenden an den Haltestellen. Man kann sie mit den Gesichtern der Jünger vergleichen, die auf Barockgemälden *Maria Himmelfahrt* beobachten. Das starre Staunen an sich.

Es kam wie es kommen musste; unsere Bahn hatte etwa die Hälfte ihrer Rundtour geschafft, als sie gestoppt wurde. Die traurige Polizei beendete die fröhliche Fahrt. Nach dem Ereignis war der steuernde Student von einer Exmatrikulation bedroht. Dies war wohl eher eine Forderung, die von außen, »von ganz oben« an die Hochschule gerichtet war. Der Rest der Geschichte vollzog sich hinter verschlossenen Türen. Schließlich schafften es FDJ-Sekretär und Rektor gemeinsam, das Exempel abzuwenden. Ob der Student seine Lizenz behielt, ist mir allerdings unbekannt. Was bleibt ist die schöne Erinnerung an eine virtuelle Fahrt durch Halle-New York. Vermutlich hat das Ganze keine Bildspuren hinterlassen. Vielleicht schlummert ein Schwarz-Weiß-Foto vom farbigen Corpus delicti doch noch in einem Polizeiarchiv? Vielleicht besitzt die Stasi-Unterlagenbehörde noch die von der Bahn abgezogene Papierhaut? Ich weiß es nicht.

Selbstverständlich gab es einen Burgfasching! Dieser übertraf hinsichtlich visueller Kreativität den Ilmenauer Fasching. Waren die Burgstudenten bereits im Alltag als Sonderlinge erkennbar, so erblühte der Wille zur Entstellung in einem Fasching mit ungeahnter Kraft. Im Studienablauf waren immer zwei Wochen für die Faschingsvorbereitung eingeplant. Offensichtlich war es ein Grundkonsens aller, dass der Burgfasching gut sein soll. Ich habe keinen Fasching verpasst, solange ich dort war. Denn nur so kann ich bezeugen, dass es während einer Faschingsveranstaltung überraschend zu Tortenwürfen von der Bühne ins Publikum kam.

Eine der Torten traf »zufällig« die politische Leitung der Burg. Ein eindrucksvolles und unvergessliches Bild.

Zur Schilderung der Lebenssituation und des Zeitgeistes in Halle gehört unbedingt eine Skizze der *»Petersbergralley«*. Hier handelt es sich um ein seit 1967 jährlich veranstaltetes Radrennen von Halle zum etwa 20 Kilometer entfernten Petersberg. Erfinder dieser Rallye ist der hallische Maler Wasja Götze. Am Start formierte sich ein heterogenes Fahrerfeld. Es bestand zu einem guten Teil aus Künstlerinnen und Künstlern sowie aus all ihren Kindern, aber auch aus Angehörigen der Burg. Formaler Zweck des Rennens war das Erreichen des Ziels überhaupt, denn der Alkoholkonsum, die wenig sportiven Kostüme, der kritische Zustand der geschmückten Räder und der Pisten setzten den Radlern heftig zu. Auf dem Petersberg wurde dann gefeiert bevor es am Abend nach Halle zurückging, um schließlich in der »Gose« den Rennverlauf auszuwerten.

Wir Burgleute wurden mehr oder weniger verhüllt von Seiten der Parteileitung ermahnt, doch bitte nicht an dieser nonkonformen Veranstaltung teilzunehmen. Die Petersbergralley war keinesfalls offen systemfeindlich orientiert, sie war einfach ein Heidenspaß, doch galt das eherne Gesetz der vorsichtigen Diktatoren: Wer nicht für uns ist, ist gegen uns. So oft es ging, nahm ich an dem Rennen teil. Mir war schon nicht gestattet, mich auf vierzig Kilometer der Grenze per Bahn zu nähern, das Fahren von Halle zum Petersberg mit meinem alten schwarzen Damenrad sollte mir keiner verbieten. Soviel ich weiß, radeln die Hallenser noch heute.

Die Burglehre beruhte, wie die Lehre in Ilmenau, auf der Qualität des Personals. Und wie im Thüringer Wald so erwiesen sich die guten Lehrer zumeist auch als originale Leute. Werner von

Strauch war Dozent für plastische Grundlagen. Immer wieder ließ er uns kleine abstrakte Gipsplastiken erstellen. Die Aufgabenstellungen waren für uns nicht immer transparent; vor dem Hintergrund eines Archivs der Lösungen unserer Vorgänger ergab sich dennoch rasch ein Lösungsraum. Das plastische Grundkonzept beispielsweise der »Durchdringung eines Zylinders und eines dreiseitigen Prismas« war in der Regel schnell gefunden. Die Feinplastik war das Problem! Wir schliffen den *Dentalgips* mit feinstem Schleifpapier, prüften die Konturen gegen das Licht und brüllten vor Verzweiflung, wenn kurz vor dem Ende das Ding in den Händen zerbrach. Den Weg zur Erkenntnis ebnete Werner von Strauch wie folgt: Nachdem er alle Gipskörper bewertet hatte, bildete er im Kämmerlein eine lange Reihe, die mit der schlechtesten Lösung begann und bei der besten endete. Dann gab es eine Art Bescherung. Wir kamen in den Raum und schauten, wo die eigene Lösung steht. Alles war klar. Das lief ohne Worte des Lehrenden ab. Die Erkenntnis beruhte auf der genauen Analyse der Gipskörper, die vor dem eigenen platziert waren.

Schriftgestaltung lehrte Professor Günter Gnauck. Wir waren noch tief in der analogen, das heißt computerlosen Epoche. Jeder Buchstabe musste mit Ziehfeder, Schriftfeder, feinem Pinsel, Tusche und einer gehörigen Dosis Korrektur-Deckweiß erstellt werden. Da saß er dann mit einer Zigarette in der linken Hand und einem ganz kurzen weichen Bleistift in der rechten und korrigierte unsere Früchte der letzten Nacht. Dazu nuschelte er einige Kommentare in feinem Sächsisch. Die Kritik war manchmal vernichtend, aber immer treffend und instruktiv. Gnauck war eine Koryphäe der Kalligraphie und eigentlich tat er uns leid, dass er sich mit unseren Annäherungen an das Ideal abzuquälen hatte.

Nach den zwei Studienjahren des Zusatzstudiums hatte sich 1981 das örtliche Wehrkreiskommando an mich erinnert. Ich war nun 25 Jahre alt. Man konnte ab dem 26. Lebensjahr nicht mehr für die vollen 18 Monate zum Grundwehrdienst eingezogen werden. Es war also höchste Eisenbahn, um nicht zu sagen höchster Truppentransport! Das sah ich selbstverständlich ein und pausierte für anderthalb Jahre mit dem Studium, legte Fleischerhemd nebst Zimmermannshose ab und trug Feldgrau. (vgl. Kapitel 12) Danach ergab es sich, dass ich eine auf drei Jahre befristete Anstellung an der Burg erhielt. Das Studium wollte ich gern noch ganz durchlaufen, um ein richtiger Diplom-Formgestalter zu werden. Man kam mir sehr entgegen und ließ mich den Rest des Studiums quasi nebenher in einem Studiengang des Fernstudiums absolvieren.

Hier im *Fernstudium* traf ich auf Ernst Werner Schulze, der Dozent für bildnerische Grundlagen und Naturstudium war. Dieser EWS war für mich der interessanteste aller Gestaltungslehrer. Den eigentlichen Unterricht vollzog er im Gegensatz zu vielen seiner Kollegen auch wortreich. Höhepunkte waren die Kritikrituale. Nachdem wir die Ergebnisse unserer Arbeit zu einem bestimmten Thema an die Wand gehängt hatten, kam EWS herein und ließ den Blick schweifen. Rasch hatte er einige Arbeiten identifiziert, die nicht kritikwürdig waren. Er forderte die unglücklichen Autoren auf, die Arbeiten zu entfernen und verließ den Raum. Das alles verlief anonym, denn EWS wollte nicht wissen, wer was produziert hatte. Nachdem wir seine aus dem Nachbarraum kommende Frage, ob denn »diese Sachen endlich weg sind?« mit »Ja!« beantwortet hatten, kam er wieder herein und besprach dann sehr instruktiv die verbliebenen Arbeiten. Das ging in Zyklen den ganzen Tag so. Das eigentlich Bemerkenswerte seiner Lehre war, dass immer wieder Exkursionen auf dem Plan standen. Diese Gruppenreisen führten uns in den von Tauben verdreckten Glockenstuhl einer Dorfkirche im Eichsfeld, zu einer Ziegelei aus den 1920er Jahren vor den Toren Halles, zu Klinikgebäuden aus dem 19. Jahrhundert in Leipzig, zum Grabstein des Christian Reuter in Kütten, zum Dom zu Merseburg oder zur romanischen *Kirche auf dem Petersberg.* In der warmen Jahreszeit war es zweckmäßig, eine Badehose mitzuführen, denn EWS forderte uns dann und wann auf, in einem Freibad an der Strecke mit ihm ein paar Bahnen zu schwimmen. Die Transportfrage hatten wir selbst zu klären, was hieß, es mussten sich hinreichend viele Kommilitonen finden, die ein Kraftfahrzeug besitzen. EWS erklärte am Start das komfortabelste Fahrzeug zum »Führungsfahrzeug«. Dort saß er neben dem Fahrer und dirigierte den kleinen Konvoi per Handzeichen über die Dorfstraßen zu den Zielen. Aber wenn wir dann endlich im Eichsfelder Taubenkot standen, lief er zur Hochform auf: Er erklärte uns die Kompositionslehre anhand des Dachgebälks oder die Farbästhetik anhand des Altarbildes.

Politische Zeitfragen bezog er oft unkonventionell in den Unterricht mit ein. Ich erinnere mich, dass er uns in den 1984er Tagen, als die Zahl der Ausreiseanträge nach oben schnellte, aufforderte, eine von ihm diktierte Liste der aus seiner Sicht relevanten Kulturdenkmäler der DDR mitzuschreiben. Als wir mit der langen Aufzählung fertig waren, kommentierte er die Aktion wie folgt: »Wenn ich der wäre, der Ausreiseanträge zu bewilligen hätte, dann käme bei mir nur der raus, der diese Liste abgearbeitet hat«. Da dachte ich mir, dass ich es genauso machen würde.

Mit dem Rektor Paul Jung kam ich in den letzten Semestern zusammen. Er betreute meine Entwürfe im Industriedesign und später meine Diplomarbeit. Mehrere meiner Projektthemen kreisten um die Computertechnik. Da Professor Jung auch *Chef-*

designer des Kombinates »Robotron« war, arrangierte er Kontakte zu den Entwerfern und Ingenieuren vor Ort in Dresden, Karl-Marx-Stadt oder Sömmerda. Wenn wir in den Betrieben waren, hatte ich immer den Eindruck, dass er auflebte und froh war, den Hochschulpolitiker hinter sich lassen zu können, um einfach nur ein guter Praktiker zu sein. Das ist ja das schöne am Design: Es war und ist weitgehend unpolitisch. Es geht um Pigmente, Greifräume oder Biegeradien.

Einmal kamen Paul Jung und ich abends als letzte aus der Modellbauwerkstatt in der Seebener Straße, wo er meine Entwürfe kritisch begutachtet hatte. Die Pförtnerin, Frau Kunius, wartete auf uns. Zufällig war ihr ganzer Anhang gekommen, um sie abzuholen. Es waren einfache Leute, die uns zu einem großen Gruppenbild formiert anlachten. Frau Kunius verkündete stolz: »Herr Rektor, das ist meine Familie!« Der Angesprochene winkte freundlich und sagte zu mir: »Rainer, die haben es gut«. Das war weise gesprochen, denn die Betonung lag auf »die«.

In der Reihe meiner Lehrer darf einer nicht fehlen: der Designtheoretiker Horst Oehlke. Im Studium kam ich kaum mit ihm in Berührung. Allerdings verdanke ich ihm eine Unzahl richtungsentscheidender Impulse in meiner späteren Zeit als wissenschaftlich-künstlerischer Mitarbeiter in seiner Gruppe. Während die eben vorgestellten Lehrer mir halfen, das »Wie« zu begreifen, ging es Professor Oehlke um das »Warum«. Seine Theorie war der Bypass zu den marxistischen Gesellschaftswissenschaften. Er brachte die geistige Außen-Welt in das Denken der hallischen Designer. Über viele Jahre hielt er Kraft seiner stillen Autorität uns, das heißt seiner interdisziplinären Forschergruppe, den ideologischen Marxismus-Leninismus »vom Halse« und vom Kopf. Das war wohl einmalig in dieser herrlichen DDR! Oehlke betreute mich auch beim Abfassen meiner Doktorarbeit. Ich profitierte sehr vom Strom seines Wissens, den er auf die »Mühlen seiner Mitarbeiter lenkte«. Die Wende brachte im diesbezüglichen wissenschaftlichen Sinne keine großen Überraschungen. Dennoch war die erweiterte Breite des Angebots erfreulich.

Die Schreibarbeit hatte ich in die Universitätsbibliothek verlegt, wo ich viele Stunden zubrachte. Es zogen mich nicht nur die Bücher dorthin, nein, es war die Atmosphäre in diesem Klinkerbau aus dem 19. Jahrhundert, die sehr anregend war. Wenn ich im Winter einen Fensterplatz erwischt hatte und mit dem Heizkörper eins wurde, vielleicht noch die Sonne ganz flach in die hohen Räume fiel und ein feiner Bohnerwachsgeruch in der Luft lag, dann war die geistige Arbeit eine schöne. Oft fuhr ich in dieser Zeit auch nach Leipzig in die Deutsche Bücherei. Hier bekam man jedes in deutscher Sprache erschienene Buch, sofern es nicht auf dem Index stand. Da »Mein Kampf« für meine Arbeit wissenschaftlich keine Rolle spielte, genügte mir das restliche Überangebot. Es soll keiner sagen, dass man nicht an Literatur herankam in der DDR; man musste nur beweglich sein! Die Deutsche Bücherei bot ein geradezu festliches Ambiente zum Arbeiten. Der gesamte Bau war im Jugendstil errichtet worden. Die Zeit schien stillzustehen. Die Stirnwände des riesigen Lesesaals zierten symbolistische Gemälde Ludwig von Hofmanns. Wenn die Buchstaben auf den Buchseiten zu tanzen anfingen, dann gönnte ich den Augen einen entspannenden Blick zu den nackten Gestalten, die wichtige rituelle Handlungen vollzogen. An der Seite des Lesesaals thronte erhöht eine Person, die für völlige Ruhe sorgte. Unten im Keller gab es selbstverständlich eine Kantine, wo ich mir zum mitgebrachten Pausenbrot noch eine Brühe mit Ei holen konnte.

Die Tage in Halle hatten einen wesentlichen Einfluss auf meinen weiteren Weg: Nach dem Studium war ich über dreißig Jahre als Gestalter für die Industrie tätig. Die akademischen Schritte bis hin zur Promotion führten schließlich zu der Lehrstelle, die ich heute innehabe. Das bildnerische Grundstudium festigte mich als Landschaftsmaler. Auf diesem Gebiet arbeite ich sehr ernsthaft in meiner Freizeit fernab des Kunstbetriebs und ich habe noch viel vor.

Alles was ich eben schilderte, formte Joseph von Eichendorff mehr als 120 Jahre zuvor sinngemäß zu einem Gedicht, das ich hier verkürzt wiedergebe:

»Bei Halle

Da steht eine Burg überm Tale
Und schaut in den Strom hinein,
Das ist die fröhliche Saale,
Das ist der Giebichenstein.

Da hab' ich so oft gestanden,
Es blühten Täler und Höh'n,
Und seitdem in allen Landen
Sah ich nimmer die Welt so schön!«
(Eichendorff 1970, 176 ff.)

Anmerkungen

Hochschule für industrielle Formgestaltung: Heute trägt die Bildungsstätte den Namen »Burg Giebichenstein Kunsthochschule Halle«. Fühlten sich früher die Künstler im Namen unterrepräsentiert, so werden vermutlich heute die Industriegestalter denken, dass es an der Burg nicht nur um Kunst geht. Was dem einen sin Uhl, ist ...

Rauchfahnen aus Leuna und Buna: Es gab an manchen Herbst- und Wintertagen, wenn sich der Rauch aus Richtung Süden mit den Abgasen des Hausbrandes effektiv vermengte und die nötige Luftfeuchtigkeit herrschte, einen sagenhaft opaken Smog. An der Kreuzung am »Mohren« in Giebichenstein wurden offene Feuerkörbe aufgestellt, die den schrittfahrenden Automobilisten eine gewisse Peilung gestatteten. Kaum zu glauben.

Budensuche: Es gab keinen Wohnungsmarkt, aber ein Wohnungsamt. Die dortigen Damen nahmen mir jede Hoffnung, als Junggeselle auf offiziellem Wege noch zu Lebzeiten eine Wohnung zu bekommen. Was einem blieb war die private Untermiete, der Schwarzeinzug oder die Heirat einer Schönen.

Petersberg: Von diesem Berg hat man den Breitengrad entlang einen freien Blick Richtung Osten bis zum Ural, falls die Erde eine Scheibe ist. Sowohl Napoleon als auch Hitler zogen aus dieser geografischen Merkwürdigkeit verhängnisvolle Schlüsse.

SR2: Der SR (gesprochen: »Ässer«) ist ein zierliches einsitziges Moped, das ab 1957 in Suhl gefertigt wurde. SR steht für »Simson-Rheinmetall«. Es ist schön wie ein »Ikarus«. (vgl. Kapitel 8) *macht dei dei:* Hallisch für »Geht schlafen«.

Solei: Eines dieser hart gekochten Eier in Salzlake habe ich leider nie probiert. Manches soll man sich für das hohe Alter aufheben.

zwölf Mark: Die geräumige Zwei-Zimmer-Wohnung kostete mich inklusive Fleischerei 42 Mark, bei einem Nettogehalt als wissenschaftlich-künstlerischer Mitarbeiter von anfangs 680 Mark.

Pälzer: Die richtigen Pfälzer nennen sich in ihrer Mundart »Pälzer«. Als Anfang des 20. Jahrhunderts die Buna- und Leunawerke errichtet wurden, waren wohl auch Pfälzer am Werk – quasi als Gastarbeiter und Aufbauhelfer. Dies ist eine Erklärung des hallischen Begriffs »Pälzer«, womit im engeren Sinne Chemiearbeiter gemeint sind.

Sargdeckel: Diese Gaststätte trug eigentlich den vornehmen Namen »Marthaklause«.

Letscho: Es gab in den 1970er Jahren ein relativ reichhaltiges und wohlschmeckendes Angebot an Fertiggerichten aus ungarischer Produktion. Neben gefüllten Tomaten und gedünsteten Auberginen in Dosen gab es Letscho im Glas. In den 1980er Jahren fielen die Leckereien aufgrund weltpolitischer Verwerfungen wieder weg. Ungarisches Letscho war von da an eine begehrte Mangelware. Es war knapper als Renfts Ketten. (vgl. Kapitel 9)

Krupskaja: Nadeshda Konstantinowa Krupskaja war die Lebensgefährtin Lenins. Von Beruf Lehrerin war sie die geeignete Namenspatronin aller möglichen pädagogischen Einrichtungen von der Krippe bis zur Universität.

Mischung vor Ort: Den ökonomisch forcierten Prozess der Entmischung der sozialen Schichten im urbanen Raum nennt man heute vornehm Segregation.

wohl zu der halben Nacht: Das ist die letzte Zeile der ersten Strophe des Weihnachtsliedes »Es ist ein Ros entsprungen«. Hier habe ich für Sie, liebe Leser, keine Anspielung versteckt. Es passte einfach, denn Weihnachtslieder passen immer.

Künstlermensa: Hier bewegte eine resolute und herzensgute Dame die Kelle, wobei sie eine weiße Gummischürze trug. Wenn die Studierenden sie mit Wünschen nach mehr Kartoffeln, mehr Makkaroni oder einem Nachschlag bedrängten, dann rief sie, während sie den Wunsch erfüllte: »Ihr macht mich alle noch mulig!« Das wollte keiner, was immer es auch war.

Konsum: Kurzform für Konsumgenossenschaft. Diese Handelskette vertrieb hauptsächlich Lebensmittel; es gab aber auch Konsumgaststätten. Wichtig ist, dass in der Aussprache das O betont wird. Dass man alternativ das U betonen kann, lernte ich als frisches Mitglied der entsprechenden Gesellschaft im Jahr 1990.

BAP: Die Kölner Rockband war in den 1980er Jahren populär und wurde in der Gosen-Disko vom Band dargeboten. Der Titel »Verdamp lang her« war ein Ohrwurm. Wenn alles ab Sekunde 100 hüpfte, gab es keinen Sauerstoff mehr in der Gose – nur noch synchron schwingenden Leib. Manches geht auch ohne Sauerstoff; der Biologielehrer hatte gelogen!

Produktivkraft: Alle industriellen, natürlichen und wissenschaftlichen Ressourcen, die eine Gesellschaft im Rahmen der herrschenden Produktionsverhältnisse nutzen kann, sind Produktivkräfte. Die MLer an der Burg erhoben sogar das Design zur Produktivkraft! Meine Frage ist, ob das noch gilt.

Graffitis: Diese heute alltägliche Form der Populärkultur war verboten. Dabei ging es nicht um den Schutz der Fassaden. Es gab – was in diesem Sinne logisch ist – keine Farbspraydosen.

New Yorker U-Bahn: Es kursierte in jenen Tagen ein prächtiger Bildband über New Yorker U-Bahnwagen, die völlig mit Graffitis bedeckt waren. Heute ärgern mich zugesprühte oder von »Werbefritzen« geschmack- und gefühllos zugeklebte Scheiben öffentlicher Verkehrsmittel. Damals lebte noch ein kleiner Anarchist in mir, der die Werke der Sprayer aus New York durchaus schätzte. Soweit ich mich erinnere, haben die Burg-Sprayer die Scheiben frei gelassen. Man wollte Halle mit seinen Hallensern sehen! Was das Sprayen anbelangt, kann es auch sein, dass ganz einfach zu Farbe und Pinsel gegriffen wurde, denn Farbspraydosen gab es nicht zu kaufen.

Maria Himmelfahrt: Eine eindrückliche Darstellung, wie in etwa die Hallenser schauten, liefert Annibale Carracci mit dem 1590 entstandenen Ölgemälde »Maria Himmelfahrt«. Es ist im Prado in Madrid zu sehen.

Petersbergralley: Dies ist die korrekte Schreibweise des Rennens! Es ist eben keine normale Rallye.

Dentalgips: Gips bezogen wir aus einem sogenannten Dentaldepot, denn Gips aus dem HO-Kaufhaus »1000 Dinge« war unrein und spröde.

Fernstudium: Meine Kommilitonen waren allesamt Diplomingenieure, die von ihren Betrieben delegiert waren, um eine zweite, gestalterische Qualifikation zu erlangen. Das Studium spielte sich in zeitlich kompakten Einheiten ab.

Kirche auf dem Petersberg: EWS riet uns, ganz nahe an die Westwand heranzutreten und dann steil nach oben zu schauen. Nur so begreift man diese Architektur im Sturm der Zeit.

Chefdesigner: Man lese hierzu die Ausführungen in Kapitel 15.

Sah ich nimmer die Welt so schön: Zumeist werden die ersten beiden Strophen zitiert. Das Gedicht führt jedoch noch weiter zur schmerzvollen Sicht eines Alternden auf die entschwundene Jugend.

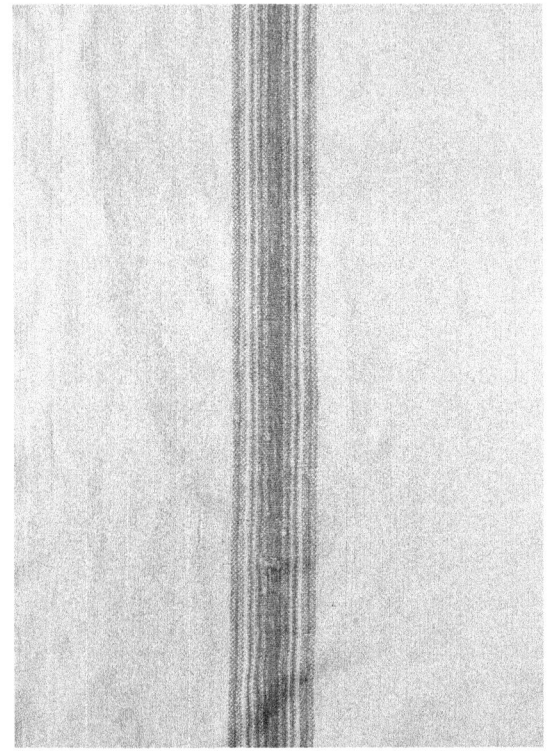

Zu sehen ist mein NVA-Handtuch, gewissermaßen das »Schweiß-
tuch des Rainer«.

Kapitel 12
Asche zu Asche

Nach nüchterner Erwägung wird der Wehrdienst nicht verweigert. Alles ist lehrreich, das ist die Lehre. Thomas Mann und Hannes Wader sind gute Begleiter. Ein Politoffizier verliert die Nerven. Joseph Beuys kommt nicht.

Mitten im zweiten Studium an der Burg wurde ich zur Nationalen Volksarmee, der NVA eingezogen. Im Volksmund hieß es: Ich musste »zur *Asche*«. Da war ich bereits 25 Jahre alt. Das war schlecht und gut zugleich. Schlecht war es ohnehin, doch in gewisser Weise auch gut, denn ausgerüstet mit Lebenserfahrung ließen sich – so meine Hoffnung – die anstehenden Widrigkeiten besser meistern. In Vorbereitung des Wehrdienstes hatte ich mehrere Male eine Schallplatte gehört, welche die Musterungsszene aus den »Bekenntnisse[n] des Hochstaplers Felix Krull« von Thomas Mann enthielt. Zu hören war der Autor in einer historischen Aufnahme. Ein hinreißender Text nicht minder hinreißend vorgetragen. Ich wundere mich immer noch, dass eine derartige Platte in der DDR im Angebot war. Ähnlich lief es mit manchen Filmen oder Büchern. Entweder hielten die Machthaber das Volk für so indoktriniert, dass es den eigentlichen Sinn nicht begreift oder sie interpretierten beispielsweise die Musterungsszene als Spiegelbild einer Armee der überwundenen Klassengesellschaft. Wir Hörer der Platte sollten froh erkennen, dass diese Zeiten mit der Erfindung der NVA vorbei sind. Oder war das Ganze als kleines Ventil für jene gedacht, die man sowieso nicht erreicht? Wie auch immer.

Im nasskalten November 1981 fand ich mich in der Kaserne des Panzerregiments »*Paul Hornick*« in Cottbus wieder. Statt in der Dachkammer bei Edeltraut und Willy Henze lag ich nun im 12-Mann-Zimmer und versuchte, mir einen Reim auf dieses Reservat zu machen. Anstelle des alten Kröllwitzers auf dem SR2 knatterten nun junge Männer auf einem *T-72* ums Eck. Ich will hier nicht die zahllosen tristen Details schildern. Von der ersten Sekunde an war ich bestrebt, quer zu liegen. Da es im Bereich des Militärs ausschließlich um physische Dinge geht, kann man mein Ziel wörtlich nehmen. Auf diese Weise wollte ich mich rächen.

Ich hatte rasch heraus, dass die Mehrheit der Soldaten den mir unverständlichen, jedoch für mich nützlichen Ehrgeiz besaß, die Normen zu erfüllen. Wenn ich als Einzelner dann und wann nach allen Regeln der Kunst quer lag, wurde ich von den Vorgesetzten natürlich lauthals beleidigt. Dies tat nicht weh; ich fiel einfach durch das Sieb. Im Unterschied zum Sportunterricht in der Schule gab es hier keine Mädchen, vor denen ich eine »Restfigur« machen wollte. Ich habe in der Grundausbildung dermaßen den Versager gegeben, dass die Offiziere einfach nur angeekelt waren. Sie brüllten – ich sparte Kraft. Natürlich hatte ich immer den Blick der Verzweiflung im Angesicht. Die Szene musste echt aussehen! Alle Vorgesetzten sollten denken, der will eigentlich und schafft es einfach nicht. Hilfreich war, dass ich zuvor einige Darstellungen der *Kreuzaufrichtung Christi* gesehen hatte. Eine eindrückliche Interpretation dieser Szene gibt es auf einem Altarbild aus dem Jahre 1610 von Peter Paul Rubens. Ich schwöre: Ich, der Schmerzensmann, bin nie über die komplette Sturmbahn gekommen. An der ersten Eskaladierwand nach den relativ harmlosen Kriechhindernissen war definitiv Schluss. Drei Unteroffiziere waren nicht in der Lage, mich über die Bretterwand zu hieven. Ein willentlich willenloser Körper kann so schwer sein!

Das war ein kleiner Erfolg, dieses Scheitern hatte ich mir vorgenommen. Dass mein Ruf als Versager mir vorauseilte, bemerkte ich mit stiller Genugtuung als es an der Zeit war, auf dem *Truppenübungsplatz* bei Bad Liebenwerda *sowjetische Handgranaten* zu werfen. Ein Hauptmann, der mit mir und meiner handlichen, olivgrünen taktischen Waffe quasi unter vier Augen im Splittergraben war, redete auf mich ein wie ein Psychiater, denn ich war ihm bekannt als einer, dem nichts gelingt: Ich solle mir keine Sorgen machen, alles sei ganz einfach, gleich hätten wir es geschafft und so weiter. Splint raus, flugs weg das Eisen und ducken. Puff! Hinterher waren wir beide ziemlich erleichtert.

Nach wenigen Wochen wurde ich mit drei weiteren Kameraden separiert und wir bezogen für einige Tage ein Zimmer allein. Man hatte offensichtlich mit uns etwas vor. Alle drei waren Hallenser und zwei von ihnen, Hans und René, waren in einem ähnlichen Alter wie ich. Der Dritte war erst neunzehn Jahre alt. Ich nenne ihn hier Bischti, so lautete sein Spitzname. Wir sollten für die nächsten achtzehn Monate zusammenbleiben. Hans war Maurer, René Klempner und Bischti Tischler. Ich war Ingenieur und angehender Designer. Schon bald erkannte ich, dass die drei mit sehr relevanten praktischen Kompetenzen ausgestattet waren. Während ich bereits froh war, das riesige System auf individuelle Weise zu unterwandern, gingen meine Kollegen weiter. Sie wussten nach wenigen Wochen alles über die *UE*-Pfade, wussten, wo nachts Cottbusser Kneiper bereit sind, eine Flasche Klaren zu einem fairen Preis aus der Hintertür zu reichen und wussten, welchen Posten am Zaun zu trauen ist. Ich sehe es noch, als wäre es gestern gewesen: Während ich mich brav bettfertig mache und meinen gestreiften Schlafanzug anlege, ziehen meine drei Digedags den braunen *Trainingsanzug* auf links an, stülpen die »*Oma*« über den Kopf und verlassen auf leisen Sohlen den Raum. Nach Mitternacht sind sie wieder da. Eine offene Flasche Klarer wird einladend unter meine Nase gehalten. Die Nacht verfliegt bei kurzweiligem und heiterem Geplauder. Das Erlebte war sehr lehrreich für mich, denn ich begriff nach so vielen Jahren Marxismus-Leninismus was das ist, die »herrschende Klasse der Werktätigen«. Die Armee ist die Schule der Nation, da gibt es nichts hinzuzufügen. Die wichtigste Aufgabe in dieser Schule bestand für mich darin, soziale Kompetenzen zu erlangen, um als wenig muskulöser Angehöriger der *Schicht* der Intelligenz mit der Überzahl der Klassenangehörigen klar zu kommen. Dies war, verglichen mit der Aufgabe, ein Auskommen mit den Offizieren zu finden, die schwierigere. Das ist mir gut gelungen und es war mit Blick auf meine drei Digedags nicht besonders schwer. Ich hatte Glück mit meinem Jahrgang. Aus jenen Tagen habe ich auch dankbar so manchen klassenspezifischen *Wortwitz* in meine Schicht mitgenommen und auf Lebenszeit im Gebrauch.

Irgendwann hieß es »Aufsitzen!« Ein *W50* fuhr mit mir und den Digedags zu einem uns unbekannten Ziel. Nach zwei Stunden Fahrt hielt das Fahrzeug hinter einem Elektrozaun. Wir waren im »Raketen- und Waffentechnischen Lager Hennersdorf« bei Finsterwalde. Gottseidank waren keine Panzer mehr zu sehen! Es stellte sich bald heraus, dass Hennersdorf ein relativ guter Platz war, die nächsten rund 500 Tage zu verbringen. Wacheschieben hieß die große Aufgabe, die unser harrte. Auf einen *24-Stunden-Wachdienst* folgten 24 Stunden Innendienst. Letzteres hieß Flur bohnern, Klosett reinigen, Kartoffeln schälen und sich so gut es ging verstecken. Die gesamte Wachmannschaft umfasste mit den Unteroffizieren etwa 20 Mann. Die restlichen im Lager Beschäftigten waren Unteroffiziere und Zivilisten, die die Technik warteten. Ich fühlte mich wie Runkel in der Grenzfestung *»Peripheria«*. Es sah nach großer Langeweile ohne allzu große Gefahr aus.

Üblicherweise funktionierten die großen Regimenter aus der Perspektive der Offiziere nach dem Prinzip »Teile und Herrsche«. Die Teilung und Rangordnung folgte den Diensthalbjahren. Das erste Diensthalbjahr, die »Spritzer«, wurden von allen schikaniert. Das zweite Diensthalbjahr, die »Zwischenkotzer«, waren froh nun weniger schikaniert zu werden und übten selber das Schikanieren. Das dritte Diensthalbjahr, die »Entlassungskandidaten«, kurz *EKs*, schikanierten die Spritzer teils noch selbst oder überließen den Zwischenkotzern diese komplizierte Aufgabe. Aus den großen Regimentern erreichten uns Nachrichten von sehr brachialen Gebräuchen zur Demütigung der Spritzer. Diese gab es in Hennersdorf zu meiner Zeit nicht. Denn die oben umrissene klassisch schöne Ordnung war in Hennersdorf, wo jedes Halbjahr nur vier Mann umfasste, nicht realisierbar. Man war eingesperrt und musste kooperieren wie auch kommunizieren, um nicht wahnsinnig zu werden. Der Leser muss wissen, dass dem Soldaten in den 547 Tagen insgesamt nur 18 Tage Urlaub zustanden. Dieser konnte stückweise als Wochenende, verlängertes Wochenende oder als einwöchiger Urlaub verbracht werden. Es verblieben 529 Tage in der »Geschlossenen«. Wenn deshalb Bedrückung oder Heimweh aufkamen, dann wurde die mitfühlende Frage gestellt: »Na Kollege, Tagedrücken?«

Kurz nach unserem Eintreffen unternahm ein Hennersdorfer EK gegen alle soziale Logik den Versuch, die göttliche Ordnung herzustellen. Er wollte uns schikanieren. Vermutlich ging es um das wiederholte Bohnern des Flures, das Auflesen von eigens für uns verteilten Kippen oder die Tiefenreinigung der Urinale. Wir Spritzer hatten einen unserer ersten 24-Stunden-Dienste hinter uns, lagen in behaglichen Eisenbetten und harrten des Abendessens. Hans allerdings saß am Tisch und schrieb einen Brief an seine Frau. Der EK baute sich im Zimmer auf und begann mit dem Schikanieren. Hans bat ihn, das Zimmer zu verlassen, da er zum Verfassen des Briefes Ruhe braucht. Die Situation eskalierte rasch. Am Ende eines kurzen Handgemenges lag der EK still am Boden und nahm bis zu seiner Entlassung von weiteren Schikanen Abstand. Wir Spritzer beglückwünschten unseren Hans und gingen Abendessen. Hans erläuterte noch sachlich, dass er doch nur einen sauberen und angekündigten »*Meierbatsch*« ausgeteilt habe. Ich bedankte mich bei unserem Schutzpatron in der Folgezeit auch nach Kräften: Ich zeichnete ihm *Vorlagen* für Laubsägearbeiten oder half ihm beim Formulieren gefühlvoller Passagen für die Briefe an die Frau.

Die Zeit verrann sehr langsam. Es gab eigentlich zu allem was wir tun mussten nur den einen lakonischen Kommentar: »Alles gediente Zeit.« Man lebte allein in Erwartung dieses letzten Tages. Dabei half Alkohol. Um die tausend Wege des Alkoholschmuggels drehte sich ein Großteil der von uns entfalteten Kreativität. Zu unserem Trost durften wir etwa alle zwei Wochen in den Ausgang. Dieser begann etwa vier Uhr nachmittags und endete Mitternacht. Da die nächste Kneipe in Finsterwalde fünf Kilometer entfernt war, blieb ein Zeitfenster von zirka vier Stunden, um Finsterwalde zu Fuß zu erreichen, etwas Deftiges zu essen, nach Frauen zu gucken, Schnaps für die Daheimgebliebenen zu kaufen und um selbst alkoholische Getränke zu sich zu nehmen. War man allein im Ausgang, lag die ganze Verantwortung für dieses Programm auf den eigenen Schultern. Der schwierigste

172

Teil war der Heimweg. In stockfinsterer Nacht mussten mehrere Glasflaschen gefüllt mit »Kristall Wodka« oder »Klarer Juwel« bei schleppendem Gang über die Distanz gebracht werden. Der Schwierigkeitsgrad stieg im Winter, denn Glatteis ist der Feind der Glasflasche. Ach war die Freude groß am *KdL*, wenn man kurz vor zwölf den Hof mit Müh und Not erreichte. Der wachestehende Kamerad hatte das Recht der ersten Verkostung. Nun galt es nur noch, die Schätze am *OvD* vorbeizubringen und ein *warmes Willkommen* in der Baracke war gewiss.

Die weiter vorne geschilderte Enge führte zwangsläufig zur Verbrüderung mit den Unteroffizieren. Das waren ja vielfach die berühmten Abiturienten, die für ein Medizinstudium ihre drei Jahre absaßen. Natürlich waren wir da frei von Mitgefühl und nannten den »Tagesäcken« immer wieder die »Zahl«, das heißt unsere vergleichsweise kleine Anzahl der noch zu wartenden Tage. Noch bedrückender wurde es für sie, als wir mit dem Bandmaß hantierten. Die letzten 150 Tage waren in einem persönlichen Schneiderbandmaß abgebildet. Täglich schnitt man in großer Verzückung ein Glied ab. Es war Pflicht, dieses simple Zählwerk immer bei sich zu führen, um es jedem zeigen zu können. Es gab sogar, als das Bandmaß noch lang war, beeindruckende Bandmaßtänze. Der Leser muss sich diese als freudvolle Sonderform der rhythmischen Sportgymnastik vorstellen. Natürlich war auch diese Gepflogenheit, die den Kern des EK-Status auswies, offiziell verboten, denn der sozialistische Soldat freute sich nicht auf die Entlassung; er war im Gegenteil traurig, dass die interessante Zeit so bald vorbei ist! Ich habe diese Rituale weitgehend alle mitgemacht. Einerseits, um kein Außenseiter zu sein, und andererseits, weil ich als Designer so manches Gestaltungspotenzial in den grotesken Gebräuchen entdeckte.

Ich erinnere mich noch an den Tag des »Anschnitts«, also den großen Festtag, an dem das erste Glied des Bandmaßes abgeschnitten wurde. Als wir vier Hallenser soweit waren, hatten wir Ausgang beantragt, der zufälligerweise für alle genehmigt wurde. Wir trugen den schönsten Filz, geputzte Schuhe und ein hellblaues Hemd mit grauem Schlips. Finsterwalde mit all seinen stolzen Frauen sollte sich freuen. Das Ritual sah vor, dass die Zwischenkotzer diesen Schnitt vollziehen. Dazu stand der EK traditionsgemäß auf einem Hocker, hielt in der ausgestreckten Hand das Bandmaß, an dessen Ende der eigene Stahlhelm hing. Kam es schließlich nach einem förmlichen Frage- und Antwortspiel mit dem Zwischenkotzer zum Anschnitt, fiel der Helm mit Getöse zu Boden. Dann war es vollbracht.

Ich hatte eine Variation des Rituals initiiert. Die Schere für den Anschnitt lag auf einem, von mir aus rotem Fahnenstoff gearbeiteten Kissen, das mit den Worten »Es ist erreicht« bestickt war. Mit der Gruppe der Anschneider hatte ich einen langsamen, sehr speziellen Marsch eingeübt. Mit wundersamen Schritten, die die NVA so nicht kannte, kamen sie den Flur entlang und trugen das Kissen. Das Ganze war untermalt vom Zwischenspiel »Promenade« aus Modest Mussorgskijs Klavierzyklus »Bilder einer Ausstellung«. Dafür hatte ich aus der Standort-Bibliothek Platte, Spieler und Verstärker entliehen. Obwohl wir alle vom unterdrückten Lachen fast zerrissen wurden, kam das Ganze – dem voll aufgedrehten Mussorgskij sei Dank – äußerst feierlich herüber. Hinter uns stand der *Spieß*, der eigentlich hätte einschreiten müssen. Aber auch er war sichtlich ergriffen. Erst als der vierte Stahlhelm tönte, erinnerte er sich an seine Rolle und schrie »Ausgang gestrichen!« Das war möglicherweise der würdevollste Anschnitt in der ruhmreichen Geschichte der NVA.

Beim Nachdenken über die Ergriffenheit des Spießes kann eine wichtige Erkenntnis gewonnen werden: Es gehört offensichtlich wenig dazu, ein bedeutungsschweres, rituell anmutendes Szenario zu kreieren. Alle religiösen Gemeinschaften, die ihre Anhänger halten wollen, beruhen auf diesem Prinzip. In diesem Zusammenhang empfehle ich wärmstens das Lesen des Kapitels »Schwejk zelebriert mit dem Feldkuraten die Feldmesse«. (Hašek 1981, 140 ff.) Auf die Frage des Feldkuraten, ob er jemals ministriert habe, antwortet Schwejk: »Ich habs nie gemacht [...] aber probieren kann ich alles. Heut ist Krieg, und im Krieg machen die Leute Sachen, die sie sich früher nich mal ham träumen lassen.«

Weiter vorn hatte ich über meine Wahrnehmungen vom Status der formal herrschenden Klasse berichtet. Es folgten noch mehrere Ereignisse, die mir offenbarten, dass ich als Intelligenzler nur Angehöriger einer schwachen Schicht war. Insofern stimmte die Gesellschaftstheorie. Während meine Kollegen einen relativ großen politischen Spielraum besaßen, musste ich wesentlich vorsichtiger sein. So manche »große Lippe« mit durchaus politischer Komponente wurde meinen Kollegen nicht staatsfeindlich ausgelegt. Als reine Unbotmäßigkeit klassifiziert, wurden die Vergehen ganz sachlich mit einer Ausgangssperre oder einer Runde Flurbohnern bestraft. Hätte ich dieselbe Bemerkung gemacht, wäre im Feldwebel, der zumeist auch der herrschenden Klasse entstammte, sofort der Inquisitor erwacht. Meine Werktätigen hatten nichts zu verlieren, sie wurden auf der Baustelle oder in der Fabrik schließlich sehr gebraucht. Mich brauchte keiner. Ich jedoch wollte meine schöne Stelle an der Burg nicht verlieren. Das heißt natürlich nicht, dass ich mir ständig auf die Zunge biss, wohl aber musste ich die Meinung klug verpacken.

Wir waren alle politisch denkende Leute und diskutierten oft. Es ging zwar nicht zu wie im Seminar für Politikwissenschaft, aber dennoch haben wir nicht nur dumpf geschimpft, sondern auch Ursache-Wirkungs-Beziehungen diskutiert. Ich nahm wahr, dass meine Schicksalsgefährten sich ihres Spielraums durchaus bewusst waren. Wenn wir nüchtern waren, führten wir häufig Gespräche, die um das Was-wäre-wenn kreisten. Hier ging es natürlich auch um unsere Rolle, wenn es ernst werden sollte. Das konnten wir nicht verdrängen, liefen wir doch die meiste Zeit schwer bewaffnet herum. Ich erinnere mich an keinen, der nur im Ansatz etwas für das System übrig hatte. Besonders mein hallisches Diensthalbjahr war geschult in der Analyse der Verhältnisse. René war sehr klug und im Zweitleben Kellner und als solcher durch eine wichtige Schule des Lebens gegangen. Bischti war Mitglied einer Jungen Gemeinde in Halle. Er gab den nonkonformen Punk. Hans war mit Mutterwitz ausgestattet und konnte als Maurer so manches Lehrbeispiel vom sozialistischen Baugeschehen berichten. Von einem Kabinettstück mit Hans als Hauptperson will ich nun berichten:

Zum Alltag der Soldaten gehörte der Politunterricht. Hier sollten Klassenstandpunkt und Moral gefestigt werden, denn schließlich war es unsere Aufgabe, den angreifenden Feind binnen Tagen bis Gibraltar zurückzuwerfen. »Treffen mit dem ersten Schuss« lautete das forsche Motto. Wir waren da mit Blick auf den Zustand der Technik und auf die Kompetenzen unserer Offiziere eher skeptisch. Lust dazu hatten wir ohnehin nicht. Das Zurückwerfen des Feindes bis Kassel hätte uns vollauf gereicht, denn dorthin wollten wir schon immer einmal. Vielleicht war gerade »*documenta*«!

Im besagten Politunterricht ging es recht simpel zu. Folgende Szene soll das verdeutlichen: Hans wird vom Polit-Fähnrich aufgefordert, die politischen Funktionen Erich Honeckers aufzuzählen. Hans lässt sich etwas Zeit, bevor er mit tiefem Ernst die Gegenfrage stellt, wie denn noch mal der Name dessen lautet, um den es geht. Hier verliert der arme Oberfähnrich bereits die Fassung. »Das gibt es doch nicht ... Es geht um den Genossen Honecker, Ho-ne-cker!« Ich saß neben Hans, sah von der Seite seine »ehrlich« fragende Miene und kämpfte wie alle im Raum mit einem Überdruck, der aus dem Zwerchfell kam. Nach weiteren Sekunden des gespielten Nachdenkens schoss Hans in sauberem hallischem Dialekt einen entwaffnenden Kommentar ab: »Genosse Oberfähnrich, bitte entschuldigen Sie, ich interessiere mich nicht für Politik«. Dabei verzog er keinen Muskel des Gesichts. Das hatte kein Nachspiel. Die systemlogische Aufgabe lautete, den Soldaten Hans besser zu schulen. Ich hätte diese schöne Nummer niemals unbeschadet überstanden. Hinterher haben wir uns köstlich amüsiert. Jaroslav Hašek hätte ganz bestimmt große Freude an der Szene gehabt. Ein wenig neidisch war ich wegen dieses mir fehlenden Stücks Freiheit schon. Man erinnere sich an Rektor Jungs Feststellung »die haben es gut«.

An den Wochenenden ließen die Kontrollen nach. Der OvD sah ab und zu bei uns nach dem Rechten. Da er von seiner Dienststube aus einen langen Anweg hatte, und »unsere Leute« ihn im Auge behielten, wurden wir in der Regel rechtzeitig vorgewarnt. Dass wir geheime Vorräte an Alkohol hatten, war den Offizieren bewusst. Es ging ihnen nur um die Wahrung der Form; wir sollten mäßig trinken. Das war schließlich auch gesünder. An den Wochenenden wuchs natürlich das Interesse an Kultur – sprich am verbotenen Westfernsehen. Von Diensthalbjahr zu Diensthalbjahr wurde hierfür das nötige Equipment weitergegeben. Das wichtigste Utensil war eine Antenne, die an manchem Samstag aus ihrem Versteck geholt, hoch oben auf einem Feuerwehrturm installiert und auf Westberlin gerichtet wurde. Weiterhin wurde ein langes Kabel benötigt, das bis zum Fernseher im Gemeinschaftsraum reichte. Nun brauchten wir noch drei Mann zum Justieren des Empfangs. Einer saß vor dem Empfangsgerät als Qualitätsprüfer. Er gab einem Kumpel außerhalb der Baracke Instruktionen. Dieser brüllte die Forderungen zum dritten Mann auf dem Turm, der als Antennenausrichter tätig war. Nach einem kurzen Versuch-und-Irrtum-Verfahren stand der Empfang. Keine militärische Übung hätten wir so zielstrebig und zügig vollzogen.

Ich weiß nicht mehr, was wir im Einzelnen alles angesehen haben, an eine »Rockpalast«-Übertragung mit Gianna Nannini kann ich mich allerdings lebhaft erinnern. Zur Musik hatte ich in langer *Unterwäsche* voller Verzückung und bis zum letzten Schrei der herrlichen Frau getanzt. Schade, dass meine Gianna mich nicht sah, ihren ostdeutschen »Latin Lover« ganz in Weiß. »Vuole il feeling subito.«

Dass alle diese Vorgänge unbemerkt blieben, ließ auf die Abwesenheit von Spitzeln schließen. Ich habe während der Asche und auch außerhalb immer wieder Situationen erlebt, bei denen man im Nachhinein dachte, na hoffentlich waren wir jetzt unter uns. Mein Resümee ist nicht eindeutig. Waren die Spitzel eben doch nicht so zahlreich und entsprechend nicht überall oder waren sie relativ frei im Interpretieren des Erlauschten oder Erspähten, so dass in den Fällen, bei denen zufällig ich dabei war, ihr Bewertungspendel glücklicherweise immer in Richtung eines laissez-faire ausschlug?

Gegen Ende meiner Zeit hatten wir in der Baracke eine Gruppe Reservisten zu Gast. Diese hatten in besonderem Maße »die Schnauze voll«. Ich sollte dieses Gefühl keine drei Jahre spä-

178

ter noch kennenlernen. Die »Resis« sprachen stark dem Alkohol zu. Im Suff wurde irgendwann ein Honeckerbild im Gemeinschaftsraum zertrümmert. Ich hatte einen Schlüssel zur Kammer, in der diese Bilder und andere Agitationsmaterialien aufbewahrt wurden. So rasch wie möglich besorgte ich Ersatz und entsorgte die Trümmer spurlos. Alles war gut gegangen. Ich wollte ganz einfach auf den letzten Dezimetern meines Bandmaßes keinen Ärger. Leider hielt die Trauer bei den »Resis« an und auch der zweite Honecker wurde alsbald zerhauen. Nun waren meine Honeckerbilder aufgebraucht. Ich besorgte ein Willy-Stoph-Porträt. Dieser Tausch wurde nie bemerkt, da beide Staatenlenker eine sehr ähnliche Brille trugen. Glücklicherweise reisten die »Resis« weiter zu neuen Aufgaben. So gab es auch hier kein Nachspiel.

Irgendwann stand der obligatorische *Waffenbrüderschaftsbesuch* bei den »Freunden« in einer sowjetischen Garnison auf dem Plan. Dies war eine Maßnahme, die offensichtlich unser internes Verhältnis zur NVA verbessern sollte. Die Sowjetsoldaten, deren Väter unsere Väter vom Faschismus befreit hatten, waren deutlich schlechter dran als die Kinder der Befreiten. Endlose Schlafsäle, vollgestellt mit schmalen Metallbetten. Immer zwei Soldaten stand ein kleiner Spind von der Größe eines Nachttischs zu. Die armen Kerle hatten keine Haare auf dem Kopf und keinerlei Privatsphäre. Der Drill lag wie der Geruch nach Desinfektionsmitteln förmlich in der Luft. Es hieß, dass die Rotarmisten in der DDR, verglichen mit ihren Kameraden in der Sowjetunion, noch ein relativ gutes Leben hatten. Nun ja.

Als ich des Abends wieder in der Hennersdorfer Baracke war, warf ich einen entspannten Blick in meinen Spind, der mir jetzt riesig erschien und vor allem eine kleine feine Bibliothek enthielt. Von Jaroslav Hašek stammte, wie bereits geschildert, das

Hauptwerk. Natürlich waren auch »Die letzten Tage der Menschheit« von Karl Kraus, »Das Salz der Erde« von Joseph Wittlin und »Heldentod« von Richard Aldington im Spind. Nach der Entlassung las ich noch weitere Klassiker der pazifistischen Literatur. Diese Bücher halfen, die Zeit zu verarbeiten, denn schon nach nicht ganz drei Jahren rief mich die NVA im Februar 1986 zum Reservistendienst.

Meine Parteilosigkeit hatte eben nicht nur Vorteile. Sie war für die Funktionäre eine einfach zu handhabende Empfehlung: Der Rainer soll es sein, die anderen besser nicht. Wenn er schon nicht in die Alpen darf, so soll er wenigstens seine Heimat kennenlernen. Dass die Geschichte voll bitterer Ironie steckte, war daran ablesbar, dass der Brief von der TH Ilmenau mit der Bewilligung einer Aspirantur zum Zweck der Promotion fast gleichzeitig mit dem zweiten Einberufungsbefehl eintraf. Diesmal ging es nach Potsdam. Die Aspirantur konnte selbstverständlich warten. Meine grandiosen Kompetenzen im Wachestehen waren erneut gefragt. In Potsdam-Geltow hatte die NVA ihr Kommando der Landstreitkräfte eingerichtet. Zudem gab es noch einen Führungsbunker aus Wehrmachtszeiten für den Fall der Fälle. Ferner fehlten weder Elektrozaun noch Wachtürme. Alles in allem eine feine Adresse. Man konnte das auch daran ablesen, dass es hier fünf Klassen an Speisesälen gab. Ganz oben in der Futterhierarchie aßen die Generäle. Sie dachten ganz sicher täglich daran, dass sie es in einer Gesellschaft, deren Ziel in der Abschaffung der Klassenunterschiede bestand, ziemlich weit nach oben gebracht hatten. Ein Mitglied der untersten Klasse durfte ihnen in weißer Ordonnanzuniform süße Limo nachschenken.

Während meiner Tage in Potsdam-Geltow gingen mir immer wieder Texte des Liedermachers Hannes Wader durch den Kopf und über die Zunge. Ich hatte die Langspielplatte »Daß nichts bleibt wie es war« daheim oft gehört und konnte einige Lieder recht textsicher singen. Besonders berührt war ich vom Lied »Es ist an der Zeit«. Im Refrain dieses Antikriegsliedes besingt Wader die ewig gleichen Lügen der Kriegstreiber, die zum Verführen der jungen Männer dienen.

Sie, liebe Leser, können sich vielleicht mit viel Fantasie vorstellen, wie ich lauthals den Wader gab, während ich die Urinale und Klosettschüsseln meiner Generäle pflegte. Aber auch über diese sehr konkrete Situation hinaus sind Hannes Waders Lieder heute noch für mich wichtig. Dass seine Platte in der DDR erschienen war, gehört ebenso wie das Erscheinen der Thomas-Mann-Platte zu den Merkwürdigkeiten der Kulturpolitik. Waders politische Texte stimmen unabhängig von konkreten historischen Situationen. Das unterscheidet ihn von Wolf *Biermann*, der für mich Gültigkeit als Opponent der DDR-Nomenklatura besitzt. In dieser Rolle war er einmalig. Sein Kölner Konzert, das am 13. November 1976 von den ARD ausgestrahlt wurde und den Herrschenden der DDR den Ausbürgerungsgrund lieferte, war kraftvoll, voller Feuer und Witz. Er sang mir aus dem Herzen der 1970er Jahre! Als sich aber seine und meine Widersacher über Nacht in Luft auflösten, da schmolz Biermanns Bedeutung dahin. In diesem Sinne wirkte sein Konzert am 1. Dezember 1989 in Leipzig auf mich wie ein Abschiedskonzert. Hannes Wader hatte ich hingegen nach der Wende in Halle in der Ulrichskirche erlebt. Der alte Linke aus Westdeutschland erschien mir sehr sympathisch wie er so aufrecht vor mir stand. Die AMIGA-Platte hatte nicht zu viel versprochen.

Der Reservistendienst dauerte drei Monate. Das klingt nicht lang. Allerdings war es möglich, acht Mal alle zwei Jahre gezogen zu werden. Das klingt schon länger. Damit war in meinem Fall zu rechnen. Zudem war man reifer, wodurch die Demütigung, durch nichtige Existenzen geschubst zu werden, noch schmerzlicher empfunden wurde. Nach dem Reservistendienst habe ich drei weitere Monate gebraucht, um ernsthafte Gedanken auf die Dissertation zu richten. Gott sei Dank kam bald die Wende! Es war »an der Zeit«.

Auch in Potsdam fand ich mich erneut in einem Quartett wieder, in welchem alles besprochen werden konnte. Einer meiner Vertrauten besaß einen Trabant, der die Grundlage einer unvergesslichen Situation bildete. Zu viert im Ausgang, fuhren wir eines Abends zum Ufer der Havel, nur um versonnen bei leiser RIAS-Musik über die Grenze, die hier im Fluss verlief, Richtung Westberlin zu schauen. Am anderen Ufer war nichts zu erkennen – um die Details ging es uns nicht. Der Trabant war als Ausguck sehr nützlich, denn es war bitter kalt. Als ich wenige Jahre später England bereiste, entdeckte ich einen typisch britischen Brauch, der mir nach der Nacht an der Havel sehr vertraut erschien: Auch hier stehen Autos an der Küste. Darin sitzt zumeist ein älteres Ehepaar. Dieses schaut stumm und irgendwie sehnsuchtsvoll aufs Meer. Sehnsucht ist offensichtlich ein systemübergreifendes menschliches Gefühl.

Trotz der zugegebenermaßen romantischen Situation an der Havel ist Potsdam als Reiseziel seitdem tabu. Allerdings wäre es fair, nach mehr als dreißig Jahren den Bann von der Stadt zu nehmen. Ich sollte einmal schauen, ob es das Café Heider noch gibt, denn auch hierhin führten mich einige Ausgänge. Besagtes Café war der Treff der Potsdamer Bohème und Opposition. Da saß ich am späten Nachmittag bei Kaffee und Kuchen, wobei ich auf die interessanten Leute schaute, die an der etwas längeren

Leine waren. Ich war für diese Leute unsichtbar dank des magischen Filzes der Ausgehuniform. Wäre doch nur Joseph Beuys vorbeigekommen. Er hatte ja ein Faible für Filz und hätte gut ins Café Heider gepasst. Es geht die Geschichte um, dass Beuys' Verhältnis zu Filz, aber auch zu Fett im Zusammenhang mit Erlebnissen im zweiten Weltkrieg steht. Möglicherweise wären wir ins Gespräch über Kunst und Waffenhandwerk gekommen. Aber Beuys war kurz vor meiner zweiten Einberufung gestorben. Um die Traurigkeit zu vertreiben, bin ich danach noch in eine richtige Kneipe gegangen und habe den Kuchengeschmack mit Bier weggespült. Eines der zahlreichen *Schwarztaxis* brachte mich dann des Nachts zurück. Ich musste nur hauchen »zum Göringbunker – Chef«.

Anmerkungen

Asche: Obwohl das Abholen der Asche eine notwendige und ehrenwerte Tätigkeit war, hatte sich dennoch der Begriff »Asche« als Synonym für NVA eingebürgert. Vielleicht wurde die Metapher auch bemüht, um auszudrücken, dass man nun trauernd in »Sack und Asche« geht. Wie auch immer, man musste »zur Asche«. Manche sagten auch: »Ich gehe zur Fahne«. Mit denen hatte ich keinen Kontakt.

Paul Hornick: Hornick war ein Lausitzer Stuckateur, der als ehemaliger Kämpfer der Internationalen Brigaden während des Spanischen Bürgerkrieges in der DDR zu Ehren gekommen war. Im Westen trug so manche Kaserne den Namen eines verdienten Wehrmachtsoffiziers. Diese waren in der Regel keine Stuckateure. So glich sich im übergeordneten Sinne alles aus.

T-72: Das ist ein in Großserie gebauter sowjetischer Panzer, der nicht nur in Cottbus, sondern in nahezu allen Ecken der Welt rollte und recht zuverlässig schoss.

Kreuzaufrichtung Christi: Das Gemälde befindet sich in der Liebfrauenkirche zu Antwerpen. Hierzu muss ich bemerken, dass mein lästerlich erscheinender Ton nicht so gemeint ist. Ich begreife mich als genießenden Trittbrettfahrer des Christentums, denn offenbar liefert die Bibel ein unerschöpfliches Repertoire sehr menschlicher Motive für alle Zeiten. Schönheit beruht auf humanistischen Erzählungen.

Truppenübungsplatz: Ich trug beim Schießen mit der sehr geräuschvoll arbeitenden »Kalaschnikow« einen Gehörschutz der

Marke »Ohropax« und bekam entsprechend nicht alle Kommandos mit. Das fiel irgendwann auf und ein Offizier wollte mich dazu bewegen, die Ohren frei zu machen. Ich erläuterte ihm plausibel, dass ich mir meine guten Konzertohren für das Händel-Festspielorchester erhalten will, ja muss. Das leuchtete ihm ein und ich bewegte mich weiterhin wie ein Schwerhöriger.

sowjetische Handgranaten: Im Moment des Splintziehens gedachte ich der anonymen sowjetischen Werkerin, die möglicherweise im fernen Wolokolamsk meinen Zünder justiert hatte. Es hätte auch ein Werker sein können, aber die Vorstellung einer Feinmechanikerin war reizvoller.

UE: Abkürzung für unerlaubte Entfernung, eine strafbare Handlung auf dem entsprechenden UE-Pfad.

Trainingsanzug: Die braune Jacke des Anzugs war mit rot-gelben Streifen auf den Ärmeln verziert. Auf links gedreht, leuchteten die Streifen weniger. Heute wird die Jacke von manchen Jugendlichen ganz geschichtsvergessen zu »Freizeitaktivitäten« getragen. Sie ist nun eine »Kultjacke«. Hätte ich das damals nur geahnt!

Oma: Ein grau-grüner Schlauch aus einem dehnbaren Gewebe, der als Schal oder als Kopfschutz im Winter getragen wurde. Auf dem UE-Pfad diente er der Tarnung.

Schicht: Nach der marxistisch-leninistischen Gesellschaftstheorie waren Arbeiter und Bauern Angehörige von Klassen; die Intelligenzler hingegen waren Angehörige einer Schicht. Letztere hatten entsprechend weniger zu sagen. Ich war einfach nur Schicht, weder Oberschicht, Unterschicht noch Mittelschicht. Ich glaube, das bin ich immer noch.

Wortwitz: Stellvertretend für die Fülle der Sprüche will ich die folgende Redewendung bringen, die immer dann lautstark ertönte, wenn man beim Faulenzen ertappt wurde: »Ihr seid doch hier nicht auf der Fritz Heckert!« Die »Fritz Heckert« war eines der drei Kreuzfahrtschiffe der DDR. Es trug den Namen eines Chemnitzer Kommunisten. Verdiente und linientreue Werktätige sowie ihre persönlichen Betreuer durften an Bord und wurden mit einem Blick in einen norwegischen Fjord für die Mühen im sozialistischen Wettbewerb belohnt. Ehrlich, ich muss immer noch schmunzeln, wenn mir der Spruch in den Sinn kommt.

W50: Das war ein Vielzweck-LKW, der seit 1965 in riesiger Stückzahl in Ludwigsfelde gebaut wurde. Besonders die in Hennersdorf verwendete Variante »Tanklöschfahrzeug« (TLF) enthielt zahlreiche, den Offizieren unbekannte Nischen, die für den Alkoholschmuggel geeignet waren. Das Fahrzeug war also in jeder Hinsicht konstruktiv gelungen.

24-Stunden-Wachdienst: Das bedeutet vier Einheiten zu je zwei Stunden Wachestehen, Bereitschaft und Schlaf. Aber wer konnte schon ruhig im Mief schlafen beim Schnarchen der Kameraden in der Hitze des Kalten Krieges?

Peripheria: Dies ist im »Mosaik« (vgl. Kapitel 6) eine Grenzfestung des byzantinischen Reiches irgendwo auf dem Balkan. Wie an so manchem DDR-Betrieb stand am Fuße der Festung das Schild: »Wir stellen ein...« Zum Beispiel Stinktopfschleuderer oder Skorpionbombenfüller. Keine Leute, keine Leute – hier wie dort (natürlich damals).

EKs: Der EK bezeichnete sich zumeist kurz als »E«. Somit waren kleine Reime wie »Der E ist kein Reh« sprachlich möglich. Was heißen sollte, dass der Privilegierte nicht mehr springt, sondern springen lässt. Gegen Ende der Dienstzeit erwachte auch die Lebenslust. Der E hatte entsprechend große Angst vor dem »E-Tod«.

Meierbatsch: Meier ist ein hallischer Ausdruck für Maurer. Was ein Batsch ist, sollte klar sein.

Vorlagen: Auf besonderen Wunsch habe ich auch Vorlagen für Tätowierungen erstellt und diese mit einem Kuli auf den Körperteil des Auftraggebers aufgebracht. Das Stechen des Tattoos besorgten die Bemalten mit einfachen Mitteln selbst. Wie werden meine blauen Grafiken heute auf den sechzigjährigen Häuten wohl aussehen?

Die Zeit verrann sehr langsam: Man denke an Salvador Dalís berühmtes Gemälde »Zerrinnende Zeit«. Genau so war es, nur viel langsamer.

KdL: Abkürzung für Kontrolldurchlass, ein durch uns nachlässig bewachtes Tor.

OvD: Abkürzung für Offizier vom Dienst.

warmes Willkommen: Nur wer die frohen Augen der Kameraden gesehen hat, weiß, dass es etwas Intensiveres gibt als leuchtende Kinderaugen zu Weihnachten. Schon dafür hatte sich die Schlepperei gelohnt.

Spieß: Umgangssprachliche Bezeichnung eines Hauptfeldwebels.

documenta: Während meiner Zeit in Hennersdorf wurde in Kassel die Kunstausstellung »documenta 7« gezeigt. Joseph Beuys sorgte mit seiner Pflanzaktion »Stadtverwaldung statt Stadtverwaltung« für Aufmerksamkeit bei jenen, die damals für solche Sprachspiele empfänglich waren.

Unterwäsche: Sommer wie Winter trug man lange, mehr oder weniger weiße Unterwäsche aus Baumwolle.

Waffenbrüderschaftsbesuch: Im Alltag, also als Zivilist, nahm man die Rotarmisten nur als graue Masse wahr und hatte Mitleid mit ihnen. Ich habe sie nie als personifizierte »Besatzer« gesehen. Ich war 1994, als in den Medien über den Abzug der Truppen berichtet wurde und ich die ostwärts rollenden Züge sah, regelrecht verblüfft über meine Abschiedsgefühle.

Biermann: Wolf Biermann hörte ich erst bewusst, als er fort war, denn ab da war er im Westradio öfter zu hören. Veronika Fischer hörte ich hingegen nicht mehr; ich hatte Abschied genommen. Sie sang für mich in gewisser Weise »unplugged«.

Schwarztaxis: Die Fahrer waren Privatleute, die sich etwas dazu verdienen wollten. Wie mir heute klar ist, waren sie Vorboten des nahenden Kapitalismus. Drei Jahre später war es soweit.

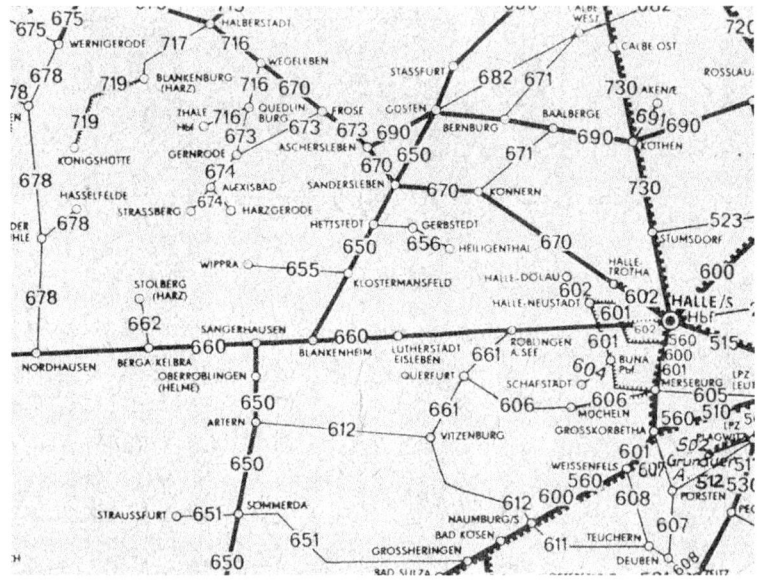

Schon ein flüchtiger Blick auf das Streckennetz der Reichsbahn-direktion Halle aus dem Jahr 1979 zeigt ein Zuviel an schönen Möglichkeiten.

Kapitel 13
Gleise, wie ein Fächer

Schienen wollen befahren sein. Hauptstrecken und Nebenstrecken ergänzen sich klug. Ein tiefroter Schienenbus sorgt für großen Genuss.

Meine Eltern lebten autofrei, waren aber reiselustig. Da nicht alle Strecken zu Fuß zu bewältigen waren, mussten öffentliche Verkehrsmittel genutzt werden. Entsprechend oft saß ich von Kindesbeinen an in einem Zug, wenn es in den Harz, zum Kyffhäuser oder gar nach Leipzig ging. In den frühen 1960er Jahren wurden die Züge auch auf den Fernstrecken noch von Dampflokomotiven bewegt. Das war für einen kleinen Jungen schon ein großer Moment, wenn eine Schnellzuglok auf ihren riesigen Rädern in den Bahnhof einfuhr. Besonders in der Nacht boten die Lokomotiven in ihrer Hitzeaura ein prächtiges Bild, zumal die roten Treibgestänge spärlich von Lampen beleuchtet wurden. Aus allen möglichen Öffnungen entwich Dampf und von ganz oben schaute ein Lokführer mit Ledermütze gütig auf die Reisenden. In der Lok hörte man den Heizer schaufeln und ein Glutschein erleuchtete den Führerstand. Manchmal rieselte frische Glut auf die Schwellen! Wenn es dann mit Volldampf durch die Nacht ging, dann presste ich die Stirn an die kühle Scheibe und beobachtete den Funkenflug.

Die Dampflokomotiven zogen anfangs ganz altertümliche Wagen, sogenannte *Abteilwagen* auf der Fernstrecke Nordhausen-Leipzig. Alle Abteile hatten zu beiden Seiten eine eigene Tür. Manchmal schwangen sich die Schaffner außen entlang von Abteil zu Abteil. Das waren Kerle! Bald jedoch wurden auch auf meinen Strecken Durchgangswagen eingesetzt. Möglicherweise waren die Transportpolizisten ohne Schneid und hatten um bessere Bedingungen für ihre Schergentätigkeit ersucht.

Irgendwann setzte sich die Diesellok in meiner Region durch. Gleichwohl besaß auch dieses Traktionsmittel ein gewisses sinnliches Potenzial. Jeder Lokomotivtyp hatte einen eigenen Sound. Ich konnte die V 110/112, die auf Nebenstrecken unterwegs war, von der formschönen, im Fernverkehr eingesetzten Baureihe 118/180 dem Klang nach klar unterscheiden. Ab den 1970er Jahren wummerten umgebaute Dieselloks sowjetischer Bauart auf den im Vergleich zu den russischen Gleisen zierlich anmutenden Reichsbahngleisen. Im Volksmund wurden die Lokomotiven der *Baureihe V 120/200* »Taigatrommeln« genannt, die Fahrzeuge der Baureihe V 130/300 taufte der Volksmund »Ludmilla«. Noch heute zieht Ludmilla Güterzüge.

Schließlich gab es auf Nebenstrecken noch die tiefrot lackierten Schienenbusse. Der Motor des VT 171 schepperte ziemlich, aber dennoch gehören diese Fahrzeuge zu meinen Lieblingen. Ich sehe sie noch treu auf einem Dorfbahnhof irgendwo im hallischen Umland – sagen wir in Baalberge – im Leerlauf tuckernd warten, wenn ich mich mit meinem Fahrrad müde gefahren hatte und die letzten Kilometer mitgenommen werden wollte. Der Schienenbus schaukelte mich und ein paar Dörfler zur nächsten Hauptstrecke. Hier kam dann eine V 110, die am Ende ihres Zugverbandes immer einen Gepäckwagen mitführte. War das Rad verstaut, saß ich dann am offenen Fenster, atmete den Duft des Getreides oder eines frisch gepflügten Ackers und dachte, dass das Leben eigentlich ganz schön ist. In meinem Radrevier im Saalekreis waren zudem keine Trapos unterwegs, so dass die kleinen Reisen durch nichts getrübt wurden.

Die Hauptstrecken wurden ab den 1970er Jahren Stück für Stück elektrifiziert. Von da an war es mit dem heiteren Geräuscheraten vorbei, denn die Lokomotiven summten nur leise. Die recht ansehnlichen Exemplare der Baureihe 243 sind noch immer unterwegs. Wenn ich eines erblicke, dann denke ich an die Burgkollegen Gerhard Bieber und Georg Böttcher. Sie waren es, die der Lokomotive ihre gültige Gestalt gaben.

Natürlich bin ich als Beifahrer hin und wieder mit Personenkraftwagen unterwegs. Ganz sicher besitzt dieses Transportmittel einige Vorteile. Die anfangs geschilderte Reise am Tag nach der Maueröffnung quer durch Westberlin nach Rathenow hat mich dies gelehrt. Für viele meiner Mitmenschen gelten diese Vorteile auch unabhängig von der Maueröffnung als unverzichtbar. Zumeist geht es ihnen um den Transport einer Kiste Bier, eines Kindes oder einer *Plastetüte* voller Fertiggerichte und ich will gern zugeben, dass auch das eine Aufgabe im Leben sein kann. Andererseits birgt diese Fahrerei einige Nachteile: Es ist nicht möglich, während der Fahrt herumzulaufen, zu schreiben, dem Kind etwas vorzulesen, Bier aus der mitgeführten Kiste zu trinken und – das ist der größte Nachteil besonders für den Chauffeur – seitlich aus dem Fenster zu schauen. Wie will man so die Landschaft genießen? Gerade die Möglichkeit des schweifenden Blicks aus dem Abteilfenster eines Eisenbahnwagens stellt für mich eine wesentliche Qualität dar. Hier schwebt die Landschaft lateral und in der Ferne recht langsam vorbei. Der Rahmen formatiert das Ganze. In diesem Sinne ist die rasche Fahrt mit einem ICE zwischen Schallschutzwänden bereits kritisch zu bewerten. Doch erst der Blick durch die Frontscheibe eines PKW ist gänzlich ohne Freiheit, denn er ist fokussiert auf einen Zielpunkt, der wie die berühmte Möhre vor dem Esel weit vor dem Fahrzeug axial fixiert zu sein scheint. Die Fahrerin oder der Fahrer müssen bei Strafe des Totalschadens auf diesen Fluchtpunkt schauen. Aus diesem Punkt quillt quasi bei rascher Reise wie aus einem Epizentrum die Welt. Das genießen offensichtlich viele Gemüter – ich nicht.

Im Zusammenhang mit dem Wandern ist ein weiterer Nachteil des Personenkraftwagens erwähnenswert. Nach der Anreise zum »Wanderparkplatz« ist der *Wandersmann* mit seiner Wandersfrau gezwungen, zum Fahrzeug zurückzukehren. Entweder laufen sie die Strecke wieder zurück oder sie laufen einen Kreis. Wobei die zweite Variante besser als die erste ist. Wenn ich wandere, will ich – wenn auch nur scheinbar – eine Distanz überwinden. Der Nomade steckt noch in mir, der den neuen Weidegrund für seine Herde finden will und der auch sein Genmaterial hinter den sieben Bergen verbreiten will. Zu Zeiten der Romantik ist ja das Wandern als zweckfreies, reines Fortbewegen in der Natur entdeckt worden. Dies geschah vor dem Hintergrund neuer ökonomischer Freiheiten des Bürgertums. War man vormals auf der Walz zu einer neuen Arbeit und »musste« der Schwabe zum »Städtele hinaus«, so diente das Laufen auf zwei Beinen ab Mitte des 19. Jahrhunderts auch der Erbauung in Gottes freier Natur. Dem »frohen Wandersmann« weist der Allmächtige fortan »seine Wunder«. Von der ersehnten Rückkehr ist im Volkslied Joseph von Eichendorffs keine Rede mehr. Und so halte ich es auch und lasse mich beim Wandern vom ÖPNV unterstützen. Ich verlasse den Zug bei A und besteige ihn wieder bei B. Wird B zu Fuß erreicht, bilde ich mir ein, »*Neuland* unterm« Schuh zu spüren. Auf Fernreisen bin ich in Gedanken nicht nur ein Nomade, sondern gleichermaßen ein Konquistador – allerdings ein neugieriger und friedlicher. Ich will mir die neue Welt weder politisch noch ökonomisch, wohl aber kulturell aneignen.

Während der Fahrt zum Startpunkt A geht mir so manches durch den Kopf. Damit der Leser erkennt, dass ich ein sehr eigenartiger Bahnreisender bin, will ich drei Phänomene schildern, die ich beim Blick aus dem Zugfenster sehr schätze. Fährt man von Halle in Richtung Berlin, dann nimmt man für längere Zeit links und rechts der Gleise nur Kiefernwälder wahr. Wenn im Sommer das Sonnenlicht auf die Kiefernstämme fällt, dann strahlen diese regelrecht. Aus dem Dunkel des Waldes blitzt immerfort ein helles Englischrot, beziehungsweise ein rötliches Inkarnat. Sehr schön! Reist man von Leipzig nach Dresden durch die »Leipziger Tieflandsbucht« Richtung Dahlener Heide, dann ist zumeist ein offenes, welliges Gelände zu sehen. Zwischen den Feldern wurden Pappelreihen gepflanzt. Die Kronen der Pappeln bilden immer eine harmonisch geschwungene Kurve, die zum Abtasten mit dem Blick einlädt. Auch sehr schön! Packend ist es für mich, wenn *an Spätsommerabenden* aufgrund der tief stehenden Sonne die Schatten lang sind und die Baumgruppen sehr plastisch wirken. In der Vorbeifahrt wird der plastische Eindruck noch gesteigert, da die Szene sich scheinbar entgegengesetzt zu meiner Fahrtrichtung dreht.

Das Eisenbahnwesen der DDR ist sicher schon viel gescholten worden. Nebenbei gesagt schelten oft auch jene Leute, die einen Personenkraftwagen besitzen und einen abstrakten Abstand zu einer Sache markieren wollen, die sie sowieso nicht nutzen wollen. Ich als echter Nutzer sah und sehe die Lage anders. Ich besitze noch aus uralter Zeit einen »Taschenfahrplan der Reichsbahndirektion Halle« vom Winter 1979/80. Die Dichte der Zugfolgen war auch auf Nebenstrecken phänomenal. Es fuhren Züge quasi rund um die Uhr. Dies hängt sicher mit der Vollbeschäftigung entlang der Strecken zusammen. Der Schichtarbeiter sollte seinen Arbeitsplatz erreichen. Auch sollte er wieder zum heimischen Fernsehapparat in der *Schrankwand* »*Sibylle*« gelangen. Der dichte Fahrplan bedeutete zudem viele Schichten für die Trapos aber auch viele Möglichkeiten des Reisens für mich als Menschen, der seine Zeit weitgehend selbst einteilen konnte. Diese positive Ich-Perspektive mag der Leser mir verzeihen. Die zahlreichen Nebenstrecken, die heute kaum einer noch kennt, will ich hier gar nicht erwähnen, auch nicht die geringen Fahrpreise. Auch will ich vergessen, dass es unzählige Bahnhofskneipen gab. Bockwurst, Mischbrot, Kartoffelsalat, Senf, Bier. Manchmal ist dies besser als »*Lachscarpaccio* mit Safransoße au lait«, zubereitet von Köchen, die außer der Muttersprache keine weitere auch nur annähernd sprechen können.

All diese Segnungen wurden sicher getrübt durch Unpünktlichkeit oder ausgefallene Zugheizungen – man kann nicht alles haben. Ich erinnere mich an eine Fahrt von Halle nach Leipzig: Der Zug kam, wie so oft, kurz vor dem Leipziger Hauptbahnhof für unbestimmte Zeit zum Stehen. Die Backsteinmauer, die aus dem Fenster zu sehen war, hieß im Jargon der Pendler »Klagemauer«. Einmal wurde der Schaffner von gereizten Fahrgästen nach dem großen »Warum« befragt. Seine philosophisch reife Antwort lautete: »Verehrte Reisende, der Fahrplan ist kein Dogma«. Der mit Dogmen geplagte DDR-Bürger bemerkte, dass in der Differenz von Fahrplan und tatsächlichem Verkehr ein Moment der Unabhängigkeit verborgen ist. Alles hat zwei Seiten.

Während ich es vor der Wende nie als wünschenswert erachtet hatte, einen Trabant zu besitzen, so flammte für einen sehr kurzen Augenblick danach der Wunsch nach einem flotten Kraftfahrzeug auf. Natürlich hatte ich einen 2CV ins Auge gefasst.

Dies hängt mit den Louis-des-Funès-Filmen zusammen, die ich als Halbwüchsiger alle im Kino gesehen hatte. Eine Nonne gibt der »Ente« Vollgas, baut Unfälle, Karosserieteile fallen ab, der 2CV fährt als halbes Cabrio weiter und die Nonne lacht charmant. Just im Moment der Wende verschwand auch mein größter Widersacher, der Trapo! Fortan war das Bahnreisen vergnüglich. Ich erinnere mich noch an die Zeit, als die Lücken im Schienennetz geschlossen wurden und der Zug beispielsweise bei Arenshausen am Südharz ganz vorsichtig ins Hessische hinüberfuhr. Auf manchen Anhöhen droht noch ein einsamer *B-Turm*. Nach der vormaligen Grenze zeigte sich die gleiche schöne Landschaft. Irgendwann erreichte man Kassel, das nicht ganz so schön war. Stieg man um, dann konnte es nach Marburg gehen, das wiederum ziemlich schön war! Ich vergaß den 2CV.

Dieses Fahren über die mehr und mehr unkenntlich werdende Grenze besaß für mich noch für viele Jahre etwas Magisches. Seit etwa zehn Jahren habe ich mich daran gewöhnt und nur manchmal durchmustere ich die betreffende Gegend oder den Grenzbahnhof auf Überbleibsel des »antifaschistischen Schutzwalls«. Dort ist noch eine Unterkunft der Grenzer, dort ein Stück Stacheldrahtzaun und dort ein einsamer Wachturm! In solchen Momenten wünsche ich, es gäbe Gott nur, um ihm dafür zu danken, dass ich den Wachturm so unbeschwert als landschaftliche Marke betrachten kann.

Nach wie vor nicht im Besitz eines Führerscheins fahre ich Bus und Bahn in all jenen Ländern, die ich bereise. Ich glaube, es gibt nichts Besseres, um die Leute vor Ort zu verstehen und zu studieren. Oft habe ich eine Landkarte auf den Knien und vergleiche diese mit der vorbeiziehenden Landschaft. Natürlich ordere ich bei der vorbeiklimpernden Minibar einen Kaffee, nur um noch mehr eins zu werden mit der Situation.

Wenn ich heute von Dresden aus hinüber nach Böhmen fahre, dann kann ich das gute alte Gefühl wiederbeleben. Hier gibt es noch ein erstaunlich dichtes Streckennetz. Und es gibt Schienenbusse! Nach wie vor beeindruckt mich die große Vielfalt an Lokomotiven. Meine Favoritin ist hier die Diesellokomotive der Baureihe T 478. Ich habe sie »Taucherbrille« getauft.

Die Klaus-Renft-Combo schuf für meine Ohren mit »Wandersmann« den Soundtrack zu meiner Fortbewegungsform. Kurt Demmler schrieb den Text und Peter Gläser vertonte ihn. In der zweiten Strophe werden »schwere Bahnhofsdächer« besungen, die »über uns gestellt« wurden. Am besten ist, man denkt hier an das gewaltige Stahlgewölbe des Leipziger Hauptbahnhofs. Von dort breiten sich »Gleise, wie ein Fächer« aus, die nicht nur bis nach Halle oder Bitterfeld, sondern in die »weite Welt« führen.

Ich bemerkte im Musikkapitel, dass mir das Stück wirklich gefällt und mein damaliges Lebensgefühl gut reflektiert. Bis auf die Zeile von der »weite[n] Welt«, denn diese schrumpfte in meinem Fall ab 1981, als in Polen das Kriegsrecht eingeführt wurde, auf die Fläche der Tschechoslowakei zusammen. Man konnte spontan und visumfrei nur noch nach Praha oder Poprad reisen. Aber nichts gegen die Tschechoslowakei mit ihrem erfreulichen Bahnwesen und ihrem Bestand an hervorragenden Brauereien! Auch nichts gegen die Bewohner, denn der Klang ihrer Sprache tut meinen Ohren gut. Ich sollte im Alter noch Tschechisch lernen um die »Osudy dobrého vojáka Švejka« im Original lesen zu können!

Anmerkungen

Abteilwagen: Dieser Wagentyp kann seine Herkunft von der Postkutsche kaum verbergen. Die ersten Wagenkonstrukteure stellten ganz einfach drei oder vier Kutschen auf das Chassis. Anfang der 1990er Jahre waren solche Wagen zu meinem großen Erstaunen noch in England in Betrieb. Manche der Türen hatten innen keinen Griff. Man musste das Fenster herunterschieben, sich aus dem Fenster lehnen und die Tür von außen öffnen. Diese Briten! (vgl. Kapitel 16)

Baureihe V 120/200: Die »Taigatrommel« hatte sich ihren Spitznamen durch ihren weittragenden Sound ehrlich verdient. Spätere Importexemplare wurden in der DDR mit einem Schalldämpfer nachgerüstet.

Plastetüte: Eine Plastetüte wurde im Westen Plastiktüte genannt. Allerdings ist Plastetüte der korrekte Begriff: Plaste heißen die Kunststoffe, aus denen die Tüten – auch im Westen – gemacht wurden. Entsprechend gab es »Plaste und Elaste aus Schkopau« und wahrscheinlich auch aus Ludwigshafen, nur schwieg man dort darüber.

Wandersmann: Indem ich »Renft« zitiere, verletze ich die heutigen Regeln der Gendergerechtigkeit. Ich korrigiere also: Es gibt auch sehr erfreuliche Wandersfrauen!

Neuland: »Neuland unterm Pflug« vom Michail Scholochow hatte jeder Jugendliche in der DDR zu lesen. Ich verwende den Titel nur als Anspielung.

an Spätsommerabenden: Ich bin für das Beibehalten der Sommerzeit. Es ist abends länger hell und ich kann länger malen. Natürlich könnte ich am Wochenende früher aufstehen, aber das wäre nicht gut.

Schrankwand »Sibylle«: Nicht nur eine Fernsehgeräteserie trug diesen Namen (vgl. Kapitel 7), auch ein Schrankwandbaukasten wurde so getauft. Wo gab es das noch einmal auf der Welt: Sibylle in Sibylle? Für die wenigen Auserwählten, die im Besitz eines raren Abonnements der Modezeitschrift »Sibylle« waren, ergab sich gar die kaum zu überbietende Dreiheit: Sibylle auf Sibylle in Sibylle. Meine Eltern besaßen jedoch Helleraummöbel und kein Abonnement.

Lachscarpaccio: Das zitierte Gericht entstammt einer Verballhornung einer »Rambo«-Filmszene vom Komikerduo »Elsterglanz« aus Eisleben. Zwei äußerst amüsante Leute, zumal wenn man in Halle gelebt hat und den Dialekt mag.

B-Turm: Kurzform von Beobachtungsturm.

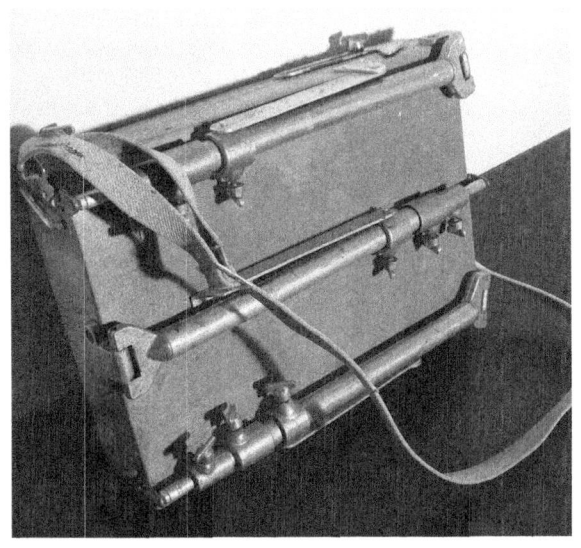

Wunderbares Menschenwerk aus Charkow, eigentlich völlig
überflüssig, aber wie nützlich beim Malen!

Kapitel 14
Breitspur ab Brest

Umgespurt wird auf Breitspur. Eine Valutabar wird mit der AERO-
FLOT erreicht. Die Wende ist geschmacklich zu erahnen. Die Aurora
schoss nicht nachhaltig.

Im Sommer 1985 fuhr ich mit einer Gruppe Burgstudenten per
Bahn bis nach Charkow zu unserer Partnerhochschule. Ich war
der Reiseleiter. Werner Rapsilber, der die Modellbauwerkstatt der
Industriedesigner leitete, war mit von der Partie. Er unterstütz-
te mich. Dieser Austausch war eine gute Tradition. Die sowjetischen, heute müsste es heißen ukrainischen Studenten waren
zuvor bei uns für einen Monat in Halle. Wir reisten zusammen
mit ihnen über Kiew nach Charkow und wurden dort von ihnen
für weitere vier Wochen betreut. Von Charkow ging es für eine
weitere Woche mit der Bahn auf die Krim. Wir verbrachten viele Stunden im Zug. Bemerkenswert ist, dass im Grenzbahnhof
Brest die Drehgestelle aller Wagen ausgetauscht wurden, denn
die russische Breitspur misst 1524, die europäische Regelspur
1435 Millimeter. Der Tausch, korrekt die »Umspurung« geschah
ganz reibungslos in der Nacht. Zufällig lag mein Abteil über
einem Drehgestell. So konnte ich beobachten, wie ein sowjetischer Bahner hereinkommt, den Teppich hebt und einen Bolzen
im Boden löst. Irgendwann zog man alle schmalen Drehgestelle
unter den angehobenen Wagen weg und schob einen Satz breite
Drehgestelle darunter. Die Handgriffe des Bahners wiederholten
sich und nach zwei Stunden ging es weiter.

In den Abteilen wurde permanent Tee mit großen Zucker-
stücken gereicht. Das besorgte eine »Diensthabende«, die für
einen Wagen zuständig war. Sie hätte im Winter sogar den Ofen

geheizt, denn die Fahrzeuge waren auch autonom zu betreiben. Dahinter standen sicher strategische Überlegungen. Jedes einzelne Schienenfahrzeug konnte irgendwo im sibirischen Winter und im »Ernstfall« beispielsweise als Lazarett abgestellt werden. Gute Idee!

Unsere Reise verlief jedoch glatt. In Charkow erwartete uns die sprichwörtliche russische Gastfreundschaft. Auf diese waren wir in jenen Tagen besonders angewiesen, denn Michail Gorbatschow hatte kurz zuvor sein Amt angetreten und nicht nur den alten Eliten, sondern auch den Alkoholkonsumenten den Kampf angesagt. Die Beschaffung von Wodka war kompliziert, aber unsere Insider fanden Wege, die allabendliche Ration zu »organisieren«. Im Wohnheimkeller fand dann auf Bodenturnmatten immer aufs Neue das Freundschaftstreffen statt. Hingegen waren die offiziellen Treffen in der Hochschule bei Tee, Kaffee und Gebäck besonders für die Charkower Kollegen sehr anstrengend. Ein Jahr zuvor muss der Wodka noch geflossen sein. Bei der Abreise hatten mich die hallischen Kollegen, die jene Fahrten schon durchlebt hatten, gewarnt und instruiert: Trink nicht jedes Glas! Iss Speck dazu! Tief durchatmen! Einen festen Punkt im Raum fixieren! Aber in dieser Hinsicht konnte Entwarnung gegeben werden. Ich hätte als Leiter der Burggruppe in vorderster Front trinken müssen und sollte dem frischgebackenen Generalsekretär des ZK der KPdSU eigentlich dankbar sein. Wie es immer so ist, nun schien etwas zu fehlen. So ist das mit Perestroika und Glasnost.

Die Tage in Charkow waren angefüllt mit Workshops in der Hochschule und ausgedehnten Besichtigungstouren durch die Stadt. Während der Kurse konnten wir uns von den beeindruckenden Fertigkeiten der Studierenden in der Beherrschung traditioneller Techniken überzeugen. Wir waren in der DDR bereits auf Airbrush-Verfahren orientiert, die Charkower zeigten uns, dass die Aquarelltechnik noch lange nicht ausgereizt ist. Auch waren sie uns mit ihren zeichnerischen Fähigkeiten überlegen. Außerdem überraschte uns das dortige Designverständnis. Während an der Burg die Tradition des Funktionalismus dominierte, schien der Industriedesigner in der UdSSR seine Aufgabe darin zu sehen, Strandautos oder futuristische Objekte zu gestalten. Wahrscheinlich fiel die Chance der Realisation der Entwürfe noch weit geringer aus als bei uns, so dass die Flucht in die Zukunft und in Formalismen angetreten wurde.

Charkow ist ein bedeutendes Zentrum von Industrie und Wissenschaft. Davon zeugen gewaltige Bauten im Stil des Konstruktivismus aus den 1920er Jahren. Als Beispiel ist das »Haus der Industrie« zu nennen. Hier, so schien es, wurden El Lissitzkys *»Wolkenbügel«*-Entwürfe Realität. Doch selbst die Gebäude, die im sogenannten *»Zuckerbäckerstil«* der Stalinära errichtet wurden, erschienen in Charkow geometrischer und ornamentfreier. Ein Beispiel bietet das Universitätsgebäude. Ansonsten findet man relativ wenig historische Architektur. Ich erinnere mich an einige orthodoxe Kirchen, die zumeist gegen Ende des 19. Jahrhunderts errichtet wurden.

Wenn wir individuell unterwegs waren, stand uns der Sinn so gar nicht nach Hochkultur. Wir wollten sehen, wie der Sowjetmensch den Alltag meistert. Also ging es in die städtische Sauna, in ein Fußballstadion oder auf die Märkte. In die erwähnte Banja war leider an dem Tag, als ich ethnologische Forschungen betreiben wollte, eine nahegelegene Garnison eingerückt, damit die Soldaten einmal porentief sauber werden. Ich teilte die Räumlichkeiten gefühlt mit Kompanien. Haut an Haut im Dampf.

Jeder mag sich das auf seine Weise vorstellen. Es war beeindruckend, aber nicht schön. Im Stadion wiederum habe ich mich weniger für die Spieler interessiert als für die Besucher. Über einen großen Zeitraum saß ich verkehrt auf meinem Platz und beobachtete die Formen der Anteilnahme der Enthusiasten auf den Rängen. Die riesigen Märkte wiederum vermittelten ein Gefühl für die Kraft des Privatwirtschaftlichen. Was es gab, gab es reichlich. Einhundert Sorten Honig, Weißkohlhalden und Berge erstaunlicher Büstenhalter.

Einmal sind wir übers Wochenende mit unseren studentischen Begleitern zelten gefahren. Die Ausrüstung war beängstigend spartanisch: einige Planen, ein Kessel, mehrere Äxte sowie ein paar Meter Strick. Unwillkürlich kam mir der ziemlich arrogante, aber auch anerkennende Slogan in den Sinn: »Hast Du Hammer, Zange, Draht – kannst Du fahr'n bis Leningrad.« Unsere Reise ging jedoch zu einem Zufluss des Donez. Alles was noch fehlte, wurde im Sinne des flotten Spruchs an Ort und Stelle hergestellt: Zeltstangen, Heringe, Stützen für den Kessel und Feuerholz. Nach dem Errichten der Zelte gingen wir Pilze suchen, denn für das Essen waren gleichermaßen nur Kartoffeln, Salz und Speck mitgenommen worden. Wenn ich mich recht erinnere, wurden sämtliche Pilze, die wir Hallenser gesammelt hatten, von den Ansässigen als giftig deklariert und weggeworfen. In den Topf kamen nur Pilze, die uns völlig unbekannt waren. Ich sehe noch voller Mitgefühl Werner Rapsilber, wie er seinen stattlichen *Greußener Salamis* nachtrauert, die er zwar nach Charkow, aber nicht bis an den Donez transportiert hatte. Als das Essen begann, schauten wir Hallenser uns noch einmal tief in die Augen. Gott sei Dank war reichlich Wodka im Reisegepäck. Dieser ließ das gefühlte Risiko schrumpfen. Der Morgen sah uns alle lebend wieder. Wir waren froh, die Mückenweibchen auch.

Von dem, der in ferne Länder reist, werden »Mitbringsel« und manchmal auch Trophäen erwartet. Im traditionellen Sinne war das Angebot karg. Die Klassikerin, die *Matrjoshka*, erschien uns als kitschig. Ebenso der bunt bemalte Holzlöffel. Also suchten wir nach seltsamen Küchenutensilien, nach eigentümlichen Bekleidungsstücken oder nach *Zeichenmaterial*. Einige der Studierenden hatten bemerkt, dass die hochdekorierten Weltkriegsveteranen ihre Erfolge voller Stolz zeigten. Die Brüste waren bedeckt mit lauter kleinen farbcodierten Spangen, sogenannten Bandschnallen. Mancher hatte eine mehrere Quadratdezimeter große Platte auf der Brust. Das sah sehr dekorativ aus. Also ging man nach diesen Schnallen auf die Jagd. Einer der Studenten hatte schließlich einen »Veteranenausstatter« ausfindig gemacht, wo man diese schmucken Elemente ganz ohne Nachweis einer Heldentat kaufen konnte. So kehrte mancher als »Held« in die DDR zurück.

Ich war eher praktisch orientiert. Überall im Stadtgebiet und in den Grünanlagen hatte ich Schnellzeichner und Porträtschattenriss-Scherenschneider beobachtet. Alle benutzten die gleiche, sehr raffiniert gebaute Staffelei. Die Grundform beruht auf einem Kasten für die Malutensilien, aus dem sowohl die Teleskopbeine, als auch die Fixiermöglichkeiten der Malpappe ausgeklappt werden können. Die Frage an einen der Hochschuldozenten, wo es denn dieses praktische Ding zu kaufen gibt, löste einen kleinen Vorgang aus: Das Objekt der Begierde war nur für Mitglieder des Verbandes sowjetischer Künstler verfügbar. Er war Mitglied! Ich gab ihm die benötigten 20 Rubel und schon ging es los. Wir liefen durch etliche Gassen und endlich standen wir am Ende eines Ganges vor einer kleinen Luke. Sie öffnete sich auf das Klopfen meines Charkower Kollegen und nach einigem Gemurmel wurde der begehrte Kasten herausgereicht. Nachdem wir den Sichtbereich des Herrschers über die Mangelware verlassen hatten, empfing ich *das schöne Stück*. Es hat mich seitdem immer beim Malen begleitet. Und wo es überall schon gestanden hat! Mittlerweile besitzt es eine altersgemäße Patina und ich hoffe, dass es noch solange durchhält wie ich.

Nach dieser Reise war ich noch einige Male in der Vorwendezeit in der Sowjetunion. Diese Reisen erfolgten allerdings mit Flugzeugen der AEROFLOT. Eine sehr interessante touristische Reise führte mich 1989 nach Tallinn und nach Leningrad, heute wieder St. Petersburg. Hier ereignete sich die weiter vorn geschilderte Episode, die schließlich zur »WillyDilly« führte. (vgl. Kapitel 2) Die Reise war vom »*Jugendtourist*«-Reisebüro als Gruppenreise organisiert. Rein private und spontane Reisen waren – wie bereits bemerkt – in den 1980er Jahren nur noch in die Tschechoslowakei möglich. Doch befanden wir uns erst einmal per Visum im Land der Sehnsucht, waren wir relativ frei in unseren Bewegungsmöglichkeiten. War das noch ursprünglich-archaisches Handeln oder bereits ein verborgenes Zeichen künftiger Glasnost?

Unsere geschulte Reiseleiterin lancierte uns vorbei an den zumeist langen Warteschlangen vor den jeweiligen Sehenswürdigkeiten. Ich habe mich der Gruppe immer dann angeschlossen, wenn ein Ziel auf dem Plan stand, das ich auf diese Weise bequem erreichen konnte. Also besuchte ich die Eremitage im Gruppenformat. Hier war die Schlange der Wartenden wirklich endlos lang. Ein wenig peinlich war es schon, so privilegiert zu überholen. Die geduldig Wartenden waren einheimische Touristen. Ich dachte mir, diese Kunstschätze haben es wirklich gut, dass derart viele Menschen sie sehen wollen. In diesem Zusammenhang will ich kurz auf den Begriff der »Beutekunst« zu sprechen kommen, denn möglicherweise kam solche – damals natürlich unerkannt – vor unsere Augen. Bei Beutekunst soll es sich um Kunstschätze aus ehemals deutschem Besitz handeln, die von der Roten Armee nach der Niederschlagung des NS-Regimes räuberisch – dies suggeriert der Zusatz »Beute« – einbehalten wurden. Ich denke, dass dieser Begriff in die Irre führt. Die Rotarmisten sind ja nicht, wie weiland die Wikinger mal eben auf Beutetour gewesen. Vor dem Hintergrund des zerstörerischen Handelns der Angreifer sollte man einen angemesseneren Begriff wählen. Ganz unabhängig von Völkerrecht und Verwertungsinteressen will ich die Frage aufwerfen, ob es denn nicht prinzipiell egal ist, wo ein gutes Gemälde hängt, Hauptsache, es ist öffentlich und frei zu betrachten und hängt nicht im Tresor, beim Auktionator, in einer Villa oder im Depot. Um der Wahrheit Raum zu geben sei bemerkt, dass beispielsweise die Bestände der Sammlung »Alte Meister« im Jahre 1955 von der Sowjetunion nach Dresden zurückgegeben wurden. Im Jahr 1956 wurde ich geboren: historisch ein gutes Timing, sowohl der Sowjetmenschen als auch meiner Eltern!

Ebenfalls als Gruppenmensch besuchte ich den Piskarjowskoje-Friedhof. Hier ruhen die Opfer der 900-tägigen Blockade Leningrads durch die Wehrmacht während des zweiten Weltkrieges. Vor den Massengräbern wurde selbst der »Gruppenkasper« stumm und ernst. Mir fiel auf, dass die sowjetischen Fremdenführer nie von der Schuld der Angreifer sprachen. Thematisiert wurde der Heroismus der Belagerten und natürlich die unendliche Trauer über die mehr als eine Million Toten. In diesem Sinne bin ich in der Sowjetunion auch nie als Nachkomme der Invasoren moralisch bedrängt worden. Das konnte und kann einem in England oder Polen durchaus passieren. Ich rechne dies den

Russen hoch an, hätte ich doch jede Schuldzuweisung prinzipiell verstanden. Nein, das Motto lautete: Wir haben es hinter uns und schauen nach vorn.

Eine nicht ganz so emotional aufgeladene Begebenheit ereignete sich nach einer Bahnfahrt von Estland – damals noch die Estnische Sozialistische Sowjetrepublik – nach Leningrad. Ich hatte mich im Zug abseits der Gruppe unter die anderen Reisenden gemischt und saß zufällig neben einer älteren US-amerikanischen Touristin. Wir unterhielten uns sehr angeregt über »Gott und die Welt«. Angekommen in Leningrad half ich ihr beim Koffertragen. Dafür gab sie mir fünf Dollar. Ich dachte mir: Rainer, keine falsche Scham – und steckte das erste ehrlich verdiente Westgeld ein. Am nächsten Tag spazierte ich durch Leningrad an der Newa entlang und sah am anderen Ufer den Kreuzer »Aurora« an seinem »ewigen Liegeplatz« vertäut liegen. Das Buggeschütz dieses Kreuzers hatte 1917 den Startschuss zur Oktoberrevolution abgegeben und die Mannschaft berühmt gemacht.

Auf meinem weiteren Weg erblickte ich eine Bar, in der es Getränke nur für Westgeld gab. Es war eine sogenannte *Valutabar*. Spontan hatte ich die kluge Idee, die harte Währung der Lady sogleich in »Heineken« zu verwandeln. Da saß ich also, schaute über den Schaum zur »Aurora« und dachte an die beherzten Kanoniere. Vermutlich konnten sich jene Herren meine reizvolle Situation 72 Jahre später, im Juni 1989, nicht vorstellen. Wiederum für mich war in diesem Moment nicht denkbar, dass die Wirkung ihres Schusses bereits sechs Monate später verpuffen sollte!

Ebenfalls im Sommer 1989 führte mich eine Dienstreise nach Moskau. Ich war in Halle Teil eines vierköpfigen Kollektivs, das einen neuartigen und komfortablen Fernreisewagen für die sowjetischen Staatsbahnen entworfen hatte. Unsere Ideen wurden als Prototyp im VEB Waggonbau Ammendorf sehr rasch und in feinster Qualität umgesetzt. Dieser voll funktionsfähige Wagen – sogar die Dusche war in Betrieb – rollte alsbald zu einer internationalen Schienenfahrzeugmesse nach Moskau und wir flogen gleichfalls dorthin. In den freien Stunden schauten wir den Moskowitern zu, wie sie mit Gorbatschows Anregungen umgehen. Hinter die Kulissen konnten wir freilich nicht schauen, jedoch waren auf dem Arbat, dem Moskauer Boulevard, die Auswirkungen der Perestroika überdeutlich zu sehen. Es wurden freie Reden gehalten und Transparente bewegt. In aller Öffentlichkeit! Ohne Polizei! Das hatte mich, der ich an politische Friedhofsruhe gewöhnt war, sehr bewegt. Von diesem Moment an war mir endgültig klar, dass von hier aus mit starken Auswirkungen auf die Lage in der DDR zu rechnen sei. Denn es geschah in Moskau und nicht in Budapest, Prag oder Warschau! Entsprechend war ich im Herbst 1989 relativ ruhig und beobachtete die Migration meiner Landsleute über Ungarn und Prag nach Westdeutschland zwar voller Anteilnahme, dachte aber relativ gelassen, dass die Zeit für mich arbeitet.

Am Ende dieses Kapitels lässt sich resümieren, dass die Umspurung zu Erkenntnissen führte, die auf der europäischen Regelspur nicht möglich waren. Es zeigte sich, dass die Sowjetunion der DDR endlich tatsächlich voraus war, wie das die SED-Propaganda von jeher als Dogma unterstellte.

Anmerkungen

Wolkenbügel: Der sowjetische Avantgardist und Architekt El Lissitzky träumte von Hochhäusern, die nicht nur vertikal gerichtet sind. Er entwarf portal- oder T-förmige Hochhäuser, die er als Wolkenbügel bezeichnete.

Zuckerbäckerstil: Als Gegenbewegung zur Sachlichkeit der Stile der 1920er Jahre wurden in der Folgezeit offizielle Gebäude dekoriert und mit historischen Architekturzitaten versehen. Die KPdSU wollte Ornamente; die SED anfangs auch.

Greußener Salamis: Sie war so selten und begehrt wie Letscho – und äußerst schmackhaft! Sie ist jetzt frei erhältlich im Supermarkt und schmeckt immer noch!

Matrjoshka: Damals zeigten die gedrechselten Hohlpuppen immer nur das Antlitz eines Mütterchens. Dass man auch einen Stalin zeigen kann, darauf kamen die Volkskünstler erst nach der Wende.

Zeichenmaterial: Eine hohe Qualität besaßen die Aquarellfarben der Marke »Leningrad«.

das schöne Stück: Ich habe in Filmen gesehen, dass sich mache Leute in den USA mit ihrem Motorrad oder ihrem Auto begraben lassen. Der Leser ahnt, was ich mitnehmen will.

Jugendtourist: Staatliches Jugendreisebüro der DDR.

Valutabar: Eine Art »Intershop« mit Sitzplätzen, wo offener Alkohol erhältlich war.

Zwischenspiel 3:
Was (auf immer und ewig) fehlt

Die Liste der heute vermissten Dinge ist etwas länger als die der realen Defizite zu DDR-Zeiten. Sie ist sehr persönlich.

1. echte Bäckereien
Ach, könnte ich noch einmal bei Bäcker Mösch in der August-Bebel-Straße in Halle eine duftende 6er-Zeile Einback bekommen, diese noch warm um die Ecke nach Hause tragen und mit kühler Butter essen! Dazu eine Kanne starken schwarzen Tees mit reichlich Zucker. Das wäre mein erster Wunsch an die Fee. Zwar gibt es heute auch noch Einback, vielleicht sogar aus einer Bäckerei, die hinten einen richtigen Ofen in Betrieb hat, aber etwas stimmt nicht mehr. Liegt es an den Zutaten? Liegt es an den Zeiten? Liegt es an meinem Alter? Ich bin kein Bäcker, nur ein wählerischer Esser.

2. Bier im Eimer
Da Bier am Zapfhahn nur wenig teurer war als in der Kaufhalle oder im Getränkestützpunkt, gehörte es zu den praktischen Standards, ganz spontan auf die innere Stimme zu hören. Wenn diese gegen 23 Uhr sehr nach Bier rief und zufällig Gäste erschienen waren, dann griff man einen Eimer und schritt zum nächsten Zapfhahn. Irgendwann hatten die Gesundheitsämter den Kneipern vorgeschrieben, dass sie nur Gefäße mit Deckel akzeptieren dürfen. Was wurde von da an nicht alles zum Deckel erklärt! Irgendwann gehe ich noch mal mit dem Eimer los, koste es was es wolle!

3. Nebenbahnhöfe mit Bahnhofskneipen

Diese beiden Defizite brauchen keine Erklärung. Tragisch ist, dass beides fehlt. Zwischen Halle und Nordhausen waren fünf der zwanzig Zwischenbahnhöfe bewirtschaftet. In Berga-Kelbra gab es das beste Essen. Mir fällt kein Bahnhof der Harzquerbahn zwischen Nordhausen und Hasselfelde ein, wo es, abgesehen von einigen Haltepunkten, keine Bahnhofswirtschaft gab. Beste Bockwurst in Netzkater, beste Roulade in Eisfelder Talmühle, beste Brühe in Stiege!

4. Dorfkonsum

Was war richtiger, als auf einer Radtour oder Wanderung bei Hunger oder Durst den Dorfkonsum, den es fast überall gab, anzusteuern, um dort ein Brötchen, eine Milch und einen Apfel zu erstehen? Natürlich war in jedem Dorfkonsum ein Schatz verborgen, den es woanders nicht gab. Es hieß also »umsichtig sein!«. So wanderte manche exotische Flasche Fruchtwein in den Rucksack oder in die Satteltasche. Andernorts entdeckte man vielleicht brauchbare Schuhe. Schraubzwingen sah ich nie.

5. Gepäckwagen

Die Personenzüge führten immer einen Gepäckwagen mit. Die Mitnahme von Rädern oder von Sperrgut war kein Problem, vorausgesetzt man war in der Lage, nach Einfahrt des Zuges durch den Nachbarwaggon hindurch in den Packraum zu eilen, von innen die breite Ladetür zu öffnen, hinauszuspringen, schließlich das Gepäck hinauf zu wuchten, um endlich selbst in den Laderaum zu klettern. Der Schaffner schaute von Ferne zu, wenn er nicht vom Mitgefühl übermannt wurde und half.

6. Tomaten

Hier muss ich mit Nachdruck bemerken: Tomaten schmecken nicht mehr nach Tomate! Nicht einmal die Biotomaten. Zum Glück hat mir meine Tante in Leipzig in den Spätsommern, denn nur dann gab es Tomaten, so manches Mal auf ihrem Balkon einen herrlichen Tomatensalat vor die Nase gestellt. Er bestand aus Wasser, Zitronensaft, Essig, Öl, Zwiebeln und reichlich Tomaten. Ich schmecke die Erinnerung. »Jegliches hat seine Zeit« sangen die Puhdys, indem sie die Bibel zitierten. In ihrem Lied ging es um Menschen und ihre Werke. Ich denke konkret an den Tomatensalat meiner lieben Tante.

7. Fleischerhemden

Es gehörte in meinen Burg-Kreisen zum Stil, sich Bekleidung aus einem Laden für Berufsbekleidung, dem »Arbeiter-Ex«, zu holen. Mit »Ex« wird ironisch auf die »Exquisit-Läden« angespielt, die teure Waren für den gehobenen Bedarf anboten. Die Kleidung aus dem »Arbeiter-Ex« jedoch war billig und haltbar. Ich trug Zimmermannshosen zu jeder Zeit, einen Förstermantel im Winter und immer buntkarierte Holzfällerhemden der Marke »Friendship«, die in der VR China hergestellt wurden. Zum Tanz jedoch wurde das Fleischerhemd angelegt. Ich glaube nicht, dass wir damit kokettierten, Arbeitsfrauen und -männer zu sein, denn zur Arbeiterklasse gehörten wir ja nicht, und wollten es auch nicht. Auf jeden Fall habe ich mich gut gefühlt und dachte, dass diese Bekleidung wohl Laudse gemeint hatte, als er vom »härenen Kleid« des Weisen sprach. Nun kann man tröstend bemerken, dass es ja heute Spezialgeschäfte für Berufsbekleidung gibt. Aber da sich die Produktionsverhältnisse geändert haben, sind die heutigen Fleischerhemden nicht mit den damaligen zu vergleichen. Sorry.

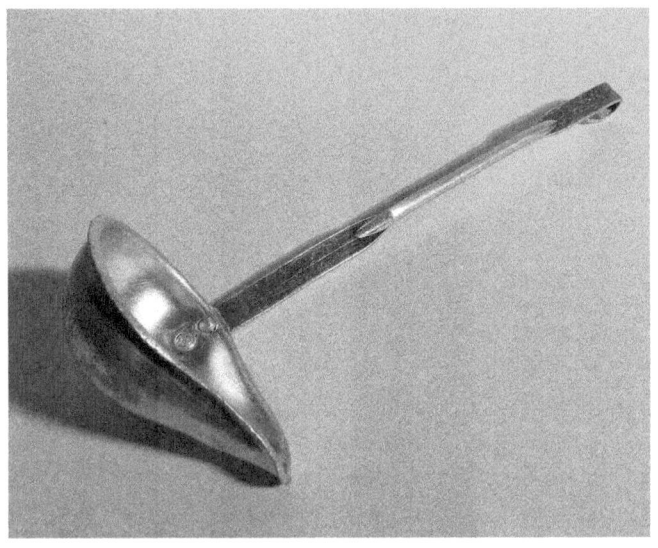

Im DDR-Handel hieß dieses Küchengerät aus Aluminium nicht
etwa Kelle – es war ein »Schöpfer«. Die deutsche Sprache ist groß.
Dieser Schöpfer ist mein.

218

Kapitel 15
Wie's Gelumpe aussieht ...

Eine Karriere nimmt ihren Lauf und wird alsbald unterbrochen. Ein Wohnungsamt im Süden der Republik stellt die Weichen. Nichtstun ist positiv.

... ist doch nun wirklich scheißegal. An diesem Satz hatte ich mit einem Burg-Kommilitonen, der heute Professor in Wuppertal ist, lange gefeilt. Mit Gelumpe bezeichneten wir die Welt der gestalteten Dinge. Natürlich nahmen wir die Gestaltung ernst, aber wir wollten gleichzeitig unseren Abstand ironisch und provokant zum Ausdruck bringen. Sooft wir konnten, bemühten wir den Spruch und erfreuten uns an den Reaktionen. Die hehren Designobjekte waren letztlich Teil eines schönen Scheins. Hinter der Fassade herrschten schwer zu überbrückende Widersprüche: Beispielsweise zwischen dem Leben im morschen Altbau und einer Diskussion über die Farbästhetik der Grautöne oder zwischen dem Putzen einer Generalskloschüssel und dem Nachdenken über sozialistische Gefäßgestaltung. Auch heute gibt es diese Widersprüche, die vielleicht noch größer sind. Ich glaube sowieso, dass man für ein präzises Urteil eine *Distanz* zur betreffenden Sache wahren muss. Nur so kann man heraustreten und diese Sache von der Seite oder gar von oben betrachten. Nur die Distanz erlaubt Vergleiche und auch die Eingrenzung wahrgenommener Probleme. Sie bietet manchmal auch Schutz. Schutz vor den Dingen und der eigenen Betroffenheit.

Um es noch einmal zu betonen: Die schöne, menschengerechte und funktionale Gestalt beispielsweise eines Föns war uns sehr wichtig. Wir wollten das Handwerk sicher beherrschen. Die *Ne-*

gation aller Regeln war jedoch gut vorstellbar. In diesem Sinne raunten wir den Satz bei jeder Gelegenheit.

Wir ließen uns durch Tendenzen außerhalb des Elfenbeinturms »Design« bestenfalls anregen aber nicht beirren. Draußen auf der Straße wurde seinerzeit die Jugendkultur vom Punk geprägt. Wenn unser Satz auch nach Revolte klang, so wussten wir, dass ein punkiger Koffergriff einfach nur weh tut. Diesen Griff fasst nicht einmal der Punker an, selbst wenn der Koffer voller »Sex-Pistols«-Alben ist. Von den in den 1980er Jahren aktiven Vertretern des »Neuen deutschen Designs« in Westdeutschland hatten wir bis zur Wende nur per Zeitschrift Kenntnis. Jene wollten dem »Guten Design« und dem Funktionalismus mit einer Attitüde des »Antidesign« begegnen und damit Geld verdienen. Die Entwürfe sahen zugegebenermaßen recht frisch aus. Wir ahnten allerdings, dass hinter den modischen Lösungen kein tragfähiges und nachhaltiges Konzept steht. Leider erhielten einige Protagonisten dieser Strömung nach der Wende Professuren im Osten und räumten in ihrer neuen und besonderen Machtfülle – flankiert durch passende Theoretiker – mancherorts das systematische Grundstudium ab. Diese *methodische Grundlehre* war einst ein Markenzeichen der ostdeutschen Designausbildung.

Um in der DDR praktisch als *Formgestalter* tätig zu sein, war es erforderlich, Mitglied des Verbandes Bildender Künstler (VBK) zu werden. Nach einer dreijährigen Kandidatur und einer Aufnahmeprüfung in einer kleinen Personalausstellung in Berlin war man schließlich dabei. Nun konnten freiberuflich Aufträge bearbeitet und nach Tarif abgerechnet werden. Bedingung war allerdings, dass man sich einem sogenannten Kollegium, das aus mindestens drei Designern zu bestehen hatte, anschließt. Zudem hatte man *Zugang* zu hochwertigen Arbeitsmaterialien aus dem Westen. 1989 erfolgte meine Aufnahme in den Verband. Sie ahnen, liebe Leser, dass der ganze Aufwand umsonst war. Jeder konnte nun nach Lage seiner Fähigkeiten und Kenntnisse ein Designer sein, wie auch ein *jeder Mensch ein Künstler* ist.

Das Jahr 1989 brachte mir nicht nur die eben besprochene Mitgliedschaft im VBK und die während der Reisen in die UdSSR gewonnenen Erkenntnisse (vgl. Kapitel 2), nein, es ergab sich für mich unverhofft eine Karrierechance. Die großen Kombinate wie Robotron, Fortschritt oder *RFT*, die Konsum- und Investitionsgüter für den Export herstellten, hatten in ihren Leitungsstrukturen auch sogenannte Chefdesigner. Diese sollten die gestalterischen Aktivitäten koordinieren und letztlich dafür sorgen, dass die Designqualität der Erzeugnisse gesteigert wird. War eine solche Stelle frei, dann wurde sie nicht ausgeschrieben. Die Suche nach Kandidaten und das Auswahlverfahren waren Teil der Kaderpolitik in den Kombinaten. Ein Chefdesigner hatte eine große Verantwortung. Damit er seine Entscheidungen auf der Höhe des Weltniveaus treffen konnte, war er natürlich ein Reisekader! Aus meiner damaligen Sicht war dieser Posten schon in diesem Sinne sehr erstrebenswert. Parteilose kamen hier nie in die engere Wahl.

Aber man soll niemals nie sagen: Als im Kombinat Elektrogerätewerk Suhl die Stelle zu besetzen war, fiel die Wahl auf mich. Irgendwer im Hintergrund muss mich empfohlen haben. Dass also jemand wie ich als würdig und kompetent erachtet wurde, war sehr erstaunlich. Ich konnte es mir nur so erklären: »Ganz oben« war offenbar die Erkenntnis gereift, dass man bei der Bewältigung der ökonomischen Krise auch unkonventionelle kaderpolitische Entscheidungen treffen muss. Das Parteibuch war eben nicht der Garant für Können. Vielleicht war mein jetzt für möglich gehaltener Aufstieg bereits ein eindeutiges Indiz, dass es mit der DDR zu Ende geht.

So habe ich in jenen Tagen natürlich nicht gedacht. Ich bin schnurstracks nach Suhl gereist und habe mir meinen künftigen Arbeitsplatz angeschaut. Alles wirkte sehr erfreulich. Die Entwicklungs- und Designabteilung nutzte bereits beste westliche Rechentechnik und CAD-Programme. Mit meinen künftigen Kollegen hatte ich freundliche Blicke getauscht. Man muss dazu bemerken, dass die in riesigen Stückzahlen produzierten Erzeugnisse meist gut gestaltet waren, denn sie füllten ja unter Tarnmarken wie »Privileg« die westlichen Warenhäuser und Versandhauskataloge. Die Erzeugnispalette reichte vom Fön bis zum Mixer, vom Toaster bis zum Staubsauger. Doch der Grund, warum ich die Wende schließlich in Halle erlebte, ist banal. Ich hatte der Direktion des Kombinates eigentlich nur eine Bedingung gestellt: Ich wollte in Suhl für mich und meine Familie eine geräumige und intakte Altbauwohnung. Exakt hier versagte das System. Alles hätte geklappt, nur das nicht. Monate gingen ins Land – und irgendwann hatte das Wort Wende eine ungeahnte praktische Brisanz. Von nun an war ein jeder Mensch ein Reisekader respektive ein Runkel! Ich erkannte rasch, dass es wohl besser sei, die Wendezeit hinter den Burgmauern zu verleben und schrieb den Suhlern einen freundlichen Brief in welchem ich mich für das Vertrauen bedankte.

Im Rückblick drängt sich die Frage auf, ob das DDR-System länger durchgehalten hätte, wenn man zehn Jahre eher auf die Idee gekommen wäre, die Parteilosen in die kaderpolitischen Spiele einzubeziehen. Aber es ist müßig, darüber nachzudenken. Allerdings bin ich dem Wohnungsamt in Suhl für seine Tatenlosigkeit ein wenig dankbar. Man hatte mich im »Zwischenraum« gehalten. Falls mir die Suhler im Oktober 1989 ein schönes Gehäuse angeboten hätten, mit Innen-WC, halbwegs trockenem Fahrradkeller, Balkon, intakten Kachelöfen, Badeofen und Wanne – wahrscheinlich wäre mein Leben sehr anders verlaufen. Das Kombinat hat 1991 aufgehört zu existieren. Die 4000 Werktätigen am Standort Suhl hatten nunmehr »frei«.

Anmerkungen

Distanz: Ich rate Studierenden immer, nicht in der Ich-Form zu präsentieren. Das Ich erzeugt eine störende Betroffenheit und Personalisierung, die es dem Auditorium erschwert, sich die präsentierte Sache anzueignen.

Negation: Das dialektische Grundgesetz der Negation der Negation fand in der DDR durchaus seine praktische Anwendung, vor allem, wenn es der SED genehm war.

methodische Grundlehre: Im Kleinen gab es auch eine Gegenbewegung. Bei der Neugründung des Fachbereichs Gestaltung an der HTW Dresden wurde das Grundlehremodell aus Schwäbisch-Gmünd importiert. Die dortige Fachhochschule bewahrt das Erbe der berühmten Hochschule für Gestaltung in Ulm und insofern war der Import eine gute Sache!

Formgestalter: Diese Berufsbezeichnung klingt zwar etwas sperrig, doch so stand sie auf der Diplomurkunde und sie war durch das geschilderte Verfahren geschützt. Wie selbstverständlich hat sich später die Bezeichnung Designer durchgesetzt. Ein solcher ist man allerdings auch schon nach dem Ankleben eines violetten Fingernagels oder nach dem Rasieren eines Venushügels. Meine Zunft sollte wieder zur DDR-Bezeichnung zurückkehren.

Zugang: Man erinnere sich an die Charkower Luke in Kapitel 14.

jeder Mensch ein Künstler: Dieses Paradigma prägte Joseph Beuys bereits 1985. Er nahm damit seinen Mitmenschen manche Hemmung.

RFT: Dieses Kombinat hieß korrekt VEB RFT Kombinat Nach-richtenelektronik. Man stellte Rundfunk- und Fernsehtechnik her.

Mit diesem Matchboxauto habe ich als Knabe trainiert. Ich kam fünfundzwanzig Jahre später mühelos klar mit dem Londoner ÖPNV.

Kapitel 16
Me like it like that

Nachwendeerfahrungen werden im schwingenden London und in einer königlichen Hochschule gemacht. Wer »Matchbox«-Autos kennt, versteht die Welt. John Constables kleine Welt erweist sich als die schönste. Rap ist offen.

Anfang der 1990er Jahre war ich an der Burg als wissenschaftlich-künstlerischer Mitarbeiter auf einer unbefristeten Stelle angestellt. Ich musste wie alle Kollegen eine dreifache Evaluation über mich ergehen lassen. Zuerst wurde überprüft, ob ich Inoffizieller Mitarbeiter (IM) oder gar ein Offizier im besonderen Einsatz (OibE) bei der *Stasi* war. Danach überprüfte eine Personalkommission meine persönliche Integrität. Diese Bewertung nahmen Kollegen vor, die vorab von höherer Instanz als integer bewertet wurden. Hier ging es um die Verflechtungen mit dem allgemeinen politischen System und dem Parteiapparat. Danach wurde von einer Außerordentlichen Berufungskommission begutachtet, inwieweit man überhaupt geeignet ist, an der Burg zu lehren und zu forschen. Es ging hier für die meisten nur um die Einschätzung der rein fachlichen Kompetenzen, also noch nicht um das Erlangen einer Professur. Den Kommissionsvorsitz hatte eine westdeutsche Fachkraft inne. Nachdem ich dreifach per Brief das erfahren hatte, was ich bereits wusste, konnte ich wieder meiner Arbeit nachgehen.

Dazu ist zu sagen, dass ich während meiner weiteren glücklichen Laufbahn im öffentlichen Dienst noch dreimal auf Verquickungen mit der Stasi überprüft wurde. Dies passierte bei zwei Neueinstellungen routinemäßig und im Jahre 2005 vorsichtshalber noch einmal zwischendurch. Über die Jahre habe ich ja manches vergessen, so dass ich recht froh war, sechzehn Jahre nach der Wende noch einmal amtlich zu erfahren, dass ich nicht dabei war. Doch halt, im entlastenden Brief steht nur, dass in den bisher erschlossenen Stasiunterlagen »keine Hinweise« zu finden seien. Also keine Entlastung! Insofern bleibt es spannend bis zum Schluss. Den letzten Brief hebe ich gut auf, falls ich noch alles vergesse. Das penetrante Misstrauen mir gegenüber habe ich verziehen, es ist bereits ... vergessen?

Als diese Verfahren abliefen, war ich – wie man so sagt – mitten im besten Alter. Bis zur Wende war ich, abgesehen von der späten Karriereoption in Suhl, prinzipiell ausgeschlossen von den kaderpolitischen Aufstiegsspielen. Damit hatte ich mich knurrend abgefunden, doch nun witterte ich Morgenluft! Ich wäre gern an der Burg in eine wirkungsvollere Rolle gekommen, um mein akkumuliertes Wissen an die Studentin oder den Studenten zu bringen und bewarb mich entsprechend um eine neu geschaffene Stelle. Außer mir gab es noch etliche aus den Reihen der talentierten parteilosen Gestalter und Künstler, die zum Teil deutlich älter und entsprechend dringender zu versorgen waren. Parallel dazu drängten, wie im Vorkapitel angedeutet, westdeutsche Bewerber in großer Zahl auf den Karrieremarkt. Die Stellen wurden rasch knapp. Es kam wie es kommen musste; meine Generation stand hinten an. Die Berufungskommissionen taten ihr Bestes und konnten nicht alle Bedürfnisse befriedigen. Man wollte sich einerseits zum Westen hin öffnen, aber auch die gröbsten Ungerechtigkeiten der alten Zeit ausgleichen. Das geschah bei gleichzeitiger Schrumpfung des Lehrkörpers. Diese *Reise nach Jerusalem* war unerfreulich.

In nüchterner Abschätzung der Lage in Halle bewarb ich mich auf mehrere Stellen in Ost- und Westdeutschland. Parallel dazu bemühte ich mich um einen Platz in einem sogenannten

»Post Experience Programme«, das vom Royal College of Art (RCA) in London angeboten wurde. Hier sollten bereits graduierte Gestalter und Künstler mit neuen Tendenzen vertraut gemacht werden. Mein Interesse galt der Vertiefung in »Computer Related Design«. Der Studiengang wurde von der Professorin Gillian Crampton Smith geleitet. Sie ist eine Pionierin auf dem Gebiet des *Interaction Design*. Nicht nur im kalifornischen Cupertino, auch in London begannen die technischen Entwicklungen, die heute das Krabbeln auf allen möglichen interaktiven Oberflächen und das Brabbeln mit »Siri« erlauben. Der Aufenthalt in London barg für mich in doppelter Hinsicht zahlreiche Einsichten. Ich lebte einerseits von heute auf morgen tief drin im richtigen Westen mit all seinen erstaunlichen Daseinsformen und nahm andererseits Teil an einem spannenden Innovationsprozess im Design. Letztlich bin ich bis heute in den Fußstapfen der berühmten Vordenkerin unterwegs und versuche natürlich, selber ein paar Spuren zu hinterlassen.

Ich hatte mit diesem Aufenthalt einen wertvollen Pluspunkt für meine Ostbiografie erworben. Das war mir zu diesem Zeitpunkt noch gar nicht bewusst. Aus der Perspektive eines westdeutschen Schätzers meiner Leistungskraft erschien ich nun als Ostdeutscher, der beweglich ist. Ich war nicht das Dornröschen, das darauf hofft, im Burgturm wachgeküsst zu werden. Nein, ich überwand den Schlaf mit einem Espresso doppio und eilte – um im Bild zu bleiben – mit gespitzten Lippen dem Prinzen entgegen und mochte er auch aus Darmstadt sein!

Verglichen mit der Burg war das RCA anders und ähnlich zugleich. Die Schule befindet sich in einem schlichten Stahl-Glas-Turm, der direkt am Hyde Park steht. Alle Fachbereiche sind kompakt in diesen Turm eingestapelt. Hier gibt es keine Ähnlichkeit zum Bergfried der Burg. Ein weiterer Unterschied bestand seinerzeit darin, dass das RCA eine perfekt arbeitende Administration besaß. Es hatte nach meiner Ankunft keine vierundzwanzig Stunden gedauert, da besaß ich einen Ausweis, einen Arbeitsplatz nebst Mac und der »Accomodation service« hatte mir ein bezahlbares Zimmer in einer kleinen Wohngemeinschaft in Southfields vermittelt. Ebenso wurde mir prompt der wichtige Pfad zum RCA-eigenen Pub gewiesen. Dafür flossen allerdings etliche British Pounds in Form von Studiengebühren. Hierbei wurde ich vom *DAAD* finanziell unterstützt. Wenn man Bertolt Brechts »Lied von der belebenden Wirkung des Geldes« die gallige Schärfe nimmt, dann passte es auf meine Situation.

»Eben war noch alles voll Beschwerden
Jetzt ist alles golden überhaucht...« (Brecht 1963, 71)

Recht vertraut erschien mir der Lehrbetrieb. Die Arbeit erfolgte in Gruppen und mit Präsentationen informierten wir über den eigenen Arbeitsstand. Ich hatte mir ein eigenes Thema gestellt und mit Gillian abgestimmt. Die Konsultationen endeten zumeist mit einem »Do it!«. Es gab kein ewiges grüblerisches Abwägen, sondern immer eine erfrischende Ermutigung zur Tat. Das Fluidum in den Studios, in den Ausstellungsbereichen und in der Mensa bewirkte ein Übriges.

An den Wochenenden durchstreifte ich London. Mal war ich im Kino, mal in einem Club, mal im Pub, mal in einer Kunstsammlung, mal auch außerhalb Londons, mal saß ich am »Camden Lock« und bewegte für die Schiffer die Schleusentore. Dieses Schwimmen in der Vielfalt der Menschen behagte mir sehr. Es fuhren Anfang der 1990er Jahre noch die roten »Roadmaster«-Doppeldeckerbusse, die hinten offen waren, so dass während der Fahrt auf- und abgestiegen werden konnte. Ich wusste wie das geht, denn ich hatte als Kind einen solchen Bus im »Matchbox«-Format von der Stuttgarter Großmutter bekommen. Mein Lieblingsplatz war oben vorn. Während der Bus im Schritttempo durch den Feierabendverkehr pflügte, saß ich dort und schaute und schaute und schaute. War ein Zebrastreifen zu sehen, dann hoffte ich, dass die »Beatles« mit dem wiederauferstandenen John Lennon wie einst im Jahre 1969 die Straße überqueren. Überhaupt *klang die Stadt* für mich sehr nach »Beatles«.

Täglich fuhr ich über eine große Distanz mit der U-Bahn, der »Tube«, denn Southfields liegt bereits an der Peripherie der Stadt nahe Wimbledon. Die Fahrt am Ende eines Tages mit all den Mitmenschen, die müde in ihre Vororte wollten, bot ein reiches Feld für meine diskreten Beobachtungen. Die Londoner ohne Arbeit und Obdach waren in der Stadt geblieben und hatten sich in einem Pappkarton auf einem Lüftungsschacht oder in einem Hauseingang fertig zur Nacht gemacht. Ralph McTells Ballade über die »Streets of London« kannte ich aus dem Westradio. Nun sah ich in den Abendstunden die besungene Szenerie mit eigenen Augen. Es war schon eine gewisse Tragik der DDR, so resümierte ich, dass wir per Westfernsehen nonstop die rosa Reklamewelt aus Rosenheim und sonstwo im Wohnzimmer besichtigt hatten. Besser wäre gewesen, wir hätten – meinetwegen mit dem Jugendtourist-Reisebüro – die BRD tatsächlich übersprungen und wären bis zu diesen Pappkartons gelangt. Denn das hätte mancher Sozialismuskritik die Schärfe genommen. Sie wäre ganz einfach in eine allgemeine Sozialkritik umgeschlagen. Diese Chance, »to make you change your mind«, hatten die Honeckers und ihre Kampfgefährten vertan – und nicht nur diese.

Es liegt in London aus der Sicht eines gelernten DDR-Bürgers ein berühmter Mensch begraben: Karl Marx. Er wurde auf dem Highgate Cemetery bestattet, so viel weiß ich noch aus dem Englischunterricht. Dort war ich nicht. Aus der Sicht eines Hallensers gibt es eine weitere Berühmtheit, die in London ihre letzte Ruhe fand: Georg Friedrich Händel. Sein Grab befindet sich in der Westminster Abbey. Ich besuchte den Ort relativ rasch nach meiner Ankunft. Hallenser halten zusammen.

Das Londonkapitel will ich mit einer Huldigung des Malers John Constable abschließen. Er wurde 1776 in East Bergholt in Suffolk geboren und blieb der Landschaft am River Stour verbunden. Er schuf herbe, romantische Landschaftsdarstellungen, die für mich zu den schönsten zählen, die ich je gesehen habe. Jeder mag eine eigene Meinung haben, aber für mich ist er der größte englische Maler. Auf Platz zwei – also ganz dicht dahinter – steht natürlich *William Turner*.

Im Londoner Victoria & Albert Museum gibt es eine umfangreiche Sammlung der Werke John Constables. Ich versichere Ihnen, dass ich mehrmals dort war. Und während einer späteren Englandreise habe ich im »Constable County« ein kleines Ölbild gemalt. Es hatte fürchterlich gestürmt und geregnet. Ich stand im Windschatten eines mächtigen Weidenstammes und schaute immer nur für kurz zu meinem Motiv, das in der Richtung lag, aus der es blies. Diese Mühe war ich John Constable schuldig und ich hatte den Kirchturm von Dedham, wo Constable zur Schule gegangen war, zum Motiv erkoren. Abends lief ich dann müde zur nächsten Bahnstation in Manningtree. Dort gab es zwischen den Gleisen einen kleinen Pub. Diese Verbindung von Eisenbahnwesen und Bierausschank erschien mir als »very British« und sehr gelungen. Mir wurde warm ums Herz. Die Mühe im Sturm war schnell vergessen.

Ganz zum Schluss will ich noch offenlegen, warum dieses Kapitel »Me like it like that« betitelt ist: Im Stadtteil Camden Town gab es zu »meiner Zeit« einen Musikclub, den ich ab und zu besuchte. Eines Abends sollte von einer New Yorker Formation, deren Name mir entfallen ist, Rap geboten werden. Ich war auf gut Glück hingefahren, stand vor dem Eingang und überlegte, ob Rap als Musikrichtung für mich geeignet ist, da rief mich der Türsteher herbei und pries das Programm. Ich fragte ihn, ob ich mit meinen 36 Jahren denn nicht zu alt sei für Rap. Er legte mit den herzlichen Worten »Nobody is to old for Rap« den Arm um mich und schob mich in den Club. Hier war die Hölle los. Außer mir waren nur Farbige im Club, die bei fröhlichem Tanze waren. Wenn der Frontrapper sich noch mehr Engagement vom Auditorium wünschte, dann schrie er ins Mikrofon »LONDON TOWN!« Er erhielt vielkehlige Antwort! Ein Titel der Band hieß exakt »Me like it like that«. Und das traf meine Stimmung mit hoher Präzision.

Anmerkungen

Stasi: Ich hatte, noch bevor ich recht häufig auf Mitgliedschaft überprüft wurde, gleich nach der Wende um Akteneinsicht ersucht. Es gab keine Opferakte. So uninteressant war mein Leben! Das gegenseitige Belauern nach der Wende, um herauszubekommen, wer denn nun »dabei« war, fand in Halle ein rasches Ende: Im Sommer 1992 wurde der BILD-Zeitung von Halle eine Liste mit 4500 IM-Namen samt Klarnamen und persönlichen Details übermittelt. Manche Kollegen überraschten mich, manche nicht.

Reise nach Jerusalem: Mit diesem Spiel, das in der DDR Stuhltanz hieß, ermittelt man einen Gewinner aus einer Gruppe, die musikalisch untermalt um eine Stuhlreihe rennt. Beim abrupten Stop der Musik sollte jeder einen Platz finden. Es fehlt jedoch ein Sitzplatz. Der platzlose Spieler scheidet aus: Pech! Ein Stuhl wird entfernt und das Rennen beginnt erneut. So betrieben, macht das Spiel Freude.

Interaction Design: Dieses Spezialgebiet des Designs ist mit der bedienergerechten Gestaltung von computergestützten technischen Systemen befasst. Es geht um grafische Schnittstellen. Also mein heutiges Gebiet.

DAAD: Abkürzung für Deutscher Akademischer Austauschdienst, der Gemeinschaftseinrichtung der deutschen Hochschulen und Studentenorganisationen zur Förderung des Austauschs von Studierenden und Wissenschaftlern.

klang die Stadt: Die Beatles lieferten den Sound im Großen und Ganzen. Wenn Sie mich jedoch fragen, welche Stimme für London steht, dann ist es das unverwechselbare Organ Noddy Holders, des Sängers von »Slade«.

William Turner: Turners Gemälde »Regen, Dampf, Geschwindigkeit – The Great Western Railway« aus dem Jahr 1844 bietet die endgültige malerische Darstellung einer auf den Betrachter zueilenden Dampflokomotive.

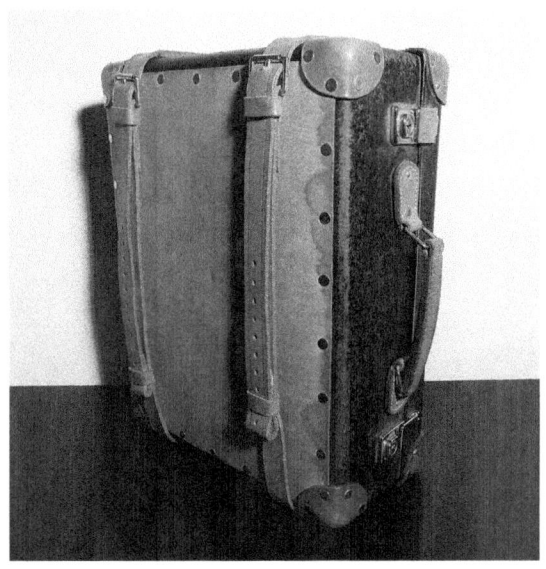

Damit die Reisefreiheit auch Freude bereitet, wurde 1990 dieser
Koffer der Marke »Globe-Trotter« aus englischer Produktion an-
geschafft. Es war viel zu bereisen.

Kapitel 17
Mit uns zieht die neue Zeit

Netzwerke sind die leistungsfähigeren Seilschaften. Ein starker Arm allein nützt wenig. Der Müllmann guckt nicht mehr wie früher. Auf einer Ordensburg wird Geschichte erlebt.

Die Geschichte neigt sich langsam dem Ende, also der Gegenwart zu. Während der Londoner Zeit *erhielt ich einen Ruf* auf eine Professur nach Dresden. Das war ein Glücksfall für mich, das sage ich in aller Deutlichkeit. Natürlich war ich überzeugt, auch für die Stelle geeignet zu sein. Doch neben mir gab es etliche Alterskollegen aus Halle, Berlin-Weißensee und anderswo, die für das Gebiet des Industrie-Design genauso qualifiziert waren. Diejenigen, die es in Ost und West in den ersten Jahren nach der Wende in ein hohes Lehramt geschafft hatten, lassen sich auf meinem Gebiet an einer Hand abzählen. Dies steht in keiner Relation zu den zahlreichen Stellen, die im Designbereich neu eingerichtet wurden und zu besetzen waren.

Meine »Flucht nach vorn«, nach London, war richtig gewesen. Die sentimentale Bindung an die gute alte Burg bot reichlich Stoff für schönste Erinnerungen, taugte aber nicht als Basis meiner beruflichen Zukunft. (vgl. Kapitel 16) Nach den Erfahrungen an der Burg bewarb ich mich nur an Hochschulen, in denen weder ältere integre, noch frisch gewendete Ost-Kollegen aus dem Designbereich in den Kommissionen saßen. Erstere hätten mich mit dem Argument, »der ist zwar ganz gut, aber noch nicht dran« abgelehnt. Die zweite Gruppe hätte mich aufgrund meiner Biografie abgelehnt. Ich stand ja als Beispiel da, dass ein Leben in der DDR auch ohne allzu tiefen Kotau vor Partei und System möglich war.

Nach diesem Kriterium blieben nicht mehr viele Möglichkeiten und diese boten sich nur dort, wo neue Standorte gegründet wurden. Die Kommission, die mich schließlich akzeptierte, bestand zum großen Teil aus westdeutschen Designern. Ich bin überzeugt, dass ich nur vor ihnen eine reale Chance hatte. Diese war zwar gering, aber grundsätzlich gegeben! Vor den oben genannten Ost-Kollegen hatte ich prinzipiell keine. Meine Rechnung war also aufgegangen und zwar im Osten! Hier wollte ich durchaus bleiben, um meinen Weg dort fortzusetzen, wo ich meine gute Bildung erhalten hatte.

Dem aufmerksamen Leser wird aufgefallen sein, dass ich die Einteilung in Ost und West an vielen Stellen vereinfachend nutze. In den ersten Jahren nach der Wende habe ich diese Unterscheidung noch recht hoffnungsvoll vermieden. Doch als die Jahre ins Land gingen und im öffentlichen Diskurs der »Osten« immer wieder umrissen beziehungsweise als solcher thematisiert wurde – als ehemalige DDR, als Beitrittsgebiet, als neue Bundesländer, als Neufünfland, gar als Dunkeldeutschland oder einfach nur als der Osten schlechthin –, da manifestierte sich die Teilung in meinem Kopf. Wohlgemerkt geht es mir nicht um Wertung – nur um eine Vereinfachung durch den Gebrauch von Kategorien. Dies überrascht mich insofern, als ich mich vor der Wende nie als einen Ostdeutschen verstanden habe und als einen Deutschen eigentlich auch nicht. Ich hätte mich im privaten Bereich auch nie als DDR-Bürger bezeichnet. Ich war ein Leipziger, ein Hallenser oder ein Ilmenauer. Manchmal fühlte ich mich als Sachse, der zwar aus Leipzig, jedoch nicht aus *Sachsen* kommt. Dem Gefühl nach war ich staatenlos.

Nur einmal im Leben nutzte ich vor der Wende die Ost-West-Unterscheidung: Im Sommer 1986 war ich mit einer Partnerin in

Siebenbürgen in Rumänien wandernd unterwegs. Die Versorgung mit Lebensmitteln war in Ceausescus Herrschaftsbereich sehr mangelhaft, entsprechend büßten wir in diesem Urlaub etliche Kilogramm an Gewicht ein. Ständig war man auf der Suche nach Essbarem. Brot war ein Luxusartikel. Walnussbäume, Mais- und Tomatenfelder dienten uns als Supermarkt.

Einmal kamen wir in der Mittagszeit durch Baaßen (Bazna) bei Mediasch. Plötzlich lag der Duft von frisch gebackenem Brot in der Luft. Fortan ging es der Nase nach. Die Bäckerei hatte jedoch unter Mittag geschlossen. Da zu befürchten war, dass wir in der nachmittäglichen Schlange der Wartenden kein Brot abbekommen, fassten wir uns ein Herz und suchten einen Hintereingang, um zur Backstube zu gelangen. Die Tür war offen und wir erblickten den Bäcker, wie er gerade die frischen Brote mit einem hölzernen Schieber aus dem Ofen holt. Wir fragten ihn, ob eines seiner Werke zu kaufen sei. Dazu ist zu sagen, dass die meisten der im Karpatenbogen lebenden Siebenbürger Sachsen deutsch sprachen. Er hielt ein Brot in die Luft und stellte sehr verständlich die Gegenfrage: »Ost oder West?« Wir waren überrumpelt und bekannten ehrlich, aus der DDR zu sein, wobei wir im Unklaren waren, wie seine Reaktion ausfallen würde. Vielleicht spekulierte er auf Westgeld? Die kleine Geschichte ging gut aus: »Ich schenke euch ein Brot, denn wir sitzen in der gleichen Scheiße«. Dieses Brot schmeckte großartig mit einem aufgesparten Stück Speck aus dem Rucksack. Der Bäcker war ein guter Mensch, er möge noch einmal verzeihen, dass wir ihm Habgier zugebilligt hatten.

Also nur ein einziges Mal habe ich mich vor der Wende zum Osten bekannt, und das war in der beschriebenen Situation klug. Heutzutage und viele Jahre nach der Wende bin ich innerlich wieder an diesem Punkt angelangt. Das Schwimmen gegen den durch die Medien verstärkten Strom des Sprachgebrauchs wäre zu anstrengend. Wobei die Umdeutung des DDR-Gebietes zu Ostdeutschland sogar etwas Gutes hat. Würde sich die Bezeichnung Mitteldeutschland für die Gegend zwischen Fichtelberg und Kap Arkona einbürgern, dann wäre Ostdeutschland woanders zu verorten. Der Leser ahnt, auf welche gefährliche Büchse der Pandora ich verweisen will. Bleiben wir also bei Ostdeutschland mit all seinen Ossis.

In der Rückschau auf den Umbau der ostdeutschen Hochschullandschaft zwischen 1990 und 2000 fallen mir pauschale Urteile schwer. In jeder Disziplin lief es anders. In den Ingenieurwissenschaften ging der Wechsel in einem moderaten Tempo voran. Hier bestand die größte Chance für Wissenschaftler mit DDR-Biografie, eine attraktive Stelle zu erlangen. In den Geistes-, Kultur- und Sozialwissenschaften war ein Aufstieg für das östliche Personal fast unmöglich. Ich bin allerdings der Meinung, dass die anfängliche Lenkung der Umbauprozesse durch Westdeutsche grundsätzlich richtig war. Nur so konnte das Wirken der alten Eliten unterbunden werden. Doch stellte sich häufig dahingehend ein Automatismus ein, dass Westdeutsche eben vorzugsweise Kollegen aus ihrer alten »wissenschaftlichen Heimat« nachholten. Dabei ist unbestritten, dass es sich bei den Nachgeholten zumeist um kluge Leute handelte und dass der Wissenschaftsbetrieb von ihren Erfahrungen und internationalen Kontakten profitierte. Doch wenn das freie Spiel der Kräfte erst einmal entfaltet wird, wer will es aufhalten? Blatt deckt Brunnen, Schere schneidet Blatt, *Netzwerk besiegt Seilschaft*.

Ausgehend von der letzten Bemerkung sei ein kleiner Ausflug gestattet. Netzwerke sind als robuste technische Strukturen zum Zwecke der Kommunikation oder des Energietransportes entworfen worden. Fällt im Netz ein sogenannter Knoten aus, dann können Nachrichten oder Ströme einen alternativen Weg zum Ziel suchen. Umwege spielen grundsätzlich keine Rolle. Übertragen auf soziale Strukturen macht die Bildung von Netzwerken ebenfalls Sinn. Sitzt auf dem Knoten ein Fauler oder Dummer, dann kann dieser umgangen werden – und man kann trotzdem mit ihm ein Bier trinken gehen. Schließlich lässt sich zum Thema der »Netzwerke« noch sagen, dass sie eher ein westliches Phänomen darstellen. Netzwerke sind also gut. Wer »netzwerkt« ist pfiffig. Damals in der DDR verließ man sich nicht auf ein soziales Netz, man hatte Beziehungen oder Freundschaften. Mit dem Netz ging man einkaufen.

Seilschaften reagieren wesentlich empfindlicher auf Störungen. Denn sie bilden hauptsächlich lineare Strukturen. Man denke hier an die beliebte Nahaufnahme aus Actionfilmen, die im Gebirge spielen: Ein Seil, dass unter Volllast über eine Felskante gespannt wird, zerfasert zusehends. Es verwundert also, dass östliche Nachwendeverbünde abwertend als Seilschaften bezeichnet wurden, denn ursprünglich ist ja der Begriff positiv belegt. Bergsteiger sind tolle Kerle, die sich auf den Hersteller des Seils und auf den Bergkameraden verlassen müssen. Wurde jedoch ein Trupp Ostler als Seilschaft bezeichnet, kam ein negativer Tenor ins Spiel. Konspiration wurde unterstellt. Das ist eine alte Seilschaft! Warum »netzwerken« die nicht, wie anständige Leute?

Am Ende der Geschichte zeigt sich, dass die Zuordnung von Seilschaften zur DDR als einer hierarchisch organisierten Gesellschaft passend ist. Die Implosion des Systems hängt eben auch damit zusammen, dass einfach ein paar Seile gerissen sind. Ein Netzwerk hätte die Angriffe von der Straße besser ausgehalten.

Als jemand, der vom Reißen der Seile profitiert hat, begrüße ich natürlich die seilschaftliche Organisation des alten Staates. Die Thematik »Netzwerk vs. Seilschaft« hat sich allerdings fast erledigt. Die Seilschaft ist im Bereich von Wirtschaft und Politik eine verschwindende Form. Heute sind alle im Netz und kaufen mit der Plastik-Tragetasche ein.

Doch zurück zur eigentlichen Frage, die schwer zu beantworten ist: Was hätten die Politiker oder was hätten wir tun müssen, um den Prozess für die Ostdeutschen gerechter zu gestalten? Vielleicht wäre eine Quote hilfreich gewesen, per Gesetz eingerichtet nach Abschluss der Umbauprozesse? Proteste wären die Folge gewesen: »Nur die besten Köpfe!« und »Wissenschaft ist kein Naturschutzgebiet!« Oder noch besser und fast schon perfide: »Das beleidigt die Ostdeutschen!« Diese Proteste gibt es immer, wenn Nachteile ausgeglichen und Besitzstände neu geregelt werden sollen. Frauen kennen das. Es ist nicht einfach.

Wie auch immer, es kam anders. Dies hat der Wissenschaft, oder in meinem Fall der Forschung und Ausbildung im Designbereich ganz sicher nicht geschadet, wohl aber dem sozialen Frieden im Umfeld der Hochschulen. Die Leitbilder erodierten an den Ufern von Elbe und Saale. Ich erinnere mich an Stellenausschreibungen, auf die sich keine Ostdeutschen mehr bewarben. Sie hatten es aufgegeben. Entsprechend blieb dieser spezifische Nachwuchs aus. Infolge der asymmetrisch verteilten Aufstiegschancen gibt es in den ostdeutschen Familien eine geringe Anbindung an die kulturprägenden Eliten. In einer westdeutschen Familie ist irgendein Enkel vielleicht Chef eines großen Forschungsinstituts, eine Cousine ist Verlagsleiterin, eine Tochter ist Chefredakteurin einer überregionalen Zeitung, ein Neffe leitet ein bedeutendes

Kunstmuseum und der gute Onkel ist sogar Konteradmiral. Für das Gefühl, dazu zu gehören, reicht es zumeist aus, wenn man jemanden im familiären oder sozialen Umfeld kennt, der dazu gehört. Umgekehrt nehmen jene, die keinen kennen, die Rolle von Zaungästen ein und zeigen auf »die da hinter dem Zaun«. Meinen Eltern galt die neue Zeit bei aller Kritik immer auch deshalb als die grundsätzlich bessere, weil ihr Sohn »es geschafft hatte«.

In ferner Zukunft – ich schätze in nicht ganz 100 Jahren – wird, wenn nichts dazwischenkommt, die Frage der Herkunft keine Rolle mehr spielen. Die *Austauschprozesse* zwischen Ost und West sind dann abgeschlossen. In Kapitel 20 versuche ich den Gedanken noch etwas zu vertiefen.

Meine eben vorgenommenen Einschätzungen beziehen sich auf die »Intelligenz«. Hier kenne ich mich aus. Ich wage nun einige Bemerkungen zur »Arbeiterklasse«, und diese sind möglicherweise noch subjektiver gefärbt als der Rest meiner Darlegungen. Der Sozialromantiker in mir wird sprechen. Meine Wahrnehmung des »Werktätigen« geschah aus der Perspektive des zumeist toleranten und wohlwollenden Beobachters. Die vielfältigen Kontaktfelder von UTP bis NVA habe ich in den vorangehenden Kapiteln geschildert. Aber es kamen noch andere, alltägliche hinzu: der Kohlenmann bringt Braunkohlenbriketts, der Aschemann holt die Asche ab, der Kellner sieht mich nicht, die Fleischverkäuferin zeigt mir ihre Pökelrippchen, der Schornsteinfeger lässt die von einer Eisenkugel beschwerte Drahtbürste mit Effet unvermittelt in meine Esse fallen, die Küchenfrau kellt dicke Erbsen mit Speck in die beigefarbene Schüssel aus *Meladur*, der Bierfahrer rollt das volle Alufass und die Werkzeugverkäuferinnen locken mich mit Schraubzwingen.

Wie in Kapitel 12 geschildert, wusste ich um die größere Freiheit dieser Leute in politischen Dingen, von der sie aber kaum Gebrauch machten. Auch wenn ich nicht auf Dauer mit ihnen tauschen wollte, so beneidete ich sie in Situationen der Nötigung durch das System. Sie erschienen mir als selbstbewusste Menschen. Etwas Sicheres war in ihrem Blick. Schauen Sie sich nur die Arbeiterporträts oder die Gruppenbildnisse von Roger Melis, Helga Paris oder Evelyn Richter an. Dann wird erkennbar, was ich meine. Deren Status hängt vielleicht mit der ihnen zugewiesenen Rolle als revolutionärer Klasse zusammen. Wenn man jemandem vierzig Jahre lang erzählt, dass er zu den Auserwählten zählt, dann bleibt ein Stück *Selbstbewusstsein bei aller Misere* im Chemiekombinat übrig. Zudem lebten sie in stabilen wirtschaftlichen Situationen. Unkündbarkeit bei Vollbeschäftigung, höheres Einkommen durch Wechsel der Arbeitsstelle. Die negative Seite dieses Selbstbewusstseins war, dass man im Dienstleistungsbereich mitunter auf Hochmut und Verweigerung stieß. Dies ließ mitunter mich, den Leistungsempfänger oder Kunden, zum kleinen Bittsteller werden.

Als ich meine ersten Gänge durch westdeutsche Städte unternahm, bemerkte ich ziemlich schnell das Fehlen des sicheren Blicks bei den Müllmännern oder den Bauarbeitern. Dies wurde jedoch mehr als ausreichend kompensiert durch das Selbstbewusstsein der hochgewachsenen Anzugträger in den Bankenvierteln. Im Dienstleistungsbereich, in der Gastronomie oder im Einzelhandel traf ich jedoch auf eine entwaffnende Freundlichkeit, die ich mir als Ostler anfangs kaum erklären konnte: »Meinen die mich?«

Die Wende bewirkte selbst bei mir für einige Zeit das paradoxe Gefühl der fehlenden Vision einer gesellschaftlichen Entwicklung. Bis zum Zeitpunkt des Mauerfalls war es einfach: Irgendwann muss es anders werden; es kann so nicht bleiben; es soll aufhören! Dieses Wunschdenken gab dem Leben eine weltanschauliche Richtung; auch wenn am Ende eine Negation und Auflösung der Verhältnisse erwartet wurde! Wie das aussehen soll, was dann kommt, darüber hatte ich mir wenig Gedanken gemacht. Das Spekulieren erschien mir als Zeitverschwendung, zumal der erhoffte Termin in unbestimmbarer Ferne lag. Obzwar sich mit der Wende ganz plötzlich viele berufliche Perspektiven eröffneten, fehlte ebenso plötzlich diese vage »Zukunft«. So, dachte ich, als es passiert war: Jetzt wird ganz einfach weitergelebt bis zum Schluss! Insofern hat der Kapitalismus schon *etwas Trostloses* an sich.

Als Frohnatur hatte ich mich bald gefangen. Schließlich waren einige Kinder zu lieben, zu versorgen und zu erziehen und die Arbeit bildete zudem einen hilfreichen Rahmen. Die Ziele, die ich mir seitdem stelle, sind individueller Art. An die großen Weltrettungsaufgaben habe ich mich noch nicht gewagt.

Im zweiten Kapitel hatte ich von meiner Enttäuschung ob der raschen Verflüchtigung des Wendezaubers gesprochen. Während manche Intellektuellen noch über die Reform des Systems nachdachten, wollte ein großer Teil der Menschen auf dem hallischen Hansering gutes Geld für eine Tüte »Haribo« und einen »Golf«. Das Recht auf harte Währung erlangten sie alsbald. Nur hatte das die bekannten Begleiterscheinungen, die in der Nachwendezeit zu den weiter vorn geschilderten Ruinen und schrumpfenden Städten führten. Mittlerweile hat sich die Lage in Ostdeutschland stabilisiert, die Generation jedoch, welche die *Deindustrialisierung* durchleben musste, verdaut das nie. Denn mit den Betrieben verschwanden nicht nur die Arbeitsplätze, oder wie man heute sagt, die Jobs – es lösten sich das ganze Leben formende soziale Strukturen auf.

Im Übrigen will man auch nicht zum tausendsten Male hören, dass alles »*marode*« war und sowieso zugrunde gehen musste. Zum einen stimmt das nicht in jedem Fall und zum anderen wird so die Leistung all jener weggewischt, die selbst noch mit moralisch und technologisch verschlissenen Produktionsmitteln Ansehnliches zuwege brachten, auch wenn es sich auf höherer Warte eigentlich nicht »rechnete«.

Ich muss dazu sagen, dass mir die politökonomische Fantasie fehlt, um mir den dritten Weg vorzustellen, bei dem womöglich am Ende alle glücklich sind. Wahrscheinlich musste es eben so laufen, wenn von Sozialismus über Nacht auf Kapitalismus umgestellt wird. Erschwerend ist, dass die Gesellschaftstheorien, mit denen wir im Osten konfrontiert wurden, immer nur den Wechsel in die umgekehrte Richtung vorsahen. Um meine Erfahrungen mit dem Bahnwesen hier einzubringen: Es kann lohnend sein, rechtzeitig *Rückfahrkarten* zu lösen.

Abschließend sei eine letzte romantische Vermutung platziert: Bei aller Unterschiedlichkeit der Einzelschicksale ging es der Masse der Arbeiter recht gut in den 40 Jahren DDR – vor allem, wenn man das »sozialökonomische Gesamtpaket« betrachtet. Vielleicht sogar einmalig gut in der Menschheitsgeschichte. Die Werker hatten das auf dem Hansering und anderswo vergessen, sonst wären sie mit ihren Forderungen etwas vorsichtiger gewesen. Der Preis für deren 40-jährige Wohlfahrt war allerdings, dass sich mancher Intellektuelle in jenen Jahren miserabel fühlte. Resümierend lässt sich sagen, dass die unzufriedene Schicht der Intelligenz von der Vergesslichkeit einer ganzen Klasse profitierte. Denn wäre diese nicht so zahlreich bei den Montagsdemonstrationen erschienen, hätte es mit dem Einsturz der Mauer noch einige Zeit gedauert. *»Wenn dein starker Arm es will ...«*

Zu den Bauern, vormals auch Angehörige einer Klasse, pflegte ich nur eine Fernbeziehung. Mal radelte ich durch ihre Dörfer und mal rollte ich im Schienenbus durch ihre Felder. Dieser Abstand ist die beste Voraussetzung für noch mehr Romantik: Die bäuerliche Welt erschien mir zwar *etwas verlottert*, aber vielfach durchaus malerisch und in diesem Sinne schön. Ich kann nachvollziehen, dass die Bauerngeneration, welche die *Bodenreform* erlebt hatte, durch den Verlust der Verfügungsrechte über Grund und Boden tief gedemütigt war. Diesen Schmerz, den die gekappte Verbindung zur Scholle auslöst, kann ich nur erahnen. Solche Erfahrungen mussten ja *die ehemals doppelt freien Lohnarbeiter* nicht machen. Die Bauerngeneration jedoch, auf die ich als junger Mann stieß, schien ihren Frieden gefunden zu haben. Ihre Angehörigen waren eher Werktätige in einer maschinisierten Landwirtschaft, also keine Bauern im traditionellen Sinne mehr. Dennoch machten sie einen zufriedenen Eindruck. Unter anderem waren sie existenzieller Verantwortungen ledig und konnten sogar in den Urlaub fahren.

Die Industrialisierung der Landwirtschaft bewirkte tiefe Eingriffe in die natürliche Landschaft. Die Handtuchfelder wichen riesigen Schlägen. So zeigte die kleine DDR besonders in den nördlichen Bezirken sehr weiträumige Strukturen, die den Blick ins Unendliche zogen. Unabhängig von der Beantwortung der Frage, ob die Industrialisierung das richtige Konzept war, boten die blau-weißen *»Fortschritt«-Mähdrescher*, die in *Formation* das *»Erntegold«* bargen, ein überwältigendes Bild. Besonders in der Sommernacht bei voller Beleuchtung. Hier entstand eine

neue Ästhetik. Das romantische Bild vom Bauern, der »im Mär-
zen ... die Rösslein einspannt«, hatte ausgedient. Aus dem Mehl,
das die motorisierten »Erntekapitäne« lieferten, stellte Bäcker
Mösch in Halle feinsten Einback her (vgl. Zwischenspiel 3).

Die Intellektuellen, die sich mit dem System ein wenig mehr als
ich verbunden hatten, sahen in der Fiktion des dritten Weges
eine Möglichkeit zur Rettung der guten Seiten des Sozialismus.
Manche wollten nur Teile ihrer Biografie retten, um den beflis-
senen Lauf in die Sackgasse nicht zugeben zu müssen. Ich war in
dieser Hinsicht mit leichterem Gepäck unterwegs. Dies führte
nach der Wende zu manchem Vorwurf: Du hast Dich immer
rausgehalten! Auf diesen Vorwurf konnte ich nur antworten, dass
das Raushalten mit einigem Aufwand verbunden war und sei es
nur, dass man viel seltener Ja als Nein sagen musste. Auch ist ein
Ja schnell gesagt; ein Nein zieht immer ein Warum nach sich.

Nach der im vorangehenden Kapitel besprochenen Londonreise
folgten noch viele Reisen in das ehemalige NSW. Das Erstaun-
lichste ist für mich immer – vorausgesetzt, ich reise in friedliche
Regionen – wie viele praktikable Varianten des Miteinander es
gibt. Dabei überbrücken andere Völker oft weitaus tiefere Grä-
ben als jene, die wir innerhalb Deutschlands sehen.

Im Herbst 2015 führte mich eine Reise nach Riga, der Haupt-
stadt Lettlands. Es war für mich fesselnd zu erleben, wie die Let-
ten den Wechsel ohne den großen westlichen Bruder geschafft
haben, beziehungsweise wie sie bemüht waren, ihn zu schaffen.
Nachdem ich Riga besichtigt und seine wiedererschaffene Schönheit bewundert hatte, unternahm ich einen Abstecher in die Umgebung. Natürlich auf der bekannten Breitspur ging es per Bahn

nach Sigulda. Dort warteten gleich drei *Ordensburgen* auf mich. Beim Besuch der imposanten Ruine Treyden (auf Lettisch: Turaida) kam es zu einer Begebenheit, auf die ich nicht vorbereitet war. Bevor ich das Ereignis schildere, muss ich etwas vorausschicken: Es war für mich eine feste Tradition, meinen Vater von besonderen Orten aus anzurufen. Für ihn als immobilen alten Mann war es immer eine Freude und auch Genugtuung, seinen Stellvertreter beim Reisen zu erleben. Zumeist fragte er ungläubig: »Wo bist Du? ... Wo liegt das? ... Mensch, Rainer, ich glaub's ja nicht!« Als ich diesen Anruf vom Bergfried der Burg Treyden aus begann und ihm meinen Standort beschrieb, gab es keinen Klärungsbedarf bei ihm: »Von dem Turm aus habe ich 44 die Artillerie der anrückenden Russen beobachten müssen«. Hier stockte das Gespräch. Dass sich unsere Wege über einen Abstand von rund 70 Jahren an diesem Ort kreuzen, führte spontan zu einigen Tränen an beiden Enden der Leitung.

Anmerkungen

Mit uns zieht die neue Zeit: Zeile aus dem alten Arbeiterlied »Wann wir schreiten Seit an Seit«. Mit seiner eingängigen Melodie eignet sich das Lied auch zur Ermunterung beim Wandern. Meine Eltern hatten es auch im Programm.

erhielt ich einen Ruf: Dieser Ruf erging 1994 und führte zu einer Professur an der HTW Dresden. 2003 gelangte ich schließlich an die TU Dresden.

Sachsen: Die heutigen Bezeichnungen der östlichen Bundesländer erscheinen mittlerweile ganz selbstverständlich. Vor der Wende gab es kein Sachsen, nur die Sachsen. Sie waren eine Gemeinschaft, die einen charakteristischen Dialekt vorträgt. Die Berliner waren die Gegenspieler der Sachsen. Auch sie pflegten ihre Mundart. Ich kann mich nicht erinnern, dass es die Thüringer gab, wohl aber Thüringer Klöße und den Thüringer Wald. Von Mecklenburg und Brandenburg sprach man als Sachse sehr unscharf: Brandenburg lag irgendwo bei Berlin und Mecklenburg an der Ostsee. Vorpommern gab es nicht. Andererseits habe ich mich auch nie als Einwohner der Bezirke Halle oder Erfurt gefühlt. Die Bezirke sah man nur als administrative Strukturen. Ich war ich auf Erden und im Weltall.

Netzwerk besiegt Seilschaft: Es gibt heute an der Burg keinen Professor für Industriedesign mit ostdeutscher Herkunft.

Austauschprozesse: Hier muss ich an Versuche aus dem Chemieunterricht denken: Nach der Wende wirkte die Ost-West-Scheidelinie mit Blick auf Karrieremöglichkeiten genauso wie das semipermeable Diaphragma der Biologielehrerin. Zur Demonstration nutzte sie eine Eierschale inklusive Eihaut, Wasser und Kaliumpermanganat. Heute geht es mehr und mehr um bidirektionale Diffusion. Das ist gut so.

Meladur: Hartplastwerkstoff, aus dem Küchengeräte gefertigt wurden.

Selbstbewusstsein bei aller Misere: Gerhard Gundermann, der Liedermacher und Baggerfahrer aus der Lausitz, hat seinen hart arbeitenden Kollegen aus dem Tagebau mit dem Lied »Engel über dem Revier« ein sehr poetisches Denkmal gesetzt. Die einstmals vollbeschäftigten Schutzengel der Braunkohlenkumpel haben jetzt frei und »drängeln« sich in sauberer Luft »über dem Revier«. Sie müssen der beschwerlichen Arbeit hinterherfliegen, »so wie viele hier«.

etwas Trostloses: Als sehr bemerkenswert erscheint mir in diesem Zusammenhang die journalistische Gepflogenheit, hinter die Namen das Alter in Klammern zu setzen. Geht es um eine Bewertung, um das Ablaufdatum, um den Vergleich mit den anderen Zahlen oder um die Relation der betreffenden Person zum Leser? Möglicherweise beruht die Renaissance des Religiösen auch auf dieser Trostlosigkeit.

Deindustrialisierung: Obwohl ich das politisch-ökonomische System kritisch sah, hat mich das abrupte Abschalten ganzer Industrien, die eben noch auf Hochtouren arbeiteten und in alle Richtungen exportierten, kopfschüttelnd und traurig hinterlassen. Schließlich bin ich auch ein Ingenieur, der prinzipiell Respekt vor industriellen Leistungen hat. Wieso, weshalb, warum? Viele

Antworten kann ich mir geben, doch so ganz geklärt ist der Fall noch nicht.

marode: Ich reagiere auf Urteile durch Leute, »die nicht dabei waren«, allergisch. Die DDR mache ich lieber selber »madig«.

Rückfahrkarten: Die Deutsche Reichsbahn bot für die Wochenenden Rückfahrkarten an. Man sparte ein Drittel des Fahrpreises. Das gibt es nicht mehr. Es geht nur noch vorwärts.

Wenn dein starker Arm es will: Das ist eine Zeile aus dem Bundeslied für den Allgemeinen Deutschen Arbeiterverein. Der Text aus dem Jahr 1863 stammt von Georg Herwegh. Im Lied stehen »alle Räder still, wenn dein starker Arm es will«. 1989 nutzte die deutsche Arbeiterschaft vorerst zum letzten Mal ihren Arm.

etwas verlottert: Es ist eben nie alles beisammen: Die alten Ziegeldächer waren mitunter undicht, jedoch sehr malerisch – die heutigen, lackierten Legodächer sind dicht, aber als Motive ungeeignet. Erschwerend kommen für den Maler die Limonadenfarben auf den Dämmschaumfassaden und die applizierten Schmuckstücke aus dem Baumarkt hinzu.

Bodenreform: Diese Maßnahme in der ehemaligen sowjetischen Besatzungszone (SBZ) wird aus der Sicht der enteigneten Junker und Großgrundbesitzer kritisch gesehen. Die zahlreichen Umsiedler und Vertriebenen, die hauptsächlich Bauern waren und im Verlauf dieser Umverteilung von Grund und Boden eine Zukunft erhielten, werden diese Maßnahme vermutlich positiv bewertet haben.

die ehemals doppelt freien Lohnarbeiter: Der Lohnarbeiter ist im Kapitalismus einerseits frei, seine Arbeitskraft zu verkaufen und andererseits ist er »frei« von Eigentum an Produktionsmitteln. Sagt Marx und hat Recht.

»Fortschritt«-Mähdrescher: Ein sehr eindrucksvolles Bild boten die endlos langen Güterzüge, die mit Landtechnik beladen Richtung Osten fuhren. Das Kombinat »Fortschritt Landmaschinen« hat bis zur Wende Unmengen exportiert. Zur Ehre des Kombinates muss gesagt werden, dass die in den letzten Jahren der DDR hergestellten Erzeugnisse zumeist solide gestaltet waren.

Formation: Der Fachbegriff für die formierten »Vollerntemaschinen« lautete Weizenvollerntekette oder eben Roggenvollerntekette. Nur so konnte die »Ernteschlacht« gewonnen werden. Sie wurde immer gewonnen.

Erntegold: Mit »Bis zum Horizont« lieferte Peter Albert im Jahr 1973 den dazu passenden Schlager. »Bis zum Horizont, war alles blond so wie dein blondes Haar.« Das kann ich mir gut vorstellen. Das Haar des Mädchens hat ganz sicher geduftet. Vielleicht nach »Action«-Haarspray, doch unbedingt nach Weizenspreu und Jugend.

Ordensburgen: In diesem Zusammenhang will ich offenlegen, dass ich keine Burg, die in Reichweite ist, auslasse. Ich liebe Burgen.

Zwischenspiel 4:
Was nicht fehlt (aber fehlen könnte)

Seit der Wende nutze ich auf Reisen die dicht schließenden Thermoskannen, rolle auf stabilen Fahrrädern und genieße den Espresso aus chromglänzenden italienischen Maschinen. (vgl. Zwischenspiel 1) Doch meine Umwelt ist seither viel komplexer geworden. Ich bin umstellt von Angeboten und Dingen, die ich hinnehme, manchmal nutze und die aus meiner Sicht nicht unbedingt notwendig sind. Hier also die aktuelle Liste der Dinge, deren Verschwinden mich keinesfalls traurig machen würde:

1. Tiefkühlpizzen
2. Soziale Medien
3. Selfie-Sticks

Nun wird wieder mancher spitzfindig bemerken, dass diese Dinge das Leben einfacher und reicher machen. Unsere Lebenszufriedenheit wird gesteigert. Daran ist doch nichts Verwerfliches! Viel wichtiger wäre doch die Abschaffung

der Ausbeutung des Menschen durch den Menschen,
des atomaren Wettrüstens und
des wachsenden Individualverkehrs!

Aber seien Sie ehrlich, liebe Leser. Wird jemand, der

1. seine Pizza selbst formt und belegt,
2. statt zu »Twittern«, die Lerche belauscht und
3. seine Mitmenschen direkt freundlich anschaut,

zum erfolgreichen Ausbeuter,
smarten Bombenbauer und
unerfüllten Raser?

Eher nicht.

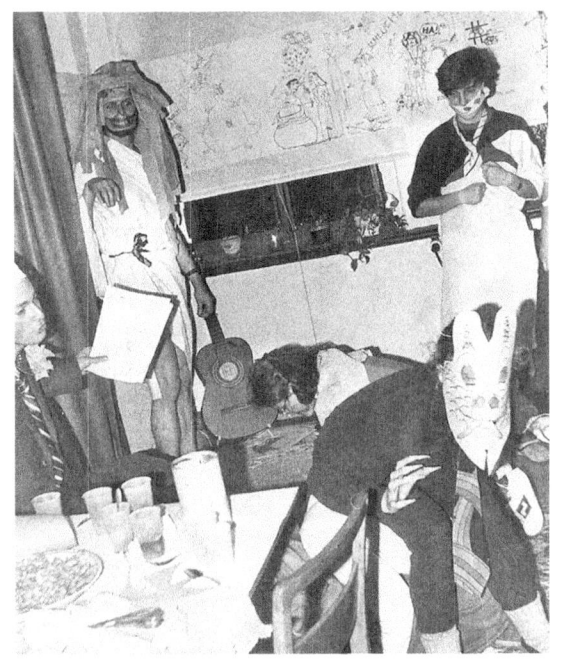

Ein Merkmal der DDR-Kunst ist, dass die Bildwelten immer wieder von Marionetten, Maskierten und Puppen bevölkert sind. Hier arrangiere ich (unmaskiert links im Bild) ein entsprechendes Szenario mit Freunden.

Kapitel 18
Ernst ist das Leben, heiter ist die Kunst

Die Abstraktion siegt zweimal. Die Kunst ist ein ernstes Geschäft.
Heiterkeit fehlt. Robert Sterl tröstet nach Kräften.

Der Kapiteltitel gibt die letzte Zeile von Schillers Prolog zu »Wallenstein« wieder. Wir hatten die Zeile 1978 auf ein großes Stück Pappe geschrieben und dazu noch zwei lässig lümmelnde Gartenzwerge gemalt. Dieses Schild zierte den Eingang zum Grafikatelier an der TH Ilmenau, denn wir »Künstler« hatten vor zu feiern. In diesem Atelier in der Friedrich-Ebert-Straße trafen sich wöchentlich etwa zehn junge Leute. Unter Anleitung des Künstlers Alfred Ehrhardt wurde vor allem Druckgrafik angefertigt. Das Material, die Drucktechnik, die Raummiete und auch das Honorar unseres Mentors stellte die Hochschule bereit. Es herrschten gute Bedingungen, die wir für normal hielten. Wenn wir eine Ausstellung vorbereitet hatten oder uns danach war, feierten wir ein kleines Fest.

Auf diese Weise hatte sich der Impuls hin zur Kunst, den ich aus dem Elternhaus mitgenommen hatte, fortgepflanzt. Das Schöne an unserer künstlerischen Tätigkeit war, dass es keinen Vorsatz gab, damit Geld zu verdienen. Es wurde einzig der Zweck verfolgt, die spröde Welt des technischen Studiums auszubalancieren. Die Kunst war in diesem Sinne heiter. Im Prolog zu Wallenstein erklärt uns Schiller seinen Begriff von Heiterkeit:

»Ja danket ihr's [... der Muse], daß sie das düstre Bild
Der Wahrheit in das heitre Reich der Kunst
Hinüberspielt, die Täuschung, die sie schafft,
Aufrichtig selbst zerstört und ihren Schein

Der Wahrheit nicht betrüglich unterschiebt;
Ernst ist das Leben, heiter ist die Kunst.«
(Schiller 1962, 274)

Nun, allzu tiefsinnig hatten wir Schillers Sentenz nicht interpretiert; wir hatten uns nur oberflächlich bei ihm bedient. Erst in meinem späteren Leben erkannte ich den hilfreichen Sinn der klugen Worte, als ich Argumente suchte, um die eigene Position abzusichern, zumal wenn diese weit ab von der herrschenden lag. Schillers Worte gelten für mich noch heute.

Bereits während der Ilmenauer Zeit fühlte ich mich ganz eins mit dem Strom der realistischen, gegenständlichen oder figürlichen Kunst. Der Impressionismus stellte für mich den Höhepunkt der Kunstentwicklung dar. In Erfurt legte ich auf den Besuchsreisen zu meinen Eltern oft eine Pause ein, um im Angermuseum die Bilder der »Weimarer Malerschule« zu betrachten. Paul Baum, Karl Buchholz und Ludwig von Gleichen-Rußwurm hießen meine Favoriten. Diese Welt war in Ordnung. Christian Rohlfs als jüngerer Vertreter zeigte jedoch, welche stilistischen Wandlungen in einem Künstlerleben passieren können. Vor seinen Spätwerken trainierte ich die Öffnung meines Kunstverständnisses. Noch heute nutze ich dafür Reisen nach Chemnitz. Hier gibt es eine reiche Sammlung der Werke Karl Schmitt-Rottluffs und anderer Brücke-Künstler. Expressionistische Werke bereiten mir zugegebenermaßen auch einen großen Genuss. Allerdings schaue ich wählerisch auf einzelne Merkmale: Bei Erich Heckel und vor allem bei Emil Nolde fesselt mich der Gebrauch der reinen Farben. Ernst Ludwig Kirchner besticht mich mit spannungsvollen Kompositionen und bei Karl Schmitt-Rottluff schaue ich auf die Pinselführung und auf den Duktus der Farbsetzung.

Hängt allerdings ein Gemälde beispielsweise von Max Slevogt vor mir im Museum, dann beglückt es mich in Gänze! Hier wären natürlich noch einhundert vergleichbar große Namen zu nennen. Ich trete mit ihren Gemälden geradezu physisch in Kontakt – selbstverständlich ohne sie zu berühren. Immer wieder kann ich es spüren: Ich durchschreite einen Ausstellungssaal und augenblicklich werde ich von einem Corinth, einem Liebermann, einem Lewitan, einem Sisley, einem Pissarro oder einem Monet regelrecht magnetisch gefangen genommen. Ich gehe hin und bin froh. Alles stimmt. Mehr brauche ich eigentlich nicht.

Im Bereich der Plastik bin ich ähnlich genügsam. Hier residieren ganz oben auf meinem Olymp Auguste Rodin, Aristide Maillol, Ernst Barlach, Käthe Kollwitz, Wilhelm Lehmbruck, Gerhard Marks, August Gaul oder Renée Sintenis. Mit Ossip Zadkine, Henry Moore oder Rudolf Belling verhält es sich wie mit den expressionistischen Malern: Hier genieße ich wählerisch, während ich mich an den Werken bilde.

Meine Bevorzugung der Kunst, die noch am Vorabend der Moderne, also im ausgehenden 19. Jahrhundert entstanden ist, hängt damit zusammen, dass die situative und unmittelbare Sichtweise der Künstler der meinen entspricht. Das künstlerische Schaffen beruht noch auf dem unmittelbaren Naturerlebnis. Der Fotoapparat ist zwar schon im Gebrauch, doch die formatierte Welt der technischen Bilder ist noch ohne großen Einfluss auf die Kunst. Ich sehe den Impressionismus als letzte große Feier des freien Auges. Die Realisten des 20. Jahrhunderts versuchten, diese Idee behutsam zu entwickeln und anzupassen. Denn die Zeit blieb nicht stehen.

In der DDR gab es viele, offiziell längst vergessene Künstler, die »in meinem Sinne« so weiterarbeiteten, als gäbe es keinen Wandlungsdruck. Ganz sicher gab es diese ebenso in Westdeutschland, doch hatte ich zu dieser Szene *zwangsläufig keinen Kontakt*. Diese Künstler waren scheinbar unbeirrt durch all die Strömungen, die ich primär als Reaktionen auf die mächtigen industrialisierten Bildtechnologien der Fotografie, des Films und später des Fernsehens begreife. Wenn ein jeder Mensch Bilder, die der Realität ähneln, per »Knopfdruck« erstellen kann, dann muss sich ein Künstler – zumindest glaubt er das – neue Felder suchen. Malerei geschieht nicht isoliert, sie steht in Wechselwirkung mit anderen Medien.

Zudem spielt es eine Rolle, dass die realistische Kunst von Diktatoren vereinnahmt wurde. Der Diktator liebt eindeutige Abbilder, die er symbolisch aufladen kann; er mag keine interpretationsoffenen Abstraktionen. Dies erklärt die Diffamierung des Realismus nach dem Zweiten Weltkrieg im Westen. Der Realist hatte in der Diktatur »Schuld auf sich geladen«. Es wurde nicht mehr unterschieden zwischen einer Plastik von Georg Kolbe und einer von Arno *Breker*. Abstraktion galt fortan im Westen als demokratisch und pluralistisch. *Das ist natürlich großer Unsinn.*

Im Osten hatten es Künstler, die sich am Naturvorbild orientierten, nicht automatisch leichter, bloß weil hier die Diktatoren mit ihrer Liebe zum verständlichen Bild länger durchhielten. Zu der staatlich geförderten, ideologisch geprägten Auftragskunst ist zu sagen, dass nur Riesen den Spagat schaffen, gute und parteiliche Kunst zu produzieren. Denn rasch wird der unschuldige Gegenstand zum Symbol im Dienste politischer Absicht. Und ist er erst einmal Symbol, kann nur der besagte Riese ihn wieder unschuldig malen. Man vergleiche die Fahnen in Gerhard Bondzins »Weg der roten Fahne« am Kulturpalast Dresden mit den Fahnen von Claude Monet im Gemälde »Hôtel des Roches Noires«. Gerhard Bondzin war zu wenig Riese. Eine Fahne ist eine Fahne und keine Fahne im Sturmwind der Revolution. Denn es gilt Goethes feine Feststellung: »So fühlt man Absicht, und man ist verstimmt.« (Trunz 1948, 94 ff.) Einer, der den Spagat meiner Meinung nach gut geschafft hat, ist Bernhard Heisig.

Einige Namen der Stillen und fast Vergessenen will ich ins Bewusstsein rufen: Im Erfurter Raum arbeiteten Otto Paetz und Otto Knöpfer. Sie schufen in gewisser Weise mein Bild der Drei-Gleichen-Landschaft bei Erfurt. Hoch im Norden wirkte Otto Niemeyer-Holstein. In Berlin arbeiteten Herbert Tucholski, Konrad Knebel und Harald Metzkes. Otto Möhwald wirkte in Halle und in Leipzig malten und malen Ernst Hassebrauck, Gert Pötzschig und eben Bernhard Heisig. In Dresden gab es, wen wundert es, gleich zahlreiche Künstler, die der Tradition der realistischen Kunst verbunden waren: Curt Querner, Theodor Rosenhauer, Wilhelm Rudolph, Hans Jüchser, Wilhelm Lachnit, Erich Fraaß, Otto Griebel, Hans Grundig, Rudolf Nehmer oder Bernhard Kretzschmar. Die Fülle hervorragender Grafiker und Buchillustratoren kann hier nur erwähnt werden. Von Josef Hegenbarth war weiter vorn bereits die Rede, aber auch Hans Theo Richter, Max Schwimmer, Gerhard Gossmann, Arno Mohr und Hans Baltzer müssen unbedingt erwähnt werden – und natürlich Gerhard Kettner.

Selbstverständlich gab und gibt es eine große Zahl figürlich orientierter Bildhauer: Werner Stötzer, Wieland Förster, Fritz Cremer, Walter Arnold, Gustav Weidanz, Gerhard Lichtenfeld, Waldemar Grzimek, Bernd Göbel oder Helmut Heinze.

Liebe Leser, bitte entschuldigen Sie, aber die Liste musste sein. Was ich mit der gänzlich unvollständigen Aufzählung sagen will, ist folgendes: Der Raum der Kunst enthielt auch »nach Slevogt« das, was ich für ergreifend und motivierend hielt – und dieser Raum war groß. Er war weitaus größer, als es damals trotz staatlich organisierter Kunstausstellungen wahrgenommen wurde und auch vielgestaltiger, als das heutige Interpretationen zugeben.

Jenseits der gegenständlichen Kunst gab und gibt es auch konkrete Kunst. Die Unterscheidung dieser Richtung vom großen Feld der abstrakten Kunst ist wichtig. Denken Sie an die Werke der Altmeister Hermann Glöckner, Karl-Heinz Adler und Horst Bartnig. Und nicht zu vergessen die Arbeiten Günther Hornigs. Dieser Kunst begegne ich mit Respekt. Das ernsthafte Vorarbeiten zu den geometrischen Prinzipien ist mir als Designer vertraut. Zwar gilt auch hier, was ich über ein Gemälde Max Slevogts sagte, doch kann ich vor einem Werk der genannten Künstler wie vor Werken der westdeutschen Künstler Max Bill und Anton Stankowski »loslassen« von meinen Vorurteilen.

Vielleicht ist das Studium an der Burg daran schuld, dass ich abstrakte, seien es flächige oder räumliche Strukturen immer nur als Teil eines komplexeren Werkes sehen kann. Sie sind für mich Vorstufen. So haben wir sie in den Grundkursen gehandhabt. Die Abstraktion war ein methodisches Mittel, um dem Anfänger einen Weg zu öffnen, der noch nicht durch die ganze Fülle der Anforderungen verstellt ist. Es war immer klar, dass die geometrische Struktur noch in der Qualität einer Ganzheit aufgehoben wird. Hier ist es ganz gleich, ob das Ziel ein Gemälde, eine Skulptur, ein Designobjekt oder ein Gebäude ist.

Das was mich heute an zeitgenössischer Kunst umgibt, berührt mich nur gelegentlich. Ich bin wohl einfach nicht dafür geschaffen, ein Strichmännchen mit signifikantem Glied auf einer Leinwand zu genießen. Es hilft mir auch nicht, wenn man das Ganze auf den Kopf stellt oder mit einer großen Rakel nachbearbeitet. Um das zu verstehen, müsste ich ein ganz anderer Mensch sein, mit anderer Biografie, mit anderer Umwelt, mit anderem Konto, mit anderen Eigentumsverhältnissen und ganz anderen Eltern. Die Kunst der Spätmoderne beruht häufig auf intellektuellen Rätseln, die mit zügig hingeworfenen Zeichen zu Gesicht gebracht werden. Diese Rätsel werden in einem elitären Zirkel emsig gelöst. Abstraktion ist das pragmatisch bevorzugte Stilmittel. Wobei ich verstehen kann, dass diese Knobeleien guten Stoff für seitenlange kunsttheoretische Analysen und für das kunstorientierte Feuilleton liefern. Das klappt sogar am besten vor einem schwarzen Quadrat, einer weißen Fläche oder bei geschlossenen Augen. Hier kann sich die Fantasie des Deutenden frei entfalten. Wilhelm Worringer bezeichnete bereits 1907 die Bildwirkung, die auf entschlüsselten oder hineininterpretierten Geschichten beruht, als »literarische Erregung«. Schließlich ist es gleich, ob jene durch bildnerische Mittel oder einen Text erzeugt wird. (Worringer 1981, 29)

Im günstigen Fall ist die heutige, mitunter durch digitale Medien angereicherte Kunst für mich interessant und sie bringt mich auf Ideen, was ich als nächstes mit meinen Studenten machen könnte. Ólafur Elíasson ist in diesem Sinne zu nennen. Er und seine zahlreichen Mitarbeiter erkunden raumgreifende Naturphänomene sehr genau, um sie mit technischen und medialen Mitteln umzusetzen. Sie schaffen im Sinne des Wortes phänomenale Werke. Doch halt, es gibt noch einen Künstler, den ich wirklich schätze: David Hockney. Er beherrscht sowohl das Repertoire der klassischen Malerei und Zeichenkunst als auch die Verfremdungstechniken der Moderne. Zudem ist er Autor inspirierender kunstwissenschaftlicher Reflexionen.

Zurückkommend auf Schiller will ich ein weiteres Problem des heutigen Kunstschaffens benennen. Man will zu viel. Man will die Welt verändern, man will verstören, man will provozieren, man will irritieren, man will Sichtweisen aufbrechen, man will politisch sein und man will – wobei dies vorsätzlich unmöglich ist – innovativ sein. Das schafft ein *bildender Künstler* nicht. Seine Kunst soll im Sinne Schillers heiter sein. Oder mit anderen Worten: Sie sollte eine in sich ruhende Gegenwelt bilden und sich nicht so wichtig nehmen. Ein Künstler ist kein Philosoph, kein Politiker, kein Psychologe, kein Therapeut, kein Pädagoge, kein Ingenieur, kein Atomphysiker und kein Priester.

Ein wenig traurig macht es mich, dass die Kunst, die mir so viel bedeutet, der marktgängigen Kunst immer mehr Platz machen muss. Leider verstehen sich manche Museen als Verlängerung des Kunstmarktes. Sie wollen den Glanz der großen Kunstmessen und der großen Künstlermarken in ihre Hallen holen. Die Vermarktungskriterien werden in ästhetische umgedeutet. Teures ist bedeutsam. Möglicherweise ist die herrliche Bronzeplastik eines Orang-Utan von August Gaul, die ich quasi seit meiner Geburt in Leipzig bestaunen durfte, diesem Verdrängungsprozess zum Opfer gefallen. Sie ist jetzt nur noch im Depot des Bildermuseums durch sehr Wenige zu bewundern. Gut, denke ich mir, sechzig Jahre Zugänglichkeit müssen reichen, um die Skulptur zu verstehen. Genug geschaut, braver Groh! An die Stelle des Orang-Utan wird bestimmt etwas schön Verstörendes aus Bauschaum und Latten gestellt, das auch noch dann und wann Geräusche macht, nicht ganz preiswert ist und die Menschen politisch so richtig wachrüttelt. Ich bin gespannt.

Einen Platz der Verlässlichkeit gibt es noch in meiner Umwelt: Das Robert-Sterl-Haus in Wehlen in der Sächsischen Schweiz. *Sterl* ist mein regionaler Slevogt. Wenn ich im Zweifel bin, fahre ich mit einem Zweizonenticket hin und frage ihn. Danach wird noch fein gewandert.

Gottlob gibt es keine Kulturpolitik in der alten Weise mehr, die zentralistisch darauf einwirkt, wie sich die Museumsdirektoren verhalten sollen. Den Kunstmarkt könnte man politisch ohnehin nur bedingt beeinflussen. Aber manchmal wünsche ich mir – natürlich nur für kurz und im Tagtraum – einen freundlich leitenden Einfluss der Kulturpolitik. In dieser Hoffnung auf Hilfe von »oben« drückt sich eine gewisse Verzweiflung aus. Vielleicht ist dies auch der Wunsch eines Ostdeutschen, der noch immer auf den »aufgeklärten Herrscher« hofft, der den Markt in die Schranken weist. Doch wenn sich tatsächlich eine Gruppe aus dem heutigen Parteienspektrum aufraffen würde und für Gegenständlichkeit, Realismus und Naturalismus Partei ergriffe, dann ist leider damit zu rechnen, dass es jene Kräfte sind, die ihre Verbundenheit mit der heimatlichen Scholle überbetonen. Also wische ich meine Wunschvorstellung sogleich hinweg und verlege mich auf das Warten. Seit 100 Jahren erfreut sich die Kunstwelt am »Schwarzen Quadrat«. Vielleicht legt sich die Freude doch irgendwann? Für mich hatte sich – wie in Kapitel 2 beschrieben – die Wirkung dieses Motivs bereits 1989 erfüllt.

Im Abschluss dieser Überlegungen geht ein Tipp an die Grünen. Vielleicht sollten sie sich des Themas annehmen? Naturverbundenheit heißt meiner Meinung nach nicht nur Verzicht auf Massentierhalterei und Massenautofahrerei, sondern auch

Darstellung und Feier der Vielfalt, Einmaligkeit und Schönheit der Natur. Abstraktion kann dies nur bedingt leisten.

Das Feld der Gestaltung beziehungsweise des Designs ist weit weniger ideologisch umkämpft als das der Kunst. Nach meiner Rückkehr aus London begann ich neben meiner Hochschultätigkeit Designaufträge zu bearbeiten. In den letzten 25 Jahren ist eine schöne Liste umgesetzter Projekte im Investitionsgüterbereich entstanden. Es handelt sich hauptsächlich Maschinen und Anlagen. Die Unternehmen befinden sich in Hessen und in Bayern. Es stellte sich bei dieser Arbeit rasch die beruhigende Erkenntnis ein, dass wir durch das Studium passgenau auf eine praktische Entwurfstätigkeit, wo auch immer auf der Welt, vorbereitet waren. Was uns fehlte war freilich das Selbstbewusstsein. Ein jeder tat gut daran, so rasch wie möglich auf diesem Gebiet mental nachzurüsten. Vor allem konnte eine Prise Übermut in der Nachwendezeit nicht schaden.

Meine heutige Tätigkeit an der Universität geht inhaltlich in eine andere Richtung: Die ästhetische Gestaltung der Handhabung von Computersystemen, das sogenannte Interfacedesign, mutet auf den ersten Blick als abstraktes und flächiges Geschäft an. Geht es doch um Bildschirme, auf denen Grafiken und Texte zu sehen sind. Aber auch hier gewann ich meine tragfähigsten Erkenntnisse, wenn ich in der Tiefe der Kunstgeschichte nach Konzepten suchte, die heute wieder relevant sind. Das können Sie, liebe Leser, einfach mal so hinnehmen. Ich habe dies an anderer Stelle, das heißt in Lehrbüchern und Aufsätzen, ausgiebig vertieft.

Anmerkungen

zwangsläufig keinen Kontakt: Auf eine Ausstellung all der »Querners, Rosenhauers und Rudolphs« aus Düsseldorf, Flensburg oder Rosenheim warte ich hier in Dresden immer noch. Denn es muss sie doch gegeben haben!

Breker: Arno Breker war ein Bildhauer, der durch seine realistischen Darstellungen athletischer Körper von Adolf Hitler und seinen Vasallen geschätzt wurde. Die Kunstwelt streitet, ob er ein begnadeter Künstler oder nur ein geschickter Handwerker war. Georg Kolbe schuf etwa zur gleichen Zeit ebenfalls figürliche Darstellungen von Sportlern, die jedoch mangels Pathos wenig Anklang bei den Machthabern fanden. Kolbe wurde geduldet, Breker gefeiert. Ich würde sagen, Kolbe war besser und ehrlicher.

Das ist natürlich großer Unsinn: In diesem Zusammenhang sollten Sie unbedingt Karl Hofers »Malerei hat eine Zukunft« und Curt Querners »Tag der starken Farben« lesen. (Hofer 1991, Querner 1996) Hüben wie drüben gab es in der Nachkriegszeit ähnliche Schwierigkeiten.

bildender Künstler: Mag sein, dass ein Künstler, der im Bereich der erzählenden Medien (Film, Theater, Buch) schafft, offener für politisch und anderweitig aufgeladene Inhalte sein kann.

Sterl: Robert Sterl ist einer der bedeutenden Impressionisten in Deutschland. Er lebte von 1867 bis 1932. Er starb in Naunhof, einem Ortsteil Wehlens. Er beantwortet meine Fragen mit seinen Bildern.

Im Blütengrund des Unstruttals konstatierte Max Klinger: »Hier ist es ja wie in der Toscana, bloß näher.« Als ich etwa 1981 dort stand, musste ich ihm blind vertrauen. Heute weiß ich, dass er richtig lag.

Kapitel 19
Mich lockt es gewaltig hinaus

Wandern tut gut. Malen tut gut. Beides hilft gegen den Ernst. Hähne sind unermüdlich. Cerveza ist preiswert.

Bereits schwerkrank hatte Curt Querner die Titelzeile sehnsuchtsvoll seinem Tagebuch anvertraut. Er starb am 10. März 1976. Mit ihm ging einer der letzten großen Dresdner Maler. Seine Tagebuchnotizen habe ich wiederholt gelesen. Verglichen mit ihm, hatte ich bislang ein leichtes Leben. Das ist nur bedingt tröstlich, denn Querner hat unter Entsagung und im Gegenstrom zu den Zeiten ein beeindruckendes Werk geschaffen. Das kann man von den Ergebnissen meiner künstlerischen Arbeit nicht sagen. Wohl aber bin ich – wie es so heißt – bemüht, ein paar rechtschaffene Bilder zu hinterlassen.

Mein Arbeitsleben ist durch die Tätigkeit an der TU Dresden gut gefüllt. Aber an den Wochenenden und in freien Zeiten geht es mir wie Querner: Es »lockt mich hinaus«. Die russische Staffelei wird mit frischen Farben bestückt, Brote werden belegt, die Thermosflasche wird gefüllt, das *Fahrrad* wird aufgepumpt und die Wanderstiefel werden angezogen. Das gehört zu meinem »Gesamtkunstwerk«. Das vorab erkundete Motiv wird zu Fuß oder per Rad erreicht und dann male ich in der Regel fünf Stunden vor der Natur. Die Landschaftsmalerei vereinigt viele Dinge, die mir wichtig sind: die Freude am Wandern, die Liebe zur Natur, das zeitweise Genießen der Einsamkeit und natürlich das Bedürfnis, die Schönheit der Welt so gut ich kann in einem Bild festzuhalten. Eine stattliche Zahl kleiner Ölgemälde ist im Verlauf der Jahre entstanden, die man stilmäßig als realistisch und impressionistisch bezeichnen kann. Ich lehne mich an die im vorangehenden Kapitel genannten Vorbilder an; weiß jedoch, dass jeglicher Vergleich vermessen wäre.

Ich will anhand einiger Szenen schildern, auf welche Weise so ein Bild entsteht: Im Jahr 2000 war ich zum Malen und Wandern nach Cornwall gereist. Es war Frühjahr und das Wetter für britische Verhältnisse ziemlich kühl. Es lag noch ein Hauch Schnee in höheren Lagen. Mein Quartier befand sich in Penzance in einer Bed-and-Breakfast-Pension. Die ersten Touren waren der Suche nach geeigneten Motiven gewidmet. Ein solches fand ich in Mousehole, einem winzigen pittoresken Ort an der Südküste Cornwalls. Als ich dort eintraf, war gerade Ebbe und ich fand, dass sich von einem Standplatz im wasserfreien Hafenbecken ein interessanter Blick auf die Szenerie oberhalb der Kaimauer ergibt. In der örtlichen Post erfragte ich die Zeiten von Ebbe und Flut. Mit dieser Information war ich am nächsten Tag mit voller Ausrüstung wieder da – pünktlich, nachdem sich das Meer verzogen hatte. Ich malte sehr zügig, denn es war kalt und das Wasser wurde nach drei Stunden wieder zurückerwartet. Das Bild war fast fertig, als ich mich gezwungen sah, schleunigst abzubauen. Nach getaner Arbeit bin ich in einen Pub gegangen, den ich während des Malens im Augwinkel wahrgenommen hatte. Am knisternden Kaminfeuer wärmte ich mich auf und nahm ein Pint Ale zu mir. Ein Bus brachte mich später zurück nach Penzance und beim letzten Licht des Tages vervollständigte ich das Bild in der B&B-Pension. Das war ein guter Tag in meinem Leben. Mein Resümee: Die Welt ist schön und sollte weiterhin auf meine Weise gemalt werden!

Ich hoffe, liebe Leser, Sie können sich einfühlen: Wenn man für eine relativ lange Zeit auf eine Szene schaut, dann brennt sich diese mit allen Details und auch mit allen Begebenheiten ein. Es findet das ganze Gegenteil von *Knipsen* statt. Vielleicht ist das der eigentliche Sinn des Malens: Man schaut sich etwas sehr genau an. Der Rest passiert von allein. Na ja, ganz so einfach ist es nicht: Ich sehe mich 2014 in Dubai am Creek, einem Meeresarm im Bereich der Altstadt stehen. Ich wollte die ankernden Dhauen aus Pakistan malen und hatte einen schattigen Platz nur dort finden können, wo die indischen Bootsführer der Wassertaxis ihre Pause verbringen. Diese »Abras« muss man sich als zirka acht Meter lange, relativ wuchtige Holzboote vorstellen, die durch einen tuckernden Dieselmotor angetrieben werden. Überdacht werden sie von einer weinroten Plane. Am Ende meiner Schicht kannten mich die meisten der Bootsführer. Sie hatten ihre Pausen immer wieder genutzt, um den Fortschritt des Malprozesses zu begutachten. Das war zwar etwas störend, doch auch motivierend durch die freundlichen Kommentare. Zwei dieser Fahrzeuge fanden sich am Schluss auf meinem Bild. Das Pot-pot-pot der Dieselmotoren und der Geruch der Abgase sind dauerhaft Teile meiner Erinnerung.

In Santa Cruz auf La Palma hatte ich 2016 in einem ausgetrockneten und vermüllten Flussbett gestanden, um eine Felspartie mit einer davor befindlichen blauen Bierbude zu malen. Rings umher waren unzählige Hühner und einige magere Hähne. Seitdem weiß ich, zu welch beeindruckenden sexuellen Leistungen solche Hähne trotz Hitze und Dreck imstande sind. Sie waren ohne Unterlass hinter den Hühnern her und wirbelten Staub auf. Ich war ihnen völlig gleichgültig. Sie zischten durch die Beine meiner Staffelei. Natürlich bellten andauernd einige Köter.

Während des Malens, das sich unter diesen Bedingungen als anstrengend erwies, las ich permanent die Gleichung auf der Kioskwand: »1 caña = 1 euro«. Am Ende des Tages wankte ich hin und investierte einige Münzen. Der Wirt, der mich mit seinen wechselnden Gästen zuvor beobachtet hatte, redete auf mich ein. Ich kann leider kein Spanisch. Allerdings verstand ich das Wort Amigo. Also noch einmal: Das Bier war gut, die Welt ist schön. Gracias amigos!

Solcherart habe ich in vielen Landschaften Deutschlands und Europas malend gestanden. Natürlich malte ich auch gelegentlich auf der Quohrener Kipse und am Wilisch, also in Querners altem Revier. Hier geschieht das Malen ganz unspektakulär. Ich stehe im Schatten eines Baumes und werde vom Sommerwind umfächelt. Glücklicherweise ist diese Tätigkeit nicht Grundlage meiner Existenz. Entsprechend male ich, was und wie ich will. Der Markt ist nicht relevant. Ich kann also weiter so malen, als wäre die Zeit in der zweiten Hälfte des 19. Jahrhunderts stehengeblieben. Zu dieser Zeit entfaltete eine Erfindung des amerikanischen Malers John Goffe Rand ihre Breitenwirkung in Europa: die Tubenfarbe. Die impressionistische Pleinairmalerei ist untrennbar mit Rands Idee verbunden.

Etwas macht mich nachdenklich: An einsamen Orten erwarte ich nicht, auf einen Landschaftsmaler zu treffen, der wie ich arbeitet. Aber ich habe auch schon im Strom der Touristen gestanden, wenn ein begehrtes Motiv nur so zu haben war. Nur zweimal im Leben *traf ich einen Seelenverwandten.* Einmal auf besagter Reise nach Cornwall, dort malte ein englischer Maler unweit von mir das gleiche Motiv bei Wind und Regen. Wir hatten beide Schutz in den Nischen der felsigen Küste gesucht. Erst beim Abmarsch entdeckte ich ihn. Rasch tauschen wir ein paar Freundlichkeiten aus. Ein anderes Mal kam es zu einer Begegnung auf Kreta. Hier stand in Sichtweite ein Maler in der glühend heißen Sonne. Er war Belgier, wie sich in einem Pausengespräch herausstellte. Was ist passiert, dass es so unüblich ist, mit einer Staffelei in der Gegend zu stehen? Die Antwort ist klar, aber kaum tröstlich.

Eben hatte ich von meiner Freude am Wandern berichtet, die untrennbar mit meiner malerischen Auffassung verbunden ist. Als ich nach der Wende meinen Fuß auf westdeutsches Gebiet setzte, kamen für kurze Zeit Bedenken auf: Auf DDR-Gebiet gehörte der *Grund und Boden* irgendwie auch mir. Entsprechend bin ich immer – sofern kein Sperrgebiet oder kein 5-Kilometer-Bereich markiert war – souverän marschiert. Doch wie verhält es sich in einer Gegend, wo ein großer Teil in privatem Besitz ist? Darf ich das Privateigentum eines Fremden so einfach betreten? Nun, es hat nicht lange gedauert, da hatte ich die alte Unbeschwertheit zurückerlangt. Es lief sich bald genauso gut auf westlicher Scholle wie vormals auf der östlichen. Ein wenig störend waren nur die asphaltierten Feldwege. Am guten Gefühl sind auch die hervorragenden Wanderschuhe schuld, die es seither im Fachgeschäft zu kaufen gibt. Ich kann also unabhängig von den weitgreifenden politischen und ökonomischen Bedingungen sagen, dass auf diesem Gebiet die deutsche Einheit für mich bereits vollzogen ist.

Anmerkungen

Mich lockt es gewaltig hinaus: Dieser Tagebucheintrag ist in dem Band »Tag der starken Farben« zu finden. (Querner 1996, 216)

Fahrrad: Ich besitze ein spezielles Malrad mit Ballonreifen, auf dem ich sehr aufrecht und bequem sitzen kann. Die empfindlichen Malutensilien hänge ich mir nämlich um, da sie in den Satteltaschen zu stark erschüttert würden. Was für ein komischer Aufwand!

Knipsen: Ich fotografiere nur gelegentlich. Zumeist nehme ich auf Reisen seltsame Dinge auf: Hydranten, Verkehrsschilder, Graffitis und Architekturdetails.

traf ich einen Seelenverwandten: Natürlich gibt es an den Touristenpfaden in den schönen Altstädten dieser Welt die Schnellzeichner der beliebten Ansichten. Diese meine ich nicht.

Grund und Boden: Man erinnere sich an die 6487 Quadratmeter, die ich im Vorspiel erwähnte.

In Breitungen sitze ich zeichnend auf der Mauer.

Kapitel 20
Schade eigentlich

Sächsischer Kummer ist nicht leicht zu heilen. Die Eierschecke versagt. Vom Hallenser kann man Gleichmut lernen.

Mit Schraubzwingen fing es an – mit Schraubzwingen soll es enden. Mittlerweile besitze ich mehrere Schraubzwingen unbestimmbarer Herkunft aus einem Baumarkt. Sie sind verchromt, sauber lackiert und rosten im klammen Altbaukeller nicht wie jene aus Halle. Zudem sind sie maßgetreu verarbeitet. Die Funktionsfläche des feststehenden Zwingenschenkels ist sehr plan gearbeitet. Zudem ist sie mit einer Plastekappe umhüllt. Somit wird die Kraft exakt orthogonal und oberflächenschonend in das zu pressende Gut eingeleitet. Das erleichtert die Arbeit mit flüssigem Klebstoff und ich muss nicht fluchen, da keine Querkräfte entstehen. Haftet also den Ostzwingen aus Halle ein großer symbolischer Wert als Jagdbeute an, so sind die Westzwingen eindeutig mit einem höheren praktischen Wert gesegnet. Darüber muss ich oft nachdenken. Wenn ich von diesem Fall aus weiterdenke, dann müsste ein 2CV besser funktionieren als ein Trabant. Dies habe ich nicht überprüfen können. Wohl aber kann ich sagen, dass er besser aussieht, auch ohne Nonne.

Weiter vorn wurde zum Lob der Schraubzwinge vorgebracht, dass sie universell und systemunabhängig einsetzbar ist. Die Gegenstände und die Presszwecke wechseln, die Schraubzwinge passt sich an. Der Druck wird klug dosiert, das Werkstück hält gegen. Actio gleich reactio. Vielleicht bin ich selbst von dieser Art. Drücke ich oder werde ich gedrückt?

Die ersten 33 Jahre in der DDR gehören zu mir. Ein Lebensbeginn in Stuttgart wäre objektiv möglich gewesen und wahrscheinlich wäre das Leben ganz nett geworden, aber so ist es besser, denn ich kann vergleichen. Die Möglichkeit des Vergleichs hebt mich über die zu vergleichenden Dinge. Dieses wägende Prüfen begann natürlich schon vor der Wende, aber wir verglichen eine echte Realität mit einer medial vermittelten. Wobei die medial vermittelte Hälfte eindeutig besser wegkam. Seit 1990 liegen auf beiden Waagschalen handfeste Dinge. Während sich die Westseite scheinbar kaum veränderte, war die Ostseite im Zustand andauernder Transformation. Auch hängt die Ostschale mangels Masse höher als ihr Pendant. Über die erstrebenswerten Ziele der Veränderung war ich mir im Unklaren: Einerseits war mit Helmut Kohls Metapher der »blühenden Landschaften« gemeint, dass es über kurz oder lang im Osten so aussieht wie im Westen. Nicht schlecht, dachte ich mir. Andererseits sollte »alles« was »nicht schlecht war«, bewahrt werden. Auch nicht schlecht! Über die bewahrenswerten Eigenheiten des kleinen DDR-Kosmos gingen die Meinungen allerdings weit auseinander. Für mich hätte ein Ziel wie folgt heißen können: Saubere und leicht überheizte Regionalbahnen fahren sowohl pünktlich als auch preiswert sogar des Nachts in einem dichten Netz mindestens im Stundentakt, während gut gelaunte Schaffnerinnen die Reisenden erfreuen. Es kam nicht ganz so; doch ein Teil meiner Idealvorstellung wurde Realität. Wichtig ist auch, dass die Trapos nicht mitreisen, mir also keiner mehr in den Hintern gucken will. Ich bin entsprechend bereit, diese sehr besondere Lebensqualität ganz sachlich gegen einige Streckenstilllegungen einzutauschen. Im Resümee ist die Lage also nicht ideal, aber erfreulich. Ähnlich geht es mir mit anderen Dingen. Der Eimer ist bei mir immer halb voll. Diese positive Grundstimmung hängt natürlich mit meiner beruflichen Situation zusammen. Ob ich nun einfach Glück und wohlmeinende Mentoren hatte oder auch der Schmied, beziehungsweise der Schraubzwinger meines Glückes war, sei dahingestellt.

Nun will ich zum Sachsen kommen. »Sing, mei Sachse sing«, das war einmal. Der »Zauber der Musik« hilft nicht mehr, so wie Jürgen Hart ihn 1979 besang. Hieß es einst »Der Sachse tut nich' *gnietchen*, der Sachse singt e Liedchen«, so siegt heute die schlechte Laune und der Sachse »tut« eben doch »düchtch gnietchen«. Das ist schade und hätte auch Lene Voigt nicht gefallen. Diese hatte 1935, wohl mit Blick auf die erstarkenden Nationalsozialisten, das Gedicht »*Unverwüstlich*« geschrieben. Darin heißt es:

> »Was Sachsen sin von echtem Schlaach,
> die sin nich dod zu griechn.
> Drifft die ooch Gummer Daach fier Daach,
> ihr froher Mut wärd siechen.« (Voigt 1984, 132)

Es muss also einiges passiert sein, dass der robuste Sachse seine Belastungsgrenze erreicht sieht. Jürgen Hart und Lene Voigt können wir nicht mehr fragen; sie liegen Seite an Seite auf dem Leipziger Südfriedhof.

An der aktuellen wirtschaftlichen Situation kann es auch nicht liegen. Arbeit gibt es und Firmen suchen qualifiziertes Personal. Der zahlenmäßige Anteil der Ausländer an der Gesamtbevölkerung erscheint als nicht der Rede wert. Im Gegenteil, an den Hochschulen und in den Forschungsinstituten wartet man sehr auf »*fichelante*« Köpfe »von draußn und drühm«. Welcher »Gummer« trifft also den Sachsen »Daach fier Daach«? Über diese Frage zerbreche ich mir natürlich den Kopf, da ich als Frohnatur nicht gern auf »gnietchende« Mitmenschen treffe. Dem Ausländer will ich das auch nicht wünschen, zumal es ja manchmal nicht beim »Gnietchen« bleibt.

Ein Teil der Verstimmung hat – wie weiter vorn bemerkt – mit der Abkopplung der Verstimmten von den gesellschaftlichen Strukturen, in denen Kultur maßgeblich geprägt wird, zu tun. Dies entlässt die Abgekoppelten aus der Verantwortung. Die da und wir hier. Dabei wird eine Mentalität aus DDR-Zeiten fortgeführt. Wir sagten immer lakonisch, wenn wir auf Barrieren oder Unerwartetes im Alltag stießen, dass »die dafür Zuständigen sich wohl etwas dabei gedacht haben«. Und zuständig war die Partei – und sie trug praktischerweise die Verantwortung, wenn eine Sache schiefging. Denn hatten die Genossen nicht übermütig gesungen »*Die Partei, die Partei, die hat immer Recht*«? Ich kann mich an meine eigene Sichtweise in jenen Zeiten erinnern. Wenn »ehrenvolle Sonderaufträge« zum Wohle des Systems zu erfüllen waren, zog ich es vor, dies »den Genossen zu überlassen« und ging meiner Arbeit nach. Waren höhere Stellen zu besetzen, dann sagte ich grimmig in vorauseilendem Verzicht »Das sollen die Genossen bitte unter sich ausmachen«.

Würde man heute – mit welchem politischen Mittel auch immer – den Anteil der Ostdeutschen in Führungsrollen erhöhen, könnte es sogar passieren, dass die Qualität der Prozesse zwischenzeitlich leidet, was heißt, dass die Westdeutschen richtig gute Arbeit leisten und dass die Ostdeutschen verloren gegangene Kompetenzen erst wieder erwerben müssen. Wäre man als Gesellschaft bereit, diesen Preis zu zahlen, dann gelänge Schritt für Schritt die Ankopplung der Abgekoppelten: der Familien, der Omas und

Opas, der Kinder und Enkel. Die geballte Unhöflichkeit auf den Plätzen würde verschwinden – zumindest würde sie sich in höfliche Formen wandeln. Der Zornige würde sich denken, das sage ich lieber der Gaby, die ist doch bei ... oder dem Ronny, der kennt doch ...

Zweitens wäre es förderlich – wobei dies eine Binsenweisheit ist – wenn Konzerne ihren Sitz nach Ostdeutschland verlegen. Die Rede von der verlängerten Werkbank wäre beendet. Das kluge Konzept Bill Clintons zur Rückeroberung der zu George Bush abgewanderten Wählerherzen beruhte 1992 auf der Erkenntnis »It's the economy, stupid«. Es entstünde Wertschätzung für das Große und Ganze durch nah erlebten wirtschaftlichen Erfolg und nah erlebte Leitbilder. Wohlgemerkt geht es nicht primär um eine Umverteilung von Besitz und Steuermitteln, es geht um die wahrnehmbare Teilhabe an wirtschaftlicher Entwicklung. Auch hier ist eine Rückschau in die DDR lehrreich. Beim Volkseigentum gehört allen alles und nichts. Eine derart verteilte und damit entsprechend entfernte Verantwortung ist keine mehr. Sie ist nicht wahrnehmbar. Personalisiertes Eigentum sollte zur Nähe verpflichten. Bei nüchterner Betrachtung erscheint mir die Verlagerung von Konzernsitzen als eine Aufgabe, die zwar große aber keine titanischen Kräfte verlangt.

Ein großes Rätsel ist mir, warum gerade im schönen Dresden und seinem nicht minder schönen Umland so mancher Sachse in besonderem Maße an den geschilderten Verhältnissen leidet, so dass er den Abgekoppelten mit ganzer Inbrunst gibt. Natürlich kommt mir als Erklärung das über lange Zeit fehlende Westfernsehen und das an dessen Stelle konsumierte Ostfernsehen in den Sinn. Nur trägt die Idee nicht weit – so einfach kann die Lösung nicht sein. Die aufklärende Rolle der Westmedien ist hier bestimmt überschätzt. Womöglich wurde der Westen mangels einer medialen Wahrnehmung sogar idealisiert? Auch milderten die Mittel- und Kurzwellensender die Isolation. Der Deutschlandfunk kam sicher durch. Der fehlende Fernsehempfang und die dadurch erzeugten Defizite reichen also nicht aus, um in Rage gekommene Dresdner zu erklären. Unabhängig davon hielte ich es für ein großes Manko, wenn ich in den 1970er Jahren »*Ein Herz und eine Seele*« nicht gesehen hätte.

Weiterhin kann ich mir nicht vorstellen, dass es eine direkte Linie vom ehemaligen Gauleiter Martin Mutschmann und seinen Volksgenossen bis hin zum heutigen chauvinistischen Biertischpersonal gibt. Mir erscheint nicht plausibel, dass das alte Gedankengut *wie ungutes Saatgut* in der DDR auf dem Trockenen gelegen hat und nach 1989 der Bewässerung harrte.

Vielleicht geht es gar nicht um Politik und Ökonomie? Vielleicht ist eine lokale Grundstimmung, die ganz einfach da ist, Ursache des kollektiven Gnietchens? Als ich 1994 in Dresden sesshaft wurde, bemerkte ich rasch im Bus, in Behörden, in der Gastronomie oder im Gartenverein einen zuweilen rauen und vormundschaftlichen Ton. Das kannte ich aus Halle nicht. Auch als Fußgänger und Radfahrer lernte ich, dass es hier gesünder als anderswo ist, im Verkehr das *Recht des Stärkeren* zu respektieren und nicht auf abstrakte Gleichberechtigung zu pochen. Wenn ich im Alltag etwas nicht so tat, wie es erwartet wurde und keine Anstalten machte, der Erwartung zu folgen, dann ertönte zunächst ein »Ornö«. Wobei das Ö betont wird. Was soviel heißt wie »Oh, aber nein«. Daraufhin wurde nachgesetzt: »Wenn das jetzt jeder machen würde?« Die Stimme geht während des Sprechens leicht nach oben. Folgte man immer noch nicht, dann ging der Dresdner zur Resignation über: »Das hat's früher nicht gegeben!« Hierbei senkt der Sachse im Verlauf des Satzes leicht die Stimme. Wenn man Dresdner darauf anspricht, erntet man völliges Unverständnis: »Ornö!« Ein Mensch, der Dinge wie Eierschecke herstellen oder essen kann ist ganz einfach freundlich zu jedermann. Also könnte es sich auch ganz anders verhalten: Es liegt an mir! Ich bin am »*Fremdeln*« und schaffe es einfach nicht, mich mental anzupassen.

Es kommt wohl gleichfalls zum Tragen, dass Dresden eine alte Residenzstadt ist. Hierarchien werden hier eher als gegeben hingenommen als anderswo. Das kann über eine lange Zeit funktionieren, denn schließlich setzten nach den Fürsten auch die folgenden Herrscher auf das hierarchische Konzept. Die Beherrschten stellten sich darauf ein. »Das ham'se uns doch so gesagt; mir soll'n das so machen!« Schlimm wird es, wenn der schöne Stapel der Stände wackelt, wenn der Herrschende Schwäche zeigt oder gar fort ist. Dann ist mancher so bitter enttäuscht, dass er »die da oben«, die keine unangreifbaren Fürsten mehr sind, schon mal angstfrei beleidigt. Die öffentlichen, historisierend beflaggten Willensbekundungen können in diesem Sinne als Wunsch nach Hierarchie und Ordnung verstanden werden. Vielleicht ist es auch einfach die Hoffnung auf Gleichmaß nach dreißig Jahren unablässiger Veränderung? Letzteres kann ich als älterer Herr sogar verstehen.

Das Leben und Arbeiten auf dem Unicampus in Dresden lehrte mich, dass es ohne »Gnietchen« geht. Hier hat sich das Rad der Geschichte unbeirrt weitergedreht. Ich genieße die Verschiedenheit der jungen Gesichter und ebenso das sich kulturell immer mehr diversifizierende Kollegium. Insofern bin ich in einem Dilemma: Mein rückwärts gewandter Gerechtigkeitssinn lässt mich sagen, ein paar mehr Ostdeutsche weiter oben in der Hierarchie wären ganz gut für das Ankoppeln der Abgekoppelten. Meine vorwärts gewandte praktische Erfahrung sagt mir, dass die Universität ein Modell dafür ist, wie eine künftige Generation entsteht, welche die Kämpfe der letzten 25 Jahre nicht mehr kennt und die sie auch nicht auszufechten hat! Wie dieses Modell elegant auf die Gesellschaft übertragbar ist, weiß ich nicht. Das herauszufinden, ist Aufgabe unserer Absolventen. Es wird dauern, aber gelingen.

Nach der Wende konnte man in Halle einen über Graffitis ausgetragenen Dialog nachverfolgen. Auf Hausruinen hatte jemand immer wieder behutsam anklagend gesprüht: »Steht leer und verfällt«. Kurz darauf erschien ein kommentierendes Graffiti: »Schade eigentlich«. An dieser Entspanntheit des Hallensers sollte sich der Dresdner ein Beispiel nehmen. Dieser Dialog könnte von Jaroslav Hašek stammen.

Anmerkungen

gnietchen: Sächsisch für Granteln, Knurren, Klagen, Jammern, Nölen, Maulen, Motzen oder Ningeln.

Unverwüstlich: Die ersten Zeilen des Gedichts sind in den Grabstein Lene Voigts auf dem Leipziger Südfriedhof eingraviert.

fichelant: Sächsisch für intelligent. Dieses Wort ist interessanterweise ein Überbleibsel des Russlandfeldzuges Napoleons, der zweimal Sachsen passierte. »Wachsam« heißt auf Französisch »viligant«.

Die Partei, die Partei, die hat immer Recht: Das hoch apologetische Lied schuf Louis Fürnberg 1949/50 in Prag.

Ein Herz und eine Seele: Es hilft nichts, die WDR-Serie von Wolfgang Menge heute als Video zu sehen, denn der Kontext hat sich verändert. Dennoch nimmt man wahr, dass Heinz Schubert als »Ekel Alfred« grandios agiert. Er ist der personifizierte Typus des reaktionär »Gnietchenden«. Damals konnte so mancher östliche Sachse mangels Westempfang noch gar nicht ahnen, dass er einmal Schuberts Rolle – allerdings mit weniger Talent – übernehmen wird.

wie ungutes Saatgut: Ich hatte trotz meiner akademischen Laufbahn das »Ohr an der Masse«. Das ergab sich nicht nur durch meine Kneipenbesuche, sondern auch dadurch, dass ich vom UTP bis hin zur NVA sehr verschiedene Kontaktbereiche mit den Menschen durchlaufen hatte, bei denen die schlechten Gedanken schließlich hätten überwintern sollen. Ich kann aus eigener Wahrnehmung nicht von solchem Saatgut berichten, das nur auf die Bewässerung wartete. Aber vielleicht fand mein Leben – wie man heute sagen würde – in einer »Filterblase« statt? Und selbst wenn es dieses »Saatungut« gab, dann besteht ja noch immer die Frage, wo denn das Wasser herkam?

Recht des Stärkeren: Wo mir keine Ampel hilft, nähere ich mich devot der Straße. Regel Nummer 1: Der Automobilist hat immer Vorfahrt. Wenn mal einer überraschend hält und mir an einer Kreuzung den Vortritt lässt, weil er ohnehin den Querverkehr auf einer Hauptstraße abwarten muss, oder weil er denkt, dass der Kerl mit seinen zwei Einkaufstüten im Regen rasch nachhause will, dann schaue ich kurz auf das Kennzeichen. Keiner von hier, stelle ich fest und gehe los. Manchmal lächle ich in Richtung des Fahrers. Ich habe immerhin den Eindruck, dass sich die Lage ganz langsam bessert. Das sollte mich nicht unvorsichtig werden lassen.

Fremdeln: Meine Mutter wurde zeitlebens nicht richtig »warm« in Nordhausen. Sie fand, dass Nordhäuser weniger freundlich sind als Leipziger. Ich hingegen finde, dass Nordhäuser freundlicher als Dresdner sind.

Nachspiel

Ich weiß nicht, wer alles in den 1990er Jahren Theodor W. Adornos Sentenz, dass »es [...] kein richtiges Leben im falschen [... gibt]« mit Fleiß auf die DDR übertrug. (Adorno 1969, 42) Es waren viele. Adorno überkam diese Erkenntnis 1944 bei der Analyse der Möglichkeiten, sich im Kapitalismus häuslich und privat einzurichten, gewonnen. Er hatte dabei auch den Faschismus im Blick. Adorno hatte aber nicht damit gemeint, dass ein Leben unter falschen Voraussetzungen auch falsch sein muss. Es geht für den Einzelnen darum, zu erkennen was falsch ist, warum es falsch ist und darauf mit einer Vorstellung von Richtigkeit zu antworten. Wem das zu kompliziert ist, dem sei gesagt: Schraubzwingen sind immer richtig, doch manche sind besser. Hans Dietrich Genscher hatte in der von mir verpassten Rede auf dem hallischen Markt vermutlich von den blühenden Baumärkten gesprochen, die mit guten Schraubzwingen gefüllt sind. Aus »1000 Dingen« sollten Millionen werden. Problematisch war nur, dass die ursprünglichen 1000 Dinge, samt ihren Produzenten, wegfallen konnten.

Ich habe meinen Lebensweg beschrieben als einen, der weder nach *Bautzen II* noch zur *Parteihochschule* führte – nein, er verlief fein säuberlich dazwischen. Dies war eine Gratwanderung und entsprechend nicht immer so einfach wie es in diesem Büchlein erscheint. Hier half Runkels instruktive Ritterregel: »Für Ritter an des Abgrunds Rande ist die Vorsicht keine Schande!« (Hegen 2007, 122) Dieser Weg war im Rückblick dennoch recht gangbar, während dann und wann sogar die Sonne schien. Die erlangten Qualifikationen ermöglichten mir nach der Wende eine akademische Laufbahn. Hätte ich eine stärkere Konfrontation mit dem alten System gesucht, also beispielsweise den Wehrdienst verweigert, dann wäre nach der Haft oder der *Bausoldatenzeit* vielleicht ein moralisch integres Wirken als Tischler möglich gewesen. Falls man nach der Wende den Wunsch entwickelt hätte, Kompensation für die verwehrte Qualifikation zu erlangen, hätte es geheißen: Tischler, bleib bei deiner Schraubzwinge. Kein Diplom heißt keine Promotion, heißt keine Professur – so ist die Regel. Der Zug war abgefahren – zumindest prinzipiell. Vielleicht bot die Kirche dem ehemaligen Widerständler eine Position in ihrem Bereich an. Dies hätte allerdings die anstrengende Hinwendung zum Übersinnlichen erforderlich gemacht. Das schafft nicht jeder, und ich schon gar nicht.

Es liegt auf der Hand, dass ein Intermezzo in der Parteihochschule zwar in einem ganz anderen Sinne, jedoch gleichermaßen hinderlich gewesen wäre, wenn man nach der Wende Lust auf eine akademische Karriere hatte. Aus heutiger Perspektive sieht es so aus, als hätte ich einen guten Plan gehabt, um die Zwischenräume aufzuspüren. Den hatte ich nicht. *Es ging seinen Gang.*

Heute denke ich, dass es auch ganz richtig war, meinen Weg nicht nur in beschriebener Weise zu gehen, sondern auch zu fahren. Es reiste sich in der 2. Klasse im beschleunigten Personenzug recht komfortabel, man konnte Bücher lesen und die Landschaft genießen. Verlief die Fahrt im Zickzack, dann konnte eine Reise auch innerhalb der kleinen DDR recht lang werden. Wurde dann und wann die Fahrt – warum auch immer – unterbrochen, war es Zeit, eine Bockwurst zu essen und ein Bier zu trinken. Bei längerem Zwischenhalt malte ich ein Bild. Irgendwann waren alle Züge zu potenziellen Interzonenzügen geworden! Kein Trapo weit und breit; also keine Magenschmerzen mehr. Nun konnte ich ein Croissant essen und einen *Espresso* trinken. Gemalt wird immer noch.

Wem der Lebensbericht als langweilig erschien, dem sei gesagt, dass die Balance zwischen den politischen, wie auch den lebenspraktischen Extremen für mich nach wie vor recht spannungsvoll ist. Immer aufs Neue muss man abwägen. Es läuft hinaus auf die banale Weisheit, dass die Wahrheit irgendwo in der Mitte liegt. Immer noch ermöglichen die Zwischenräume ein erträgliches Leben. Entsprechend misstraue ich den Eiferern an den Rändern. In diesem Sinne geht ein ausdrücklicher Dank an die Frauen, die mir gewogen waren: Sie sahen die Welt wie ich. Das war – wie man heute sagt – zielführend. Beim Balancieren braucht man Bestätigung, Zuspruch und Halt im Nahbereich.

Der DDR-»Bestseller«-Titel »Weltall, Erde, Mensch« musste als ironischer Einstieg herhalten. Allerdings gibt es sachliche Gründe, den »Menschen« gegen das »Ich« zu tauschen. Die Unendlichkeit des Weltalls muss via Erde konsequent auf den individuellen Nullpunkt gebracht werden. Das ist eine Erkenntnis der Neuzeit. Unabhängig von dieser philosophisch motivierten Forderung ist es auch lebenspraktisch sinnvoll, die eigene Position zu finden und zu behaupten. Das galt vor der Wende und danach gilt es erst recht. Und so wächst die Erkenntnis, dass sich die Dinge im Verlauf der Zeit wiederholen. Das ist manchmal erheiternd und manchmal ernüchternd:

»Gegen Mittag erblickte Schwejk ein Dorf vor sich. Von einer kleinen Anhöhe hinabsteigend, dachte er: So geht's nicht mehr weiter, ich wer fragen, wo man nach *Budweis* geht. Und das Dorf betretend war er ungemein überrascht, als er auf einem Pfeiler beim ersten Häuschen die Bezeichnung las: Gemeinde Putim. „Um Christi willen", seufzte Schwejk, „da bin ich also wieder in Putim, wo ich im Schober geschlafen hab"«. (Hašek 1981, 277)

Anmerkungen

Bautzen II: Dies war bis 1989 die Sonderhaftanstalt des Ministeriums für Staatssicherheit. Kurz: Der »Stasi-Knast«.

Parteihochschule: In dieser, dem ZK der SED unterstellten Hochschule mit dem Ehrennamen »Karl Marx« – denn dieser konnte sich nicht mehr wehren – studierten nur die sehr wissbegierigen SED-Mitglieder, die nicht nur glauben, sondern auch wissen wollten. Im Lehrkörper hatten Apologeten und Dogmatiker das Sagen.

Bausoldatenzeit: Diejenigen, die den Wehrdienst total verweigerten, mussten mit ihrer Verhaftung rechnen. Wer den Dienst mit der Waffe verweigerte, wurde als Bausoldat einberufen. Diesem mutigen und stolzen Personenkreis waren viele Berufs- und Bildungswege versperrt.

Es ging seinen Gang: Ein Roman von Erich Loest heißt: »Es geht seinen Gang«. Hier werden die Mühen der Ebene des DDR-Alltags beschrieben. Ich hatte das Buch als Student gelesen. Da war es schon nicht mehr im Handel.

Espresso: Reise ich nach Spanien, Portugal oder Italien, dann bin ich erstaunt, dass dort niemand in der Lage ist, schlechten Espresso herzustellen. Das gelingt hierzulande besser.

Budweis: Schwejk verfehlt Budweis, wo sein Regiment liegt, weil er im Kreis läuft. »Ich bin über Putim nach Budweis gegangen«, so versichert er einem Wachtmeister während eines Verhörs. (Hašek 1981, 279) Dieser verdächtigt Schwejk, ein Deserteur zu sein. Die Schleife lief er nicht bewusst, dennoch könnte es sein, dass ihn dieser Umweg vor Schlimmerem bewahrte. Das ist die Lehre aus jener Episode.

Literatur

Adorno, Theodor W.: Minima Moralia, Berlin/Frankfurt am Main 1969 (Suhrkamp Verlag)

Behm-Blancke, Günter: Höhlen, Heiligtümer, Kannibalen. Archäologische Forschungen im Kyffhäuser. Leipzig 1962 (Brockhaus Verlag)

Deifel, Joseph: Mit Napoleon nach Russland. Tagebuch des Infanteristen Joseph Deifel, Regensburg 2015 (Verlag Friedrich Pustet)

Eibl, Karl (Hg.): Johann Wolfgang Goethe. Sämtliche Werke, Briefe, Tagebücher und Gespräche. Bd. 1, Berlin 1987 (Deutscher Klassiker-Verlag)

Eichendorff, Joseph von: Gedichte. Bd. 1, München 1970 (Peter Winkler Verlag)

Eisler, Hanns; Johannes R. Becher: Neue deutsche Volkslieder. Leipzig 1990 (Deutscher Verlag für Musik)

Hašek, Jaroslav: Die Abenteuer des braven Soldaten Schwejk. Berlin und Weimar 1981 (Aufbau Verlag)

Hegen, Hannes: Die Reise nach Venedig. Berlin 1991 (Reprint, Buchverlag Junge Welt)

Hegen, Hannes: Wiedersehen mit Digedag. Berlin 2007 (Reprint, Buchverlag Junge Welt)

Hofer, Karl: Malerei hat eine Zukunft – Briefe, Aufsätze, Reden. Leipzig und Weimar 1991 (Kiepenheuer Verlag)

Kant, Immanuel: Kritik der reinen Vernunft. Leipzig 1956 (Reclam-Verlag)

Kirsch, Sarah: Zaubersprüche. Ebenhausen 1974 (Langewiesche-Brandt Verlag)

Laudse: Daudedsching. Leipzig 1978 (Reclam-Verlag)

Querner, Curt: Tag der starken Farben – Aus den Tagebüchern 1937 bis 1976. Dresden 1996 (Hg.: Dresdner Geschichtsverein)

Schiller, Friedrich: Sämtliche Werke. Bd. 2, München 1962 (Carl Hanser Verlag)

Schröder, Richard: Irrtümer über die deutsche Einheit. Freiburg-Basel-Wien 2014 (Herder-Verlag)

Sonnenburg, Hubertus F. von: Französische Impressionisten und ihre Wegbereiter. Aus der National Gallery of Art, Washington und dem Cincinnati Art Museum. Katalog zur Ausstellung vom 26. Januar bis 18. März 1990 in München, München 1987 (Hg.: Neue Pinakothek)

Triolet, Elsa; Robert Doisneau: Paris bei Tag – Paris bei Nacht. Berlin 1958 (Aufbau-Verlag)

Trunz, Erich (Hg.): Goethes Werke. Torquato Tasso. Hamburger Ausgabe. Band 5, Hamburg 1948 (Wegner Verlag)

Voigt, Lene: Bargarohle, Bärchschaft un sächs´sches Ginsdlrblud. Leipzig 1984 (Zentralhaus-Publikation)

Williams, William J.: Impressionisten und Postimpressionisten. Eremitage Leningrad - Puschkin-Museum der bildenden Künste Moskau - National Gallery of Art Washington. Leningrad 1986 (Aurora-Kunstverlag)

Worringer, Wilhelm: Abstraktion und Einfühlung. Leipzig und Weimar 1981 (Gustav Kiepenheuer Verlag)

Abbildungen

Bei allen Abbildungen handelt es sich um private Fotografien oder künstlerische Arbeiten (Seiten 94 und 138) des Autors.